BUR
rizzoli

Storia d'Italia

1. L'Italia dei secoli bui
2. L'Italia dei Comuni
3. L'Italia dei secoli d'oro
4. L'Italia della Controriforma
5. L'Italia del Seicento
6. L'Italia del Settecento
7. L'Italia giacobina e carbonara
8. L'Italia del Risorgimento
9. L'Italia dei notabili
10. L'Italia di Giolitti
11. L'Italia in camicia nera
12. L'Italia littoria
13. L'Italia dell'Asse
14. L'Italia della disfatta
15. L'Italia della guerra civile
16. L'Italia della Repubblica
17. L'Italia del miracolo
18. L'Italia dei due Giovanni
19. L'Italia degli anni di piombo
20. L'Italia degli anni di fango
21. L'Italia di Berlusconi
22. L'Italia dell'Ulivo

STORIA D'ITALIA

INDRO MONTANELLI
ROBERTO GERVASO

L'Italia dei secoli d'oro

Il Medio Evo dal 1250 al 1492

Premessa di Sergio Romano

BUR rizzoli

ISBN 978-88-17-04403-5

Per la parte aggiornata:
Testi appendice e inserto a colori – Massimiliano Ferri
Ricerca iconografica – Silvia Borghesi
Mappe – Angelo Valenti

Prima edizione aggiornata BUR Storia d'Italia settembre 2010

Premessa

Nel Duecento la Francia fu più intraprendente, ricca e colta dell'Italia. Ma nei due secoli seguenti – quelli che formano la materia di questo volume – perdette il suo primato a favore della Penisola. Montanelli è convinto che in questo straordinario «sorpasso» si nasconda la ragione per cui l'Italia, a differenza della Francia, non seppe costruire uno Stato esteso a una buona parte della Penisola. La Francia si lasciò superare dalla «cugina latina», come la sua vicina meridionale sarà chiamata più tardi, perché s'impegnò nella costruzione delle proprie istituzioni statali e divenne così una delle maggiori potenze del continente, capace di tenere testa, se necessario, alla Spagna, all'Inghilterra e al Sacro Romano Impero. L'Italia, invece, disperse le sue energie in guerre e battaglie che ebbero per effetto il fallimento di qualsiasi disegno unitario, e s'impegnò nella costruzione del maggiore laboratorio artistico europeo.

Vera o brillantemente forzata, questa tesi permette agli autori di dare spazio soprattutto ai protagonisti e alle civiltà cittadine che dominarono i secoli d'oro. Ancora più dei volumi precedenti e di quelli successivi, questo è una galleria di eminenti personalità e di gruppi di famiglia. Vi sono i grandi scrittori del Medio Evo e dell'Umanesimo: Dante, Petrarca, Boccaccio. Vi sono i grandi artisti, da Giotto a Donatello. Vi sono i Visconti, gli Sforza, i Medici, gli Este. Vi è un grande mercante, Francesco Datini.

Ma vi è anche il melanconico sentimento che l'Italia, dopo il fallimento del grande progetto di Federico II, è ormai la terra dove gli Angioini, gli Aragonesi e i Valois vengono a soddisfare le loro ambizioni. I Papi, dal canto loro, partecipano alle guerre d'Italia soprattutto per evitare che un grande Stato italiano intacchi il loro potere e la loro autorità.

Sullo sfondo della scena altri eventi, nel frattempo, stanno cambiando l'Europa e il mondo: la caduta di Costantinopoli nel 1453, la scoperta dell'America del 1492. E l'Italia, priva di uno Stato, diverrà necessariamente, nei suoi rapporti con il mondo che la circonda, più piccola.

Sergio Romano

L'ITALIA DEI SECOLI D'ORO

AVVERTENZA

Questa Italia dei secoli d'oro *segue a* L'Italia dei Comuni, *che a sua volta seguiva* L'Italia dei secoli bui. *Si tratta cioè della terza puntata di una ricostruzione della nostra civiltà che, almeno nell'intenzione degli autori, dovrebbe arrivare sino ai giorni nostri.*

Il periodo che questo volume abbraccia è quello compreso fra la morte di Federico II (1250) e la scoperta dell'America (1492). È un periodo splendido, forse il più splendido del nostro passato, ma che tuttavia prepara la miseria di quelli successivi. Noi abbiamo appunto cercato di chiarire per quali motivi ciò che fece lì per lì la grandezza dell'Italia ne propiziò anche la decadenza. E perciò, invece di correre dietro alle vicende dei singoli staterelli italiani, alla loro complicata diplomazia e alle loro guerricciòle, che mai o quasi mai superarono i limiti della piccola cronaca, e spesso del pettegolezzo, abbiamo preferito seguire le grandi linee dello sviluppo civile del nostro popolo, l'evoluzione del suo costume, del suo pensiero, della sua arte: che furono le grandi palestre in cui gl'italiani sfogarono le loro energie, purtroppo dispensate dall'impegno di costruire una Nazione e uno Stato.

Non abbiamo avuto di mira nessuna tesi preconcetta. Abbiamo solo accettato e registrato le lezioni che i fatti c'impartiscono, cercando di non farci influenzare dai soliti miti e luoghi comuni. Come al solito ci diranno che abbia-

mo esagerato l'importanza di certi avvenimenti e personaggi a scapito di altri. E come al solito noi rispondiamo che non c'è libro di storia che non si presti a queste critiche. Ci diranno anche che il nostro modo di raccontare non rispetta abbastanza i canoni della storiografia ufficiale e accademica. E noi rispondiamo che non li rispetta affatto perché di proposito non intendiamo rispettarli. Noi ci rivolgiamo a quella grande massa di lettori che solo ora si svegliano alla coscienza della propria storia appunto perché la storiografia ufficiale e accademica li ha sempre da essa esclusi. E in che misura siamo riusciti a raggiungerli lo dimostrano le tirature di questi libri, tutti al di là delle centomila copie e qualcuno (la Storia di Roma, *per esempio) delle duecentomila. Il successo, siamo d'accordo, non è l'unico metro su cui si debba misurare il valore di un'opera; ma la sua efficacia, sì.*

A questo volume seguirà L'Italia della Controriforma, *cioè il Cinquecento. Ma non sappiamo se riusciremo ad approntarlo per il Natale dell'anno venturo. La Controriforma è l'avvenimento che decise la nostra sorte di Nazione, cioè che la fece abortire. E grazie alla nuova atmosfera introdotta dal Concilio, crediamo che sia finalmente suonata l'ora di ricostruire quel grande dramma della coscienza cristiana non più in termini di ortodossia ed eresia, ma di storia pura e semplice, un'impresa in cui siamo impegnati già da un anno, ma che forse ce ne richiederà altri due per condurla a termine.*

Ringraziamo il lettore di averci accompagnato fin qui. È lui non solo il destinatario, ma anche il vero ispiratore di quest'opera. Se ci avesse abbandonato, noi avremmo già smesso di scriverla.

I.M.
R.G.

Ottobre 1967

Ad Augusto Guerriero
alias *Ricciardetto*
per la sua amicizia
per la sua lezione

PARTE PRIMA

LA SCENA ITALIANA

CAPITOLO PRIMO

RINASCIMENTO E UMANESIMO

Fu il Vasari che nelle sue *Vite de' più eccellenti architetti, pittori e scultori italiani* diede il nome di «Rinascimento» al periodo che va dall'inizio del Tre alla fine del Cinquecento.

Su queste date fervono ancora le discussioni. C'è chi fa cominciare il Rinascimento un po' dopo, c'è chi lo fa finire un po' prima. Ma a noi tutto questo sembra piuttosto ozioso. Un po' meno oziosa ci sembra la polemica sul significato da attribuire alla parola, perché vi sono coinvolti i motivi che provocarono questo straordinario fenomeno e fecero sì che avesse per patria l'Italia.

Il Vasari lo chiamò «Rinascenza» perché ai suoi occhi apparve come la pura e semplice resurrezione della cultura classica dopo mille anni di tenebre medievali. Secondo lui, si trattava dunque di una specie di vendetta che l'elemento latino si prendeva, dopo averle assimilate, sulle orde gotiche, longobarde e franche, che lo avevano soggiogato e schiavizzato.

Questa concezione è solidamente fondata. Non c'è dubbio che, fra le province dell'antico Impero romano, l'Italia fu quella che per prima assorbì gl'invasori tedeschi nonostante la loro politica di segregazione razziale, e li convertì alle civili strutture che Roma aveva dato alla società. Questo avvenne un po' perché le invasioni furono in

Italia meno alluvionali che in tutto il resto dell'Occidente; un po' perché il nostro Paese era, per ovvi motivi geografici, il più profondamente intriso di civiltà romana, e finalmente perché Roma, anche se non era più la Capitale dell'Impero, ormai trasferitasi a Costantinopoli, era rimasta la Capitale della Chiesa. Via via che i barbari si convertivano al Cristianesimo, ne diventavano virtualmente vassalli. Per pregare Dio e parlare col Papa, i Tedeschi dovevano imparare il latino. E, una volta imparatolo, compresero la superiorità delle leggi e dell'organizzazione romane, e dovettero rivolgersi a legislatori e funzionari latini. Da quel momento essi rimasero prigionieri di una cultura cui non avevano nulla da contrapporre se non la primitiva poesia della «Saga» e la rozza legge della «Fàida».

Ma credere che il Rinascimento non sia stato che la riscoperta della civiltà classica sarebbe un diminuirlo. Questa riscoperta non ne rappresenta che un capitolo: quello che si chiama «Umanesimo», e che ebbe in Petrarca il suo maggiore protagonista. Umanisti furon detti appunto quei diligenti topi di biblioteca, quegli impavidi sommozzatori di archivi, che si dedicarono alla scoperta dei testi classici scampati alle distruzioni e alle dispersioni del Medio Evo, li disseppellirono dagli scantinati dei conventi dove i monaci, specie i benedettini, li avevano preservati e spesso trascritti. E che ciò avvenisse soprattutto in Italia è logico, perché soprattutto in Italia quei testi si trovavano.

Questa resurrezione della cultura classica fu uno degli elementi del Rinascimento, forse il primo, certamente uno dei maggiori. Cicerone diede la sintassi ai prosatori italiani di allora, Virgilio la metrica ai poeti, Vitruvio le nozioni agli architetti. Ma questi prosatori, poeti, architetti eccetera non si limitarono alla semplice imitazione dei modelli classici. Fu quello che vi aggiunsero a fare del Rinascimento la più grande esplosione del genio umano che la storia abbia registrato dopo il secolo d'oro ateniese. E a questo contribuirono anche altri fattori.

Anzitutto, l'urbanesimo. I Tedeschi, finché rimasero isolati dalle loro discriminazioni razziali, non ebbero vita urbana. Vissero in campagna e nei castelli, dove svilupparono quello che oggi si chiama un *way of life*, un modo di vita, ma non una «civiltà», termine derivato da quello di «città». Roma e Atene erano state civiltà perché erano città. La Macedonia era stata solo un esercito perché non era che un contado agricolo e pastorale.

Le città italiane furono le prime, in tutto l'Occidente, a ridiventare protagoniste della vita del Paese dopo la lunga parentesi rurale del Medio Evo. L'Italia non fu mai completamente feudalizzata, cioè ruralizzata. Sebbene decadenti e mezzo disabitate, le città avevano resistito. Una vita urbana quindi non dovette in Italia ricominciare da zero.

Ma, a procurare a quelle italiane una posizione di avanguardia, ci fu anche un fatto geografico. Il Mediterraneo era a quei tempi la strada maestra di tutti i commerci: e non soltanto di quelli materiali, ma anche di quelli culturali. Era in questo mare che s'incontravano l'Occidente latino-germanico, l'Oriente greco di Bisanzio, e quello dell'Islam. Questi incontri erano talvolta scontri. Ma più spesso erano scambi. L'Oriente, allora, era più avanti dell'Occidente. In tutto: sia nella produzione industriale che in quella intellettuale. Di lì venivano all'Europa le sete, i damaschi, le spezie, i segreti per la lavorazione delle stoffe e le formule chimiche per colorarle. Ma di lì venivano anche la geometria, l'algebra, la logica aristotelica: tutte cose che l'Europa aveva dimenticate da un pezzo e di cui i porti italiani diventarono i privilegiati e obbligatori punti di raccolta.

Tutto ciò significava ricchezza, che della cultura non è una condizione sufficiente; ma necessaria, sì. Durante il Medio Evo l'unica seria industria italiana era stata la Chiesa. In tutto l'Occidente cristiano gli «oboli» dei fedeli prendevano la strada di Roma, e di qui si diffondevano nella Penisola, dove un po' di capitalismo sopravvisse sempre. In Italia la moneta si rarefece, ma non scomparve mai del tutto, com'era accaduto nei Paesi completamente ruralizzati, dove si era tornati allo scambio in natura.

Questi rivoletti o rivoloni d'oro seguitavano ad affluire. Ma a essi ora si aggiungevano ben altre fonti. Anzitutto, i noli marittimi. Genova e Venezia avevano le più belle flotte del tempo, gli ammiragli più sagaci, i più esperti equipaggi. Essi dovevano sfidare i gravi rischi delle tempeste e dei pirati, ma se li facevano ben ripagare. E le materie prime e i manufatti che viaggiavano sui loro «dromoni» e «galee» facevano tappa in Italia ad alimentarvi l'industria e il commercio. Il Rinascimento non sarebbe stato concepibile senza questo accùmulo di capitale. Fu il denaro dei tessitori, dei mercanti e dei banchieri fiorentini che permise a Giotto e Arnolfo di fare quel che fecero.

Un altro stimolo furono le ambizioni sociali della plutocrazia cittadina, cui l'industria, la banca e il commercio avevano dato l'aìre. Il mondo ereditato dal Medio Evo era di caste chiuse a struttura piramidale. Sebbene politicamente ed economicamente decaduta, la nobiltà formava il vertice di questa gerarchia ereditaria. Il nuovo ricco non aveva altro mezzo di scalata sociale che il mecenatismo. Non avendo potuto procurarsi un blasone arruolandosi in una Crociata, si guadagnava un merito finanziando la costruzione o l'abbellimento di una chiesa. Il Rinascimento deve molto allo snobismo dei borghesi. Gli deve oltre tutto la sua secolarizzazione. Fino a quel momento l'arte era stata soltanto sacra perché solo la Chiesa era stata in grado di pagare gli artisti. Ora che le «commesse» venivano dalla borghesia, architetti, pittori e scultori potevano perseguire ideali di bellezza non più ispirati solo a motivi sacri e sottoposti alla censura dei preti.

Ma a far sì che il Rinascimento assumesse la cittadinanza italiana, ci fu anche un altro e decisivo fatto: la maggiore rapidità di maturazione consentita dai circuiti più ristretti. Nel Duecento, all'avanguardia non era l'Italia, ma la Francia. Lo era nella sua lingua provenzale, già molto più perfezionata del nostro «volgare». Lo era nella poesia, dove i «trovatori» dettavano la loro legge e i loro modelli a tutto il mondo. Lo era nell'architettura, che aveva già elaborato col «gotico» i suoi più alti modelli. Lo era nella filosofia, di cui Abelardo aveva spalancato le porte all'averroismo, cioè al razionalismo aristotelico filtrato attraverso la cultura araba di Cordova e di Saragozza.

Ma la Francia non poté mantenere questo primato perché le sue energie furono subito assorbite da un altro compito: la fondazione dell'unità nazionale e la creazione di uno Stato. Era un compito immenso, specie per quei tempi, che infatti impegnò le risorse del Paese e le energie dei suoi Re fino a quasi tutto il Cinquecento. In questo periodo la palestra dell'*intellighenzia* francese furono l'esercito, la burocrazia e la diplomazia, non le lettere, le scienze e le arti.

L'Italia, soprattutto per via della Chiesa che per meglio dominarla la voleva divisa, non si propose nemmeno questo traguardo dello Stato unitario. Si contentò prima dei Comuni e poi dei Principati. E dentro questi ristretti organismi le nostre *élites*, dispensate da altri compiti, poterono più rapidamente integrarsi e maturare. Firenze, Venezia, Milano fecero come Atene: in due secoli passarono da una condizione semibarbara alla più alta civiltà del mondo perché operarono nel ristretto perimetro delle mura cittadine. Mentre Francia, Spagna, Inghilterra producevano Generali, ammiragli e funzionari, noi producevamo artisti e li esportavamo anche nel resto del mondo.

Ecco perché questo è un libro più di uomini che di vicende. Quando un popolo non ha una Nazione, non ha nemmeno una storia. E infatti il nostro Rinascimento non è che una collezione di cronache ma che hanno per protagonisti Dante, Petrarca, Boccaccio. Insomma, dei giganti.

E ora riprendiamo il filo del nostro racconto da dove lo avevamo lasciato con *L'Italia dei Comuni*.

CAPITOLO SECONDO

L'EREDITÀ DI FEDERICO

Correva l'anno 1250. Sul suo letto di morte, a Fiorentino, in Puglia, dove la dissenteria lo divorava, Federico il Grande forse ricapitolava mentalmente il suo fallimento. Era nato a Jesi presso Ancona cinquantasei anni prima, sotto una tenda militare drizzata sulla piazza del mercato, ma non aveva nulla d'italiano. Nelle sue vene scorrevano congiuntamente il sangue degli Hohenstaufen di Svevia e quello dei Normanni di Sicilia. Era cresciuto orfano a Palermo, e non aveva mai potuto disintossicarsi di quell'isola allora all'apice del suo splendore e centro di una civiltà cosmopolita greco-arabo-ebraico-fenicia. Varie volte era andato in Germania. Ma non era mai riuscito a restarci più di qualche mese.

La Germania era un caos di Reucci, Principi, Vescovi, Conti e Vescovi-Conti, concordi solo nell'impedire che uno di loro emergesse sugli altri e che l'Imperatore nominale diventasse effettivo. Federico aveva rinunziato a mettervi ordine non perché l'impresa fosse impossibile, come aveva sempre detto agli altri e a se stesso, ma perché non gli piaceva vivere che in Italia. A quei suoi compatrioti rozzi e rissosi, le rare volte che tornava tra loro, chiedeva soltanto tregua, la comprava con l'oro, e ridiscendeva a precipizio le Alpi. L'Italia, non vedeva e non palpitava che per l'Italia. Era questo il Paese di cui aveva voluto fare una Nazione, tutta la vita aveva perso dietro a questo sogno.

Per realizzarlo, aveva affidato la corona di Germania a suo figlio Corrado, e con gli altri due figli, Enzo e Manfredi, percorreva la penisola battendo un esercito dopo l'altro.

Ma era come vuotare il mare. I nemici gli si arrendevano solo per tradirlo alla prima occasione. Il Papa, dopo averlo scomunicato, seguitava a lanciare anatemi contro di lui e subornava i principi tedeschi che montavano una ribellione dopo l'altra. Gli ultimi cinque anni erano stati di guerra senza quartiere. Chiunque fosse amico dell'Imperatore veniva scomunicato dal Papa e destinato d'ufficio all'inferno. Ma chiunque fosse amico del Papa veniva torturato, accecato e mutilato dall'Imperatore.

E ora era finita. Enzo, caduto prigioniero, languiva in una torre di Bologna, da cui non sarebbe uscito mai più. Manfredi, alla testa di un manipolo di veterani per lo più saraceni, seguitava a vincere battaglie. Ma era costretto ad accamparsi fuori dalle mura delle città che, sebbene sconfitte, non gli aprivano le porte.

Il morente doveva chiedersi in cosa aveva sbagliato. Era l'unico Signore che del suo «Regno» italiano (un Regno che si chiamava di Sicilia, ma che comprendeva tutto il Sud-Italia, Napoli inclusa) aveva fatto uno Stato con le sue leggi, coi suoi tribunali laici, con la sua ordinata amministrazione, con la sua moneta, con le sue strade, con una polizia efficiente, con un solido esercito. Alla sua corte era nata la lingua italiana. Era stato un gran diplomatico e un gran Generale. Aveva vinto tutte le battaglie. Eppure aveva perso la guerra.

Chissà se in quegli ultimi momenti Federico ne comprese il perché, che pure era abbastanza semplice. Aveva perso la guerra perché aveva scelto male il Paese in cui combatterla. L'amore dell'Italia lo aveva tradito. Essa non poteva diventare una Nazione perché aveva in corpo il Papa. La Chiesa non poteva dividere Roma con nessun potere laico. E per tenerli tutti lontani, li aveva regolarmente giuocati l'uno contro l'altro, appoggiando i bizantini contro i Goti, i Longobardi contro i Bizantini, i Franchi contro i Longobardi, e negli ultimi tre secoli i liberi Comuni indigeni contro l'Impero. Quando Federico aveva cinto la corona, era ormai tardi per avviare quel processo di unificazione che avrebbe fatto di Francia, Spagna e Inghilterra delle nazioni moderne e le future protagoniste della storia europea. I Comuni erano troppo forti. Alcuni di essi, come Venezia, Genova, Milano e Firenze, erano addirittura delle potenze mondiali. Si era sviluppato uno spirito municipale troppo vivo, si erano costituiti troppi e troppo solidi interessi particolari perché accettassero di dissolversi in un organismo nazionale.

Anche se non li formulò chiaramente, Federico dovett'essere sfiorato da questi pensieri, perché già prima di ammalarsi aveva rinunziato alla lotta. In quel momento, essa sembrava volgere a suo favore. Suo figlio Manfredi e suo genero Ezzelino stavano riportando notevoli successi in Emilia e Lombardia, e il re di Francia Luigi IX, caduto prigioniero dei Musulmani in una ennesima Crociata, aveva supplicato papa Innocenzo IV di riconciliarsi con l'Imperatore in modo che costui potesse venire in suo soccorso. Ma Federico, invece di convocare ambasciatori e Generali, convocò il confessore e gli chiese l'assoluzione dai suoi peccati. Fu il pentimento o la ragion di Stato a ispirargli quel gesto? Non si sa. Comunque, fu quello di un guerriero vinto che in punto di morte affidava l'anima al suo vincitore.

Tuttavia si lasciava dietro un'eredità importante: un sistema di governo, destinato a estendersi in tutta Italia. Per affermare il potere centrale, nel suo Regno, egli aveva distrutto i privilegi dei signori feudali e le autonomie dei Comuni. Tutto era stato livellato da uno Stato che s'incarnava nella sua persona. Sindaci, funzionari e magistrati erano nominati da lui e solo a lui rispondevano senza intermediazione di altri poteri. Aveva inventato il catasto con cui controllava le proprietà e i redditi, e li tassava. Aveva «pianificato» l'economia regolando d'autorità prodotti, consumi e prezzi. Aveva creato una nuova aristocrazia di burocrati, selezionati in base alle loro qualità individuali, e non più al titolo ereditario. La sua Corte, formata solo da uomini di legge, di scienza, di cultura, fu di esempio a quelle dei Signori del Rinascimento. Essi copiarono tutto da lui. Purtroppo, copiarono anche la sua crudeltà, il suo dispotismo e l'abitudine di servirsi di mercenari stranieri. Federico era ricorso ai Saraceni. In Sicilia ce n'erano rimasti molti. Egli ne aveva istallato una forte colonia a Lucera, e da questo vivaio aveva tratto il nucleo del suo esercito. L'esempio era destinato a fare scuola tra i Signori italiani del Trecento. Essi chiamarono Tedeschi, Inglesi, Svizzeri, Ungheresi, e diedero loro in appalto la difesa dei propri Stati. Così cominciò, o per meglio dire si accentuò, la decadenza militare del nostro Paese, i cui effetti durano ancora. Gl'Italiani si disabituarono sempre più alle armi, diventarono imbelli e sempre disposti a patteggiare con gli avventurieri che, alla testa delle loro bande, mettevano a sacco il Paese, talvolta al servizio di un Signore, talaltra tradendolo e ogni tanto uccidendolo e prendendone il posto.

L'ultima incarnazione dell'Impero, residuo dei bui

tempi medievali, aveva anticipato la storia d'Italia e dettato, nel bene e nel male, un modello ai propri successori.

L'avventura degli Hohenstaufen non finì tuttavia con la morte di Federico.

Papa Innocenzo IV, ch'era scappato in Francia, credendo di aver ormai partita vinta, tornò in Italia, s'istallò a Napoli, procedette all'annessione del Regno agli Stati pontifici, e intrigò con la sua diplomazia per indurre anche i Comuni del Nord a riconoscere la sua sovranità. Ma questi Comuni, pur battendosi contro Manfredi ed Ezzelino in nome della Chiesa, alla Chiesa non intendevano affatto sacrificare le loro autonomie. Era sempre la vecchia storia che durava dai tempi di Carlomagno. Il Papa poteva contare sulle città italiane finché si trattava di aiutarle a resistere al potere centralizzatore di un Imperatore o di un Re. Ma se tentava di sottometterle al suo, se le trovava nemiche.

Il figlio di Federico, asceso al trono in Germania col nome di Corrado IV, valicò le Alpi con nuove forze, riconquistò il Regno senza colpo ferire, e s'istallò nella reggia di suo padre, ma solo per esservi ucciso dalla malaria. Manfredi assunse il comando del suo esercito e annientò le disordinate bande papaline. Innocenzo ne morì di crepacuore. Il suo successore, Alessandro IV, bandì addirittura una crociata contro gl'imperiali. A farne le spese fu Ezzelino che, rimasto isolato nel Nord, fu alla fine soverchiato.

Questo piccolo nobile di Verona, dal volto pallido e dal corpo meschinello, che aveva sposato una bastarda di Federico, era un asceta del terrore. Vestiva come un frate, mangiava da vegetariano, dormiva su una branda, e non aveva altre passioni che quella della lotta e del potere.

L'unica architettura che gli piaceva era quella delle fortezze e delle prigioni. Ne aveva costruite dovunque a Vicenza, a Padova, a Feltre, a Belluno. Boia e aguzzini erano i suoi sudditi preferiti. Assisteva alle torture senza batter ciglio. E nell'escogitarne di nuove e sempre più raffinate, la sua fantasia dava il meglio di sé. Il sangue lo riempiva di una gelida esaltazione, che non gli venne meno neppure quando si trattò del sangue suo. Crivellato di colpi e caduto prigioniero, rifiutò dottore, confessore e cibo, si strappò con le proprie mani le bende dalle ferite, e si lasciò morire lentamente, come aveva imposto alle sue vittime, di dissanguamento e di fame. Suo fratello Alberico, che ne aveva con zelo secondato le crudeltà, assisté impassibile al suo supplizio e a quello di tutta la famiglia, prima di essere a sua volta torturato con le pinze e strascicato per terra da un cavallo fino alla morte.

Restava Manfredi alla testa del suo esercito di Tedeschi e Saraceni. Tutte le forze ghibelline si coalizzarono intorno a lui, e a coagularle furono le città toscane in rivolta contro la supremazia di Firenze, che capeggiava invece le forze guelfe. Lo scontro avvenne a Montaperti nel 1260. I Fiorentini, tratti in inganno – pare – dai Senesi che avevano finto di essersi lasciati comprare, e traditi da uno dei loro capitani, Bocca degli Abati, subirono un rovescio che assicurò a Manfredi sei anni di assoluta signoria sul vecchio Regno.

Papa Urbano IV si rese conto che l'Italia, divisa com'era, non sarebbe mai venuta a capo degli Hohenstaufen. E, riprendendo la vecchia politica della Chiesa di opporre straniero a straniero, si rivolse al Re di Francia, Luigi IX, offrendogli la corona delle Due Sicilie. Luigi, troppo impegnato nel suo Paese, la rifiutò; ma, essendo molto devoto e non volendo dispiacere al Papa, la diede al proprio fratello, Carlo d'Angiò. Questi scese in Italia con trentamila uomini. Manfredi non ne aveva nemmeno la metà. Ma accettò ugualmente la battaglia che si svolse in campo aperto a Benevento nel 1266. Quando vide la partita persa, si gettò nel folto della mischia e vi morì con l'arma in pugno: fine del tutto in carattere con la sua natura di prode e romantico guerriero, ultima incarnazione della Cavalleria medievale.

Due anni dopo, il figlio di Corrado, Corradino, scese dalle Alpi per ritentare l'avventura del padre e riconquistare il Regno del nonno Federico. Aveva appena quindici anni, e i nobili tedeschi non gli avevano dato che poche migliaia di uomini. Carlo d'Angiò, ormai Re delle Due Sicilie e ben deciso a restarlo, lo attese a Tagliacozzo, e facilmente lo sconfisse. «Padre» scrisse a papa Clemente IV «vi prego: alzatevi e cibatevi della cacciagione del figliuol vostro: uccidemmo tale moltitudine di nemici...» Corradino era caduto prigioniero. Condotto a Napoli in catene, fu decapitato sulla piazza del mercato.

Con questo infanticidio, debuttò il Regno angioino.

L'ITALIA VERSO IL 1300
Vaud
Cliablese
CONTEA DI SAVOIA
Biella
Vesc. di Bressanone
PRINC. DI TRENTO
PATRIARCATO DI AQUILEA
Trento
Belluno
Cividale
Vesc. di Feltre
Geneda
Cont. di Grizia
Como
Bergamo
Ivrea
Novara
Milano
Brescia
Vicenza
Treviso
Aquilea
Trieste
Vercelli
Crema
Verona
Torino
Chieti
Pavia
Lodi
Cremona
Padova
Parenzo
Venezia
Alessandria
Mantova
Asti
Tortona
Piacenza
Saluzzo
Parma
Acqui
Bobbio
Modena
Reggio
Ferrara
Marc. di Saluzzo
Pontremoli
Bologna
Ravenna
CHERSO
LUSSINO
PAGO
Genova
Imola
C. di Tenda
Ormea
Finale
Fivizzano
Frascati
Faenza
Forlimpopoli
Forlì
Rimini
Zara
REP. DI VENEZIA
Pistoia
Lucca
Prato
Urbino
Pisa
Firenze
Ancona
Arezzo
Città di Castello
BRAZZA
Volterra
LESINA
Siena
Cortona
Fermo
Massa
CURZOLA
Chiusi
DUCATO DI SPOLETO
Spoleto
REP. DI RAGUSA
Grosseto
Sovana
Mar Adriatico
ROMA
Abruzzo
REGNO DI SICILIA
C. DI MOLISE
Capitanata
Ceccano
Montecassino
Mar Tirreno
Benevento
Terra di Bari
Bari
Gallura
Basilicata
Brindisi
Napoli
Salerno
Potenza
Taranto
Terra d'Otranto
Logudoro (Genova)
(Al di là del Faro) (ANGIÒ)
Arborea
Cagliari
DUCATO DI CALABRIA
Cosenza
Messina
Palermo
Reggio
Mar Mediterraneo
SICILIA (ARAGONESI)
Siracusa

CAPITOLO TERZO

I VESPRI SICILIANI

Seguiamolo ancora, questo Regno angioino, nei suoi primi passi.

A Carlo si presentava la grande occasione di fare ciò che non era riuscito a Federico e ai suoi successori. Quello di Sicilia era l'unico Reame italiano che aveva già una tradizione unitaria, un governo centralizzato, un'ossatura amministrativa e militare. Palermo era la più rigogliosa e popolosa città italiana. Carlo non aveva da sprecare energie per conquistare o difendere una corona imperiale, né per tenere a bada una patria inquieta: suo fratello Luigi, saldamente sul trono, gli proteggeva le spalle e all'occorrenza, anzi, avrebbe potuto aiutarlo. A Roma la Corte pontificia era dominata dai Cardinali francesi, che infatti si davano quasi ininterrottamente il cambio sul Soglio. Carlo era il loro uomo, né vi era in tutta Europa un altro Principe, cui la Chiesa potesse come al solito rivolgersi per fargli da contrappeso. La Germania era più di sempre in preda alle convulsioni. Le città italiane del Nord, che avevano tenuto viva la resistenza agli Hohenstaufen, consideravano Carlo un amico naturale. Milano lo aveva proclamato suo signore e gli aveva chiesto di mandarle un Vicario che la governasse in suo nome. Torino, Brescia e Piacenza ne avevano seguito l'esempio. Firenze lo aveva acclamato Podestà. La Lega Guelfa toscana si era ribattezzata «guelfo-angioina». Roma lo aveva nominato Senatore.

Ma Carlo non era che un soldataccio, coraggioso, ma grossolano e ottuso. Invece di concentrarsi su una realistica politica italiana, mirò a estendere i suoi domini in Grecia e in Tunisia, amministrò malissimo il suo Reame suscitandovi grave malcontento, e coi suoi soprusi fece perdere alla diplomazia francese la sua carta migliore: il Papato.

Alla morte di Clemente IV, francese come Urbano, fu indetto a Viterbo un Conclave, che durò tre anni fra tresche, imbrogli e intimidazioni. Tanto che alla fine i Viterbesi persero la pazienza, scoperchiarono il tetto del palazzo, e minacciarono i Cardinali di lapidazione se non la facevano finita. Ma la lotta fra i candidati delle varie potenze europee era talmente a coltello che il Vicario angioino per la Toscana, Guy de Montfort, lo usò addirittura contro Enrico d'Inghilterra, pugnalandolo in piena chiesa durante la messa e trascinandone per i capelli il cadavere in piazza.

Era veramente troppo. I Cardinali italiani riuscirono finalmente a giungere a un accordo ed elessero Tebaldo Visconti di Piacenza che si trovava allora in Terrasanta. Rientrato di lì a poco, prese il nome di Gregorio X e si rese conto che, se non si sottraeva alle prepotenze dei Francesi – quelli di Parigi e quelli di Napoli –, rischiava di diventare il loro cappellano. Ma non aveva che un modo per farlo: richiamare nel giuoco politico i vecchi alleati degl'imperatori di Germania, che per essi si erano battuti contro la Chiesa ed erano stati sconfitti: i ghibellini. Era la solita diplomazia del Papato, pronto ad allearsi col nemico vinto, quando l'amico vinceva troppo e minacciava di diventare padrone assoluto nella Penisola. I Signori di

Saluzzo e del Monferrato furono indotti a ripudiare l'alleanza con gli Angiò. Il ghibellino Ottone Visconti fu nominato Arcivescovo di Milano. Firenze fu invitata a riportar la pace fra le due fazioni in modo che i guelfi non prendessero un decisivo sopravvento sui ghibellini. E la corona d'Imperatore, rimasta senza titolare dopo la morte di Corradino, e che i Francesi cercavano di far assegnare a uno dei loro Principi, venne data con una manovra sotto banco a Rodolfo d'Asburgo, ch'era stato alleato degli Hohenstaufen.

Ma questo intermezzo di Papato italiano durò poco. Nel 1276 Gregorio morì. I suoi quattro successori scomparvero uno dopo l'altro nello spazio di quattro anni. E nel Conclave del 1280 i Cardinali francesi, sostenuti dalle soldataglie di Carlo, riebbero il sopravvento e imposero l'elezione di uno dei loro: Simone de Brie, che prese il nome di Martino IV.

Di nuovo si presentava agli Angiò la grande occasione di ridurre la penisola in loro potere. Ma il Regno non era più quale lo aveva lasciato il grande Federico. Le finanze erano dissestate, l'amministrazione in disordine, le strade in rovina, il contado impoverito. Il malcontento era grande specialmente a Palermo. Carlo aveva istallato la sua capitale a Napoli, e la vecchia metropoli siciliana era decaduta a provincia. Per prevenirvi qualche insurrezione, la polizia angioina la teneva in una specie di perpetuo stato d'assedio, con coprifuoco, divieto di assembramento e perquisizione dei passanti.

Il 31 marzo del 1282, settimana di Pasqua, molta folla gremiva le piazze e le chiese della città. Un sergente francese, certo Douet, non si sa se per malizia o per zelo, estese le misure precauzionali anche alle donne e mise le mani addosso a una che transitava a braccio del marito. Questi, ferito nel suo orgoglio di maschio siciliano, gli strappò la spada dal fodero e lo stese morto. La folla fu subito per l'uccisore e si scatenò contro gli Angioini al grido di «Mora, mora!» Per tutta la notte fu la caccia all'uomo, la sollevazione si propagò a tutta l'isola, e i pochi Francesi che riuscirono a salvarsi dal massacro dovettero cercare scampo sulle navi.

Questi furono i famosi «Vespri siciliani», che poi passarono alla storia come la seconda manifestazione, dopo il «Carroccio», di patriottismo italiano. Essi furono una bella impresa, pienamente giustificata dai soprusi angioini. Ma il patriottismo non ci aveva nulla a che fare.

Gl'insorti si appellarono al Papa perché assumesse l'alto patronato dell'indipendenza isolana. Ma Martino non poteva o non voleva mettersi contro i suoi compatrioti francesi, cui doveva la sua elezione, e diede a Carlo mano libera per domare la ribellione. Carlo spedì una flotta con un esercito che un cronista siciliano valutò di novantamila fanti e ventiquattromila cavalieri. L'assurdità è evidente: con un esercito di tal forza, a quei tempi, si conquistava l'Europa. La cifra vera è quella che dà Villani: cinquemila uomini in tutto, fra cui cinquecento Fiorentini. Ma era già rispettabile, per le misure di allora. Messina, dove lo sbarco doveva avvenire, resistette bravamente sotto il comando di Ruggero di Lauria. E intanto i capi della rivolta, vistisi abbandonati dal Papa, avevano sollecitato l'aiuto di Pietro il Grande d'Aragona, offrendogli la corona dell'isola.

Quello di Aragona era un Reame che si stava vigorosamente affermando in Spagna e mirava a estendere la sua influenza sul Mediterraneo per bilanciarvi quella francese. Proprio allora Pietro aveva deciso di tentare una spedizione contro quella che allora si chiamava la Barberia e che corrisponde all'Algeria attuale. Dirottò le navi su Trapani. Vi sbarcò l'esercito. Fece proseguire per Messina la flotta che vi sorprese e distrusse quella angioina. E si coronò Re di Sicilia.

Qui s'inserisce un curioso episodio che, per quanto di scarsi risultati pratici, illumina la crisi di un'epoca e di un costume.

Carlo chiese al Papa di scomunicare Pietro e i suoi sudditi isolani, e il Papa, succubo dei francesi, lo fece. Ma la misura non sortì nessun effetto. E allora Carlo, sebbene fosse ormai sulla settantina, sfidò a duello Pietro per decidere la controversia secondo il vecchio codice della cavalleria feudale. Perché secondo lui si trattava di un affare personale e privato fra due gentiluomini, di cui la Sicilia e il suo popolo rappresentavano soltanto l'oggetto. Lo scontro doveva avvenire a Bordeaux, città neutra perché tuttora sotto la sovranità della corona d'Inghilterra. E i contendenti dovevano presentarvisi il 12 giugno (1283), ciascuno con un seguito di novantanove cavalieri. Doveva essere una bella festa, cui erano invitate anche le signore dell'alta aristocrazia europea.

Carlo fu puntuale. Ma Pietro, sebbene si fosse impegnato con giuramento, non si mostrò. Dichiarato codardo e squalificato dal codice cavalleresco, rispose per lettera che a Bordeaux egli era andato fin dal 31 maggio, ma travestito e in incognito; e che ci aveva contato oltre tremila bravacci di Carlo, intenti a preparargli un'imboscata. Carlo replicò che non era vero nulla, la polemica fece molto chiasso, e la pubblica opinione si divise: il Papa fu per l'Angiò, Dante per l'Aragona. Se ne parlò per anni. Ma l'episodio comunque dimostrò che le regole cavalleresche ormai erano in liquidazione. Avevano fatto legge per tutto il Medio Evo, e nessuno avrebbe osato contravvenirvi perché erano una delle architravi su cui si reggeva tutta l'impalcatura feudale. Ora anche i Signori cominciavano a infischiarsene. I rapporti tra loro non obbedivano più alla regola dell'onore, ma a quella, più prosaica e utilitaria, della «ragion di Stato».

La diatriba sboccò in una guerra bell'e buona. L'anno dopo la squadra aragonese sorprese e batté nella baia di Napoli quella angioina, comandata dal Principe ereditario. Subito dopo scomparvero ambedue i protagonisti di quella lotta: Carlo e Pietro. Al posto del primo, salì sul trono di Napoli Carlo II lo Zoppo o «il Ciotto», come lo chiamavano, che aveva già dato la misura delle sue capacità come ammiraglio, lasciandosi sconfiggere nella propria base. A Pietro succedettero due figli: il primogenito, Alfonso, si tenne il Reame d'Aragona; il secondo, Giacomo, s'incoronò Re di Sicilia. Ma Alfonso per motivi suoi trovò più conveniente mettersi d'accordo con la Francia promettendo la restituzione della Sicilia agli Angiò alle spalle del fratello. Costui si preparava a resistere, quando Alfonso morì, lasciando vacante il trono di Aragona, che per legge ereditaria toccava a Giacomo. Il quale, appena istallatovisi, riconobbe validi i motivi che avevano suggerito ad Alfonso di restituire la Sicilia agli Angioini, ratificò l'accordo, e anzi sposò la figlia di Carlo.

Ma a ribellarsi furono i Siciliani. Essi diedero la corona al terzogenito aragonese, Federico, e il comando delle forze armate a Ruggero di Lauria, l'intrepido capitano che aveva difeso Messina. Seguì un guazzabuglio in cui temiamo che anche il lettore perda la testa. Federico sollecitò una flotta dal fratello Giacomo, e si preparava a festeggiarne l'attracco a Palermo, quando la vide sfilare verso Napoli per mettersi al servizio di Carlo. In uno scontro navale presso le coste calabresi, il prode Ruggero di Lauria saltò dalla propria nave ammiraglia su quella degli Angioini per guidarli contro i suoi e sconfiggerli a Capo d'Orlando, dove seimila Siciliani morirono senza più capire chi fosse il loro comandante e chi il loro nemico. Per terra invece Federico batté ancora una volta Carlo, le cui truppe ora erano comandate da suo cugino, il Principe di Valois. Solo nel 1302 fu stipulata finalmente la pace di Caltabellotta. Federico fu riconosciuto Re di Sicilia con l'intesa che alla sua morte l'isola sarebbe tornata sotto la corona angioina.

Ma poi i fatti e la tenacia dei Siciliani decisero altrimenti.

CAPITOLO QUARTO

LA SCENA ITALIANA

Per seguire gli avvenimenti di Napoli e Sicilia, abbiamo fatto un salto di mezzo secolo: quello che va dalla morte del grande Federico e dalla liquidazione dei suoi successori alla rottura del suo vecchio Regno fra Angioini a Napoli e Aragonesi in Sicilia. L'episodio era decisivo, per la storia d'Italia. Segnava l'ultimo tentativo di istaurarvi o restaurarvi un potere imperiale. D'Imperatori ne vedremo ancora scendere nel nostro Paese. Ma saranno tutte figure fatiscenti: i loro conati di restaurazione rimarranno sempre velleitari ed effimeri. E con l'Impero, di cui non rimane che il titolo, è finita la supremazia tedesca in Italia, per cedere momentaneamente il posto a quella francese.

Ecco cos'è avvenuto nel mezzo secolo che segue la morte di Federico. E ora vediamone i riflessi sul resto della Penisola.

Sulla fine del Duecento, l'Italia è irreparabilmente rotta e divisa. Ma nel pulviscolo dei suoi piccoli potentati, alcuni prendono slancio e cominciano a esercitare una certa forza di attrazione sul vicinato.

Nel Piemonte ce ne sono tre che si contendono la supremazia: quello dei Savoia, quello dei Monferrato, e quello dei Saluzzo. Ma la storia delle loro lotte non ha per il momento nessun riflesso su quella nazionale: non tanto per ragioni geografiche, quanto perché si svolge, per così dire, su un altro piano. Questa provincia ha conservato un'impalcatura feudale, che non dice nulla al resto d'Italia, dove essa ha poco attecchito, e quel poco è morto da un pezzo. I Comuni in Piemonte hanno avuto scarsa fioritura, le città sono rimaste rachitiche, e Torino non è che un borgo di montanari. A dominare non sono le borghesie urbane coi loro municipi e magistrature democratiche, ma i signorotti franchi dai loro castelli in cui si respira ancora un profumo di cavalleria. Conti e Marchesi si alleano tra loro, si uniscono in matrimonio, si tradiscono e si combattono per aggiungere una provincia o una fortezza ai loro possessi. Ma tutto ciò resta in un «giro» regionale, perché oltre il Ticino comincia un altro mondo: quello dei liberi Comuni che già da un pezzo hanno sconfitto il castello e sovrapposto una società cittadina e mercantile a quella agraria e militare del Medio Evo.

Al centro della ricca piana lombarda, Milano aveva già conquistato una posizione di preminenza con le sue industrie, quando papa Gregorio X, per sottrarla all'influenza angioina, vi nominò Arcivescovo il ghibellino Ottone Visconti. I Visconti erano già una famiglia potentissima, la più potente di Milano insieme con i Della Torre. Quella nomina decise la sorte della rivalità che divideva le due casate, e diede l'avvio a una straordinaria avventura politica e dinastica. Ottone era un grande personaggio cui non resistettero né i Della Torre, ch'egli disinvoltamente imprigionò in gabbie di acciaio, né le istituzioni democratiche, cui i Milanesi erano meno affezionati dei Fiorentini. Essi accettarono il nipote del Cardinale, Matteo, insieme come Vicario dell'imperatore Rodolfo d'Asburgo e delegato del popolo al governo: cioè in parole povere gli conferirono i pieni poteri, avallati dallo zio Ottone, l'Arcivescovo, in nome del Padreterno. Matteo li usò spregiudicatamente non solo per rafforzare il proprio potere su Milano, ma anche quello di Milano sulla Lombardia. Tra la fine del Due e il principio del Trecento si era appena all'inizio di questa impresa espansionistica. Ma essa già si profilava e faceva di Milano una delle capitali d'Italia.

Un'altra era Genova. Lo era diventata alla chetichella, come notava un po' offeso e scandalizzato un suo cronista, Jacopo da Varazze: «Siamo stupiti che mentre vi sono molte città in Italia, delle quali gli antichi storici parlano spesso, di Genova, tanto ìnclita, potente e nobile, poco o quasi nulla si legga». È vero. Ma la colpa è dei Genovesi che delle loro vicende non hanno lasciato traccia nemmeno nei documenti. Di Genova si sa soltanto che all'origine della sua storia ci fu una famiglia nobile, gli Obertenghi, che poi si divise nei rami degli Spinola, degli Embriaci, dei Castello e dei Vento. Incarnavano gli interessi terrieri del contado, mentre il Vescovo rappresentava quelli cittadini dei marinai, pescatori, artigiani e mercanti. Ma il dialogo fra loro non diventò mai o quasi mai lotta di fazione, com'era capitato a Firenze. Anzi, i due elementi si fusero in una «campagna», cioè in una «compagnia» che fu il fondamento del Comune, eppoi addirittura lo assorbì come le Arti avevano assorbito quello fiorentino. Ecco perché quella genovese è sempre stata un'aristocrazia mercantile e imprenditoriale: perché fin d'allora assunse i suoi posti di comando in una società di tipo borghese, dove il metro di misura non era il blasone, ma l'efficienza.

La grande fortuna di Genova fu la geografia: e non solo per lo stupendo golfo che le metteva a disposizione, ma anche perché con la sua cerchia di montagne la teneva al di fuori e al riparo dalle lotte fra Imperatori, Papi e Comuni.

E infatti il nome di Genova non compare mai o quasi mai nelle «Leghe» che si formarono via via per combattere gli uni o gli altri. Rincantucciata in quel suo angolo eccentrico fra le Alpi e il mare e non potendo cercare avventure in un entroterra così imperviamente sbarrato, Genova poteva dedicarsi soltanto alla costruzione di un impero marittimo. E fu ciò che fece.

L'unica rivale che le faceva concorrenza in quel momento era Pisa, il grande porto toscano del Medio Evo (Livorno non era ancora nata). Era una vecchia città ghibellina, in cui l'Imperatore si faceva rappresentare da un Visconte. Ma anche qui era nata come a Genova una Compagnia in cui, uniti dai comuni interessi marittimi, si erano fusi nobili, armatori e mercanti, e che praticamente governava lo Stato. L'imperatore Enrico IV per garantirsi la fedeltà di Pisa, che gli faceva comodo nella sua lotta contro la Chiesa come contrappeso alla papalina Firenze, le aveva a sua volta garantito l'autonomia.

Insieme a quelle di Genova e di Amalfi, la flotta pisana aveva impedito lo sbarco degli Arabi siciliani nell'Italia continentale, e per un buon secolo era rimasta padrona quasi incontrastata del Tirreno: Corsica e Sardegna furono praticamente colonie di Pisa che vi teneva i suoi Consoli. Ma a differenza di Genova, Pisa aveva da badare anche a un entroterra, che una meno benevola geografia offriva all'ingordigia delle città rivali, Lucca e Firenze, ansiose di uno sbocco al mare. Fu questo che fece la debolezza di Pisa. Essa non seppe decidersi a una politica soltanto marittima perché doveva guardarsi le spalle. E così la rovina le venne contemporaneamente da una parte e dall'altra.

Nel 1283 Genova mosse guerra a Pisa, o per meglio dire trasformò in «calda» la guerra fredda che da decenni imperversava fra le due flotte. La posta erano la Corsica e la Sardegna, dalle quali Genova si sentiva imbottigliata. Pisa allestì settantadue navi, ne diede il comando all'ammiraglio veneziano Morosini e le mandò a saccheggiare Rapallo e Portofino approfittando dell'assenza della squadra genovese guidata da Oberto Doria. Questa fu richiamata in gran fretta e andò ad appostarsi alla Meloria, poche miglia al largo di Pisa. Morosini, che rientrava alla base, fu ingannato dalla scarsa consistenza dell'avversario che aveva nascosto metà delle sue navi dietro gli scogli dell'arcipelago. Attaccò sconsideratamente e ci rimise ventitré galee e alcune migliaia di uomini.

Per quanto grave, la sconfitta non era irreparabile. Ma proprio in quel momento su Pisa si avventavano Lucca e Firenze. La scusa era ideologica: i guelfi fiorentini e lucchesi dicevano di voler abbattere il governo ghibellino di Pisa. Per disarmarli, Pisa mutò regime affidandosi al Conte guelfo Ugolino della Gherardesca. Questi riuscì a parare la minaccia. Ma come tutto ringraziamento, nel 1288, quando Carlo d'Angiò morì e il guelfismo sembrava in ribasso, il ghibellino Arcivescovo Ruggero degli Ubaldini fece rinchiudere nella torre Ugolino a morire di fame insieme a due figli e tre nipoti. Erano a quei tempi – intendiamoci – fatti di ordinaria amministrazione. Noi li conosciamo e ne inorridiamo solo perché Dante ce li ha raccontati con tutta la veemenza della sua indignazione.

La guerra con Firenze e Lucca riprese, e si concluse nel 1293 con una pace che lasciava le cose com'erano. Ma la grande Repubblica marinara, che aveva battuto la flotta nemica degli Arabi e poi distrutto quella alleata di Amalfi, era finita. Qualcuno dice che Pisa fu tradita dal mare che, come a Ravenna, si ritirava di continuo lasciandosi dietro uno strascico di sabbie. Ma non è così. Per le navi di quei tempi, l'Arno bastava e i porti tanto più erano favoriti, quanto più erano internati. In realtà fu Pisa che, risucchiata dall'entroterra e dai suoi problemi, tradì il mare. Si chiuse in sé e diventò una città di arte e di studio. La sua gloria non fu più la flotta, ma l'Università.

Alla fine del Duecento le grandi potenze marittime italiane sono dunque due: Genova e Venezia, che anticipano di un paio di secoli le grandi fortune imperiali di Spagna, Inghilterra, Portogallo e Olanda. Se, invece di combattersi fra loro, avessero agito di comune accordo, avrebbero assicurato all'Italia un impero mondiale. Ma ciò presupponeva l'Italia, cioè un sentimento di solidarietà nazionale che allora non c'era.

Anche Venezia doveva in parte la sua fortuna al fatto di trovarsi estromessa per ragioni geografiche dalla zona di un conflitto squisitamente terrestre e continentale com'era quello fra Papato e Impero. Se Genova aveva, a difesa del suo isolamento, il bastione delle montagne, Venezia aveva quello delle lagune. Sicure dentro quell'intrico di sabbie di cui solo i suoi ammiragli conoscevano i fondali, le flotte veneziane si erano impossessate di tutte le coste dàlmate, Parenzo, Umago, Capodistria, e giù giù fino all'Albania e alla Grecia.

Era da qui in poi ch'esse entravano in conflitto con quelle genovesi, lanciate anch'esse alla conquista dei mercati orientali. Venezia se ne era impadronita con le Crociate, in cui non aveva versato una goccia del suo sangue. Dopo essersi arricchita coi noli per il trasporto delle truppe ed essersi assicurata il più grosso «dividendo» nei saccheggi delle varie città, aveva badato soltanto a impiantare case commerciali, fòndachi e banchi. La sua forza erano una moneta stabile, solidamente ancorata all'oro, il «ducato», in concorrenza di pregiatezza col «fiorino» di

Firenze, e il più moderno sistema bancario di quei tempi. E così, mentre la banca fiorentina conquistava l'Europa continentale, quella veneziana si annetteva l'Oriente in compartecipazione con quella genovese.

Le due città sono praticamente padrone di tutto, dall'Adriatico e dal Tirreno al Mar Nero. Galata sul Corno d'Oro e Caffa in Crimea hanno un Podestà e un Abate del Popolo genovesi che regolano i rapporti e gli scambi coi Tartari, i Russi e i Persiani. Veneziane sono gran parte delle isole greche e interi quartieri di Costantinopoli. «Sono» dice di loro il francese Vitry «uomini potenti, ricchi, bene armati, coraggiosi, con splendide navi che sanno benissimo guidare in tutti i tempi.» Nel 1261 partono da Venezia Niccolò e Matteo Polo. Dopo poco li segue Marco che da solo, a piedi, raggiunge il Giappone, compiendo un'impresa non meno grandiosa di quella di Cristoforo Colombo.

La lotta fra queste due grandi Repubbliche rimane un pezzo nella fase della concorrenza ma condita di episodi da guerra «di corsa». Ogni flottiglia veneta che incontrava un cargo genovese lo catturava, e viceversa. C'erano stati anche degli scontri fra squadre minori a Laiazzo e in Mar Nero. Ma proprio sul finire del secolo, nel 1298, ci fu la prima vera grande battaglia. Settantotto galee genovesi al comando di Lamba Doria, penetrate arditamente in Adriatico, ne affrontarono cento veneziane comandate da Andrea Dandolo presso l'isola di Curzola, ne affondarono sessantacinque e lasciarono quindicimila cadaveri a galleggiare sulle acque. Fra di essi c'era anche quello del Dandolo che, preso prigioniero, si avventò a testa bassa contro l'albero maestro e vi si sfracellò. Ma Venezia non era Pisa: invece di abbandonare la lotta, si preparò a restituire la partita.

La storia delle due città seguitò tuttavia a svolgersi fuor della Penisola, che fu ben poco influenzata dalle loro vicende. Genova e Venezia, agl'inizi del Trecento, non hanno una politica italiana. Si combattono dovunque, fuorché nel loro Paese e per il loro Paese.

Un'altra capitale era Firenze, che proprio in questi anni affermava la propria egemonia sulla Toscana. La sua politica interna era fra le più turbolente per la violenza delle fazioni che s'intitolavano ai due grandi partiti che allora dividevano tutta l'Italia: i guelfi e i ghibellini. Ma a essa se ne mescolava anche una sociale, resa più acuta dallo stesso progresso industriale ed economico. Quella che si era affermata era la grossa borghesia mercantile e bancaria, padrona delle Arti, che a loro volta erano padrone della città.

Questa borghesia aveva dovuto duramente lottare per liberarsi dalla servitù della vecchia aristocrazia terriera e guerriera che dai suoi castelli disseminati nel contado aveva per secoli dominato il Comune. Sin dal principio Firenze fu guelfa perché i nobili che la circondavano e minacciavano e ch'erano stati investiti dei loro feudi e privilegi dagl'Imperatori, erano ghibellini.

I popolani fiorentini, raccolti sotto i loro «gonfaloni», li avevano attaccati uno alla volta e costretti a venire ad abitare in città almeno per parecchi mesi dell'anno. Solo così potevano controllarli e impedirgli di disturbare le vie di comunicazione e intralciare i commerci come sempre avevano fatto. I Signori dovettero accettare queste condizioni. Ma anche a Firenze avevano portato le loro passioni politiche e il loro spirito di violenza. Vi costruirono palazzi che somigliavano a fortezze, facendo a gara a chi innalzava le torri più alte e meglio guarnite, e vi formarono quelle «consorterie» ch'erano in realtà delle vere e proprie «mafie».

Ideologicamente però si divisero. Alcuni, come i conti Guidi, rimasero ghibellini. Molti altri, per poter intervenire efficacemente nella politica di una città guelfa, si fecero guelfi anche loro e cominciarono a mescolarsi, anche per bisogno di denaro, con la grossa borghesia mercantile. I due partiti si combattevano con tutte le armi, approfittando della debolezza di un governo che era un groviglio d'istituti intenti solo a paralizzarsi l'uno con l'altro. I due più alti magistrati, il Podestà e il Capitano del Popolo, dovevano essere per legge stranieri appunto per impedire che una parte, quando vinceva, esercitasse violenze sull'altra. Ma ciò avveniva ugualmente perché lo Stato non aveva il mezzo per impedirlo e rimaneva esso stesso prigioniero del più forte.

Ogni rivolgimento significava lo sterminio o la proscrizione della parte sconfitta. L'ultimo era avvenuto nel 1260, cioè dopo la battaglia di Montaperti che aveva visto il trionfo delle forze ghibelline di Manfredi, capeggiate da Siena, su quelle guelfe capeggiate da Firenze. Il contraccolpo fu immediato anche all'interno. Gli esuli ghibellini tornarono in città, e a prendere la via dell'esilio furono i guelfi. Ma durò poco. La calata in Italia di Carlo d'Angiò, nuovo Re di Napoli, e le battaglie di Benevento e Tagliacozzo dove morirono i due ultimi Hohenstaufen, Manfredi e Corradino, inflissero un colpo definitivo all'idea ghibellina e ai suoi sostenitori fiorentini.

Nonostante questi travagli interni, Firenze aveva seguitato ad affermare la propria preminenza in Toscana. La rivale più potente, Pisa, non si era più ripresa dopo la disfatta della Meloria. La stella di Siena, che aveva brillato dopo la vittoria di Montaperti, era tramontata insieme alle fortune degli Hohenstaufen e dell'Impero. Con abile diplomazia, Firenze aveva legato al suo carro Lucca e Pistoia. Restava Arezzo, roccaforte della vecchia aristocrazia terriera, dov'erano ghibellini tutti, anche il vescovo Degli Ubertini.

La partita decisiva fu giocata nel 1289, a Campaldino. Alla testa delle forze guelfe del Centro-Italia, i Fiorentini vinsero. E da allora in poi poterono abbandonarsi con più impegno di prima alle loro industrie, alle loro banche e alle loro risse.

Ecco: questo è all'ingrosso, molto all'ingrosso, il panorama dell'Italia al debutto del primo dei suoi secoli d'oro. Genova, Milano, Venezia, Firenze e Napoli ne sono i poli. Roma esiste unicamente in funzione della Corte pontificia, e conta solo in quanto vi risiedono i Papi. Quando costoro si trasferiscono ad Avignone, come sta per succedere, l'Urbe scade a città di seconda categoria, e lo rimane sino alla fine del Trecento. È un borgo squallido, infestato dalla malaria, con venti o trentamila abitanti sudici e affamati, le strade disselciate e i monumenti in rovina, dove non fiorisce che un po' di retorica aizzata dai grandi ricordi della Roma augustea.

Tuttavia questo mosaico di Stati, divisi e in perpetua lotta tra loro, presenta un fenomeno di cui sono tutti dal più al meno partecipi: la crisi degl'istituti comunali. Sui suoi motivi si è sparso inchiostro a fiumi. Ma essi sono in fondo abbastanza semplici.

Il primo e più immediato è che questi istituti, con le loro magistrature elettive, non sono riusciti ad assicurare la condizione fondamentale di una civile convivenza: l'ordine. Se Firenze ne rappresentava il caso-limite, un po' dovunque la libertà comunale si era confusa con quella delle fazioni e delle loro risse. E il popolo, stanco, era disposto a barattarla con la sicurezza, anche condita di qualche sopruso.

Il secondo motivo è che, per quanto la democrazia avesse sempre più «aperto a sinistra», come oggi si dice, le masse non c'erano mai realmente entrate con poteri dirigenziali, e quindi vi si sentivano estranee. In una città come Firenze, per esempio, i veri «cittadini» di pieno diritto, cioè che contavano qualcosa, erano cinque o diecimila. Gli altri sessanta o settantamila erano «sudditi».

Un terzo motivo era la dilatazione e la crescente complessità dei rapporti economici. Il Comune era nato nel Medio Evo, cioè in una fase di arteriosclerosi della vita italiana ed europea. Era un microcosmo di botteghe artigiane a circuito chiuso o quasi: esse rifornivano di manufatti il contado, che a sua volta le riforniva di materie prime e vettovaglie. Ma poi si era sviluppato il capitalismo ed era venuto il «miracolo economico» con le sue conseguenze: aumento della produzione, quindi necessità di importazioni e di esportazioni, cui l'immediato contado non poteva più sopperire. Il vecchio circuito chiuso era scoppiato, la sua impalcatura autarchica cadeva in pezzi, s'imponeva una «pianificazione» più in grande. Dapprima si era cercato di creare delle federazioni fra Comuni, cioè di formare dei piccoli MEC su piede di parità. Ma il tentativo era fallito. Non restava quindi che la gara a chi sviluppava più forza di attrazione sui Comuni circostanti e meglio si qualificava a una parte di «Stato-guida» nei loro confronti. E per raggiungere questo traguardo, il potere concentrato in una mano ferma, anche se prepotente, si mostrava più idoneo di quello che non riuscivano mai a esercitare le effimere e precarie magistrature elettive.

Ma a questi motivi di sostanza, ne va aggiunto un altro di natura ideologica: la crisi del guelfismo. Esso era stato la bandiera dei liberi Comuni nella lotta contro gl'Imperatori che cercavano di ridurli in loro potere, e contro l'aristocrazia feudale che in nome dell'Impero cercava di tenere i municipi tributari dei castelli. Firenze era stata guelfa non per devozione alla Chiesa, ma perché la Chiesa benediceva i suoi «gonfaloni» quando muovevano all'assalto dei manieri in cui si trinceravano i nobili, investiti dall'Imperatore dei loro feudi e privilegi. Dalla morte di Federico e dei suoi due figli, questa lotta era praticamente risolta: l'Impero, ridotto a un puro titolo onorifico, non rappresentava più una minaccia, e la nobiltà ghibellina era scompaginata e dispersa. Tuttavia il guelfismo restava come mito della rivoluzione comunale che si era svolta tutta sotto il suo segno, ne rappresentava il «sacro principio», come la libertà, fraternità e uguaglianza lo sarebbero state della Rivoluzione francese.

Ma questa situazione si era capovolta con l'arrivo in Italia degli Angiò. Costoro, pur senza avere il titolo imperiale, minacciavano di fare ciò che non era riuscito agl'Imperatori di Germania: cioè d'istaurare su tutta la penisola quel potere centrale laico contro cui, quando si era incarnato in Enrico IV, Barbarossa e Federico, i Comuni avevano lottato in nome appunto del guelfismo, cioè della Chiesa. Ma gli Angiò invece dalla Chiesa erano stati chiamati. Come si poteva in nome di essa combatterli?

Questo dramma scoppiò proprio nell'anno del Giubileo che inaugurava il nuovo secolo, ed ebbe a protagonisti, come vedremo, due personaggi di eccezione: papa Bonifacio VIII e Dante Alighieri. Ma intanto aveva portato il suo contributo alla liquidazione del regime comunale. A esso veniva a mancare la bandiera sotto cui si era formato e sviluppato. E le bandiere hanno la loro importanza.

La trasformazione dei Comuni in Signorie era già avviata alla fine del secolo. Fra Piemonte e Lombardia ben venti città si sottomettono spontaneamente al Marchese di Monferrato. I Visconti sono già padroni di Milano e i Della Scala di Verona. Si affermano i Da Camino a Treviso, i Colleoni a Bergamo, gli Este a Ferrara, i Bonacolsi a Mantova e Modena, i Correggio a Parma, i Malatesta a Rimini, gli Ordelaffi a Forlì.

L'età dei liberi Comuni è al crepuscolo. Albeggia quella dei despoti.

PARTE SECONDA

LA CATTIVITÀ DI BABILONIA

CAPITOLO QUINTO

BONIFACIO VIII

Il Trecento debuttò con una grandiosa festa: il Giubileo. Essa non esisteva nel calendario della Chiesa, che fin allora non l'aveva mai celebrata. La inventò il Papa che in quel momento sedeva sul Soglio: Bonifacio VIII.

Il momento era favorevole a una prova di forza, diciamo così, organizzativa e spettacolare. Sia pure attraverso momentanee crisi ed eclissi, la Chiesa era uscita bene dalle dure prove degli ultimi decenni. Il grande pericolo di venire asservita al potere laico era scomparso con Federico II, «ultima possanza dell'Impero», come Dante lo chiamò con una sfumatura di rimpianto. Da Innocenzo III che aveva indossato la tiara nel 1198 a Gregorio X ch'era morto nel 1276, era stato un seguito di Pontefici vigorosi e risoluti, che avevano dato al Papato forza e prestigio.

Bonifacio sembrava l'uomo più adatto a raccoglierne i frutti. Era romano. Veniva dall'orgogliosa e prepotente dinastia dei conti Caetani. E di che pasta fosse, lo si vide dal modo con cui s'istallò sul Soglio. Alla morte di Niccolò IV erano seguiti due anni e mezzo d'interregno perché i Cardinali non erano riusciti a mettersi d'accordo sul successore. E come spesso capita in questi casi, si era scesi a un compromesso ricorrendo a una figura scialba che non desse noia a nessuno: un povero fraticello abruzzese,

Pietro da Morrone, vissuto sempre da anacoreta in un eremo vicino a Sulmona.

Quando seppe cosa gli stava capitando, Pietro cercò di sottrarvisi con la fuga. Ma lo catturarono, lo trascinarono di forza a Napoli, e lo coronarono col nome di Celestino V. Fra gl'intrighi della Curia, il sant'uomo si sentì perso. La notte udiva una voce che gli rombava nell'orecchio: «Io sono l'angelo che ti sono mandato a parlare, e comàndoti dalla parte di Dio grazioso che tu immantanente debbi rinunziare al Papato e ritorna' ad essere romito».

Quella voce non era dell'angelo, ma del cardinale Caetani che aveva istallato nella parete una specie di rudimentale telefono. Il povero Celestino non chiedeva di meglio che «ritorna' ad essere romito». Ma, digiuno com'era di diritto canonico, non sapeva come compiere quel gesto di rinunzia che non aveva precedenti nella storia della Chiesa. A fornirgli gli argomenti per il «gran rifiuto» – come lo chiamò Dante – fu il Caetani, che invece di diritto canonico era maestro e nel Codice si rigirava molto meglio che nel Vangelo. Così, sei mesi dopo averla assunta, Celestino depose la tiara e ridiventò frate Pietro da Morrone senza mai aver messo piede a Roma. In capo a undici giorni il Caetani gli succedette col nome di Bonifacio VIII e come prima cosa mandò ad arrestare frate Pietro, tornato nel frattempo al suo eremo. Lo sventurato cercò di fuggire oltre Adriatico. Ma fu catturato e rinchiuso nel castello di Fumone, dove poco dopo morì di stenti.

Non risulta che Bonifacio abbia avuto il minimo trasalimento di rimorso. Egli non era oberato da una coscienza che potesse procurargliene. E, quanto a una giustizia divina cui rendere conto dei propri atti, ne negava risolutamente e apertamente l'eventualità. L'inferno e il paradiso, diceva, sono già su questa terra. Il primo è rappresentato dalla vecchiaia, dagli acciacchi e dall'impotenza; il secondo dalla gioventù, dalla salute, dalle donne e dai bei guaglioni, perché verso i due sessi era imparziale. Una volta, a un cappellano che implorava l'aiuto di Gesù, gridò inviperito: «Stolto, stolto! Gesù fu un uomo come noi. Se non poté nulla per sé, cosa vuoi che possa per gli altri?»

Era un Papa del Rinascimento un po' in anticipo sui tempi, un Borgia avanti lettera, cinico e gagliardo, dispotico, teatrale e terrestre. Coltivava scrupolosamente tutti i peccati. Era ingordo: un giorno di digiuno maltrattò il cuoco perché gli aveva servito solo sei pietanze. Era avido di ricchezze: si faceva trapungere le vesti di gemme, e la sua tavola era addobbata con quindici alberelli d'oro. Era superstizioso e dedito ai sortilegi: i suoi coltelli avevano per manico corna di serpente, in tasca portava una piastrella d'oro egiziana, e al dito un anello strappato al cadavere di re Manfredi: tutti amuleti contro il malocchio. Era un giocatore arrabbiato: si era fatto fare dei dadi d'oro, ma guai all'avversario che osava batterlo. Ed era soprattutto assetato di dominio. Il giorno dell'elezione, indossò la tiara e chiese agli astanti se lo consideravano rappresentante di Dio in terra. Avutane conferma, si mise in testa una corona, brandì una spada, e chiese se lo consideravano anche Imperatore. Dato il tipo, nessuno osò negarlo. La sua politica prese avvio da quel gesto.

Questo Papa miscredente e blasfemo incarnava la maestà della Chiesa e non ammetteva che il suo primato terreno fosse revocato in dubbio. Essa era, secondo lui, padrona e proprietaria non solo delle anime, ma di tutto. Quindi anche i troni le appartenevano: i Re non ne erano che momentanei appaltatori. Figuriamoci se poteva tollerare dissidenze dentro gli Stati pontifici. I Colonna, che ne tentarono una, furono scomunicati e costretti alla fuga. Bonifacio ne confiscò le terre, fece radere al suolo la loro roccaforte, Palestrina, e ne cosparse di sale le rovine in segno di purificazione. Quando l'imperatore Alberto d'Austria gli mandò come ambasciatore un semplice frate, Bonifacio gli ruppe il naso con un calcio procurandogli una grave emorragia.

Ma naturalmente non tutti erano disposti a subire simili prepotenze, e re Filippo di Francia, per esempio, vi rispose a tono proibendo al Clero d'inviare a Roma le decime raccolte nei suoi Stati. Era un colpo grave per le finanze della Chiesa perché la Francia era la loro fonte più grassa. Ma lo era anche per il prestigio del Papato. Fu allora che Bonifacio indisse il Giubileo: un po' per rivalersi dello smacco politico, un po' per colmare i vuoti in cassaforte. E l'iniziativa non poteva essere più congeniale al carattere teatrale dell'uomo e alla sua vocazione di grande regista.

Il lancio pubblicitario fu perfetto. Per mesi e mesi, dai pulpiti di tutta Europa, i predicatori bandirono il pellegrinaggio vantando i benefici che c'era da aspettarsene: la salvezza dell'anima e i diletti turistici. Allo stambureggiante richiamo, si mossero centinaia di migliaia di persone, chi a piedi, chi su carri, chi a cavallo. I più, data la lunghezza e i rischi del viaggio, fecero prima testamento. E parecchi infatti morirono per strada, ma sicuri di volare in paradiso. Da un capo all'altro dell'anno, l'Urbe registrò un movimento di trentamila pellegrini al giorno. Andavano in colonna a prosternarsi sulle tombe degli Apostoli, dove ricevevano l'indulgenza plenaria e lasciavano cadere il loro obolo, che due diaconi armati di pala si affrettavano a rastrellare. La media giornaliera degl'introiti fu di mille libbre al giorno: cifra, per quei tempi, colossale.

Dove gli ospiti alloggiassero e dormissero, non si sa. Ma a quanto pare i romani ci fecero affari d'oro. Finalmente la città tornò a sentirsi *caput mundi*, la Capitale del mondo, e ad assaporare il gusto delle folle poliglotte e multicolori, dell'abbondanza e della gozzoviglia.

Fra i pellegrini ce ne furono di gran marca, potenti Signori, Principi del sangue. Ma a noi preme segnalare soprattutto due Fiorentini, il cui nome non aveva ancora varcato le mura della loro città. Uno è Dante Alighieri che lì a Roma e in quella circostanza, si dice, trovò l'ispirazione per la sua grande opera. Quanto sia vero, non sappiamo. Ma che sia stato pellegrino del Giubileo è certo perché più tardi lo ricordò in due terzine famose in cui ci dice anche che il traffico era stato regolato con la circolazione a destra. L'avvenimento suscitò in lui, che aveva allora trentacinqu'anni, un'impressione indelebile. Non altrettanto invece se ne lasciò abbagliare il suo compatriota Giovanni Villani che, mercante e figlio di mercanti, guardò lo spettacolo con occhi più realistici. Egli scrisse poi di aver trovato a Roma i suoi maestri di stile: Virgilio, Tito Livio e Sallustio, sebbene le sue *Croniche* ricordino poco questi modelli. Ma sotto la grandiosa messinscena di quelle celebrazioni, colse i sintomi della decadenza romana e li annotò.

Di Fiorentini però ce n'erano molti altri, alcuni anche in incognito. Fra costoro era Corso Donati, il capo della fazione Nera, che Firenze aveva proscritto, e il Papa sollecitamente accolto. Diremo più tardi che razza d'uomo fosse. Per ora ci basti sapere che stava tramando con Bonifacio, il quale aveva mire annessionistiche sulla Toscana. Non avendo forze per realizzarle, aveva allacciato trattative con re Filippo di Francia.

L'operazione non era nuova. Alla Francia il Papato si era già rivolto trent'anni prima perché gli mandasse un esercito a liberarlo dalla minaccia dei figli di Federico, Manfredi e Corrado. E n'era seguita quella spedizione di Carlo d'Angiò, fratello del Re, che con le battaglie di Benevento e di Tagliacozzo aveva eliminato le forze tedesche degli Hohenstaufen e fondato il Regno angioino delle due Sicilie. Ora però di Sicilie n'era rimasta una sola perché quella vera si era ribellata coi «Vespri» e si era data agli Aragona. E sul trono di Napoli c'era Carlo lo Zoppo o «Ciotto», che non riusciva a riconquistare l'isola.

Bonifacio propose a Filippo di mandare in aiuto dell'Angiò un altro esercito che passando per Firenze la sottomettesse alla Chiesa. E i «Neri» di Donati dovevano facilitare il colpo dall'interno. Filippo era un Re avaro e ragionatore che non amava le avventure e detestava i preti. Però aveva un fratello senza «posto» né stipendio, Carlo di Valois, oberato da quattordici figli, fra cui dieci femmine a cui far la dote. Anche per levarselo di torno, Filippo accettò che Carlo si mettesse al servizio del Papa come Capitano generale e Paciere per la Toscana. Ma lesinò uomini e denaro. Bonifacio allora combinò a Carlo un matrimonio con Caterina di Courtenay, erede (in teoria) dell'Impero di Costantinopoli. Carlo, che i Fiorentini chiamavano con scherno «Senzaterra», rimase abbagliato da quel miraggio – destinato a restar tale – e persuase il fratello a fornirgli aiuti più consistenti.

Il baratto fu concluso proprio mentre si chiudeva il Giubileo, alla fine dell'anno. I Fiorentini, invece di unirsi nella resistenza, si divisero vieppiù. Fra loro scoppiarono risse, saccheggi e incendi. E Carlo, con un pugno di uomini, poté entrare in città accolto quasi come un pacificatore vero. Ma tutta l'operazione si risolse in una massiccia vendetta dei «Neri» contro i «Bianchi», di cui anche Dante fece le spese, perché il piano del Papa fallì in seguito al violento litigio scoppiato frattanto fra lui e Filippo.

In uno dei soliti accessi di autoritarismo, Bonifacio aveva mandato al Re una «bolla» in cui ribadiva la propria pretesa al patronato su tutti i Sovrani temporali. Filippo, che su questo punto era intrattabile, lesse il messaggio davanti alla Corte riunita, invocò la maledizione di Dio su chiunque avesse riconosciuto un'autorità terrena al di sopra della sua, e fece bruciare il documento sulla pubblica piazza. Bonifacio lanciò la scomunica contro di lui. Filippo rispose indicendo un Concilio che incriminò il Papa di empietà, simonia, stregoneria, adulterio e assassinio. Ma non contento di questo, incaricò il suo ministro Nogaret di andare a Roma e di organizzarvi coi Colonna una congiura contro il Pontefice.

Nogaret era il personaggio più indicato per quell'impresa. Aveva da regolare con la Chiesa un vecchio conto: suo padre e sua madre erano stati bruciati come eretici dal tribunale dell'Inquisizione. Di complici romani, dato il carattere satrapesco di Bonifacio, ne trovò a iosa. Insieme a Sciarra Colonna, nella notte fra il 6 e il 7 settembre (1303), penetrò negli appartamenti del Papa ad Anagni intimandogli di presentarsi al Concilio. Intrepidamente il vecchio Pontefice, carico di vizi e di peccati, ma anche di coraggio e di orgoglio, rispose: «Ecco il mio collo, ecco la mia testa!» Ma non cedette né alle minacce né alle violenze. Qualcuno dice che Sciarra lo schiaffeggiò, ma pare che non sia vero. I congiurati lo tennero prigioniero fin quando in suo aiuto accorse il cardinale Fieschi con una banda di armati. Il popolino di Anagni, che fino a quel momento aveva fatto baldoria urlando: «Morte a Bonifacio e viva il Re di Francia!», cambiò bandiera, invertì il grido, e costrinse il Nogaret a una fuga precipitosa.

Due settimane dopo, Bonifacio rientrò a Roma insanguinata dalle fazioni. Era dilaniato dai calcoli renali, e i suoi gridi di dolore si udivano in tutta piazza San Pietro. La folla aveva saccheggiato il Laterano asportando perfino il fieno dalle stalle. Nell'agonia Bonifacio seguitò a lanciare maledizioni e minacce contro tutti. E morì come visse: bestemmiando.

CAPITOLO SESTO

ARRIGO VII

Nemmeno la morte di Bonifacio placò l'odio di Filippo per lui. Ancora per sette anni quel Re rancoroso e vendicativo reclamò l'indizione di un processo contro il Papa defunto, e alla fine la spuntò. Un concistoro riunito a Groseau nel 1310 aprì l'istruttoria, e sei prelati suffragarono con le loro testimonianze le accuse più gravi. Bonifacio, riferirono, negava la resurrezione sia del corpo che dell'anima. Secondo lui i dogmi non erano che invenzioni per tenere in rispetto il popolino ricattandolo con la minaccia dell'inferno. Aveva definito assurda l'idea che Dio fosse insieme divino e umano, uno e trino. Trovava ridicolo che la Madonna avesse partorito in stato di verginità e che una sfoglietta di farina, solo perché consacrata, potesse tramutarsi nel corpo di Cristo. «Solo gl'imbecilli possono credere a queste stupidaggini» aveva dichiarato. «Le persone intelligenti devono fingere di crederci, e poi ragionare col proprio cervello».

Queste accuse somigliavano troppo al personaggio per essere del tutto infondate. Ma anche i più accaniti avversari di Bonifacio capivano che la loro divulgazione sarebbe stata un colpo mortale non soltanto a lui e al suo nome, ma a tutta la Chiesa e all'ordine costituito. Alla fine anche Filippo se ne persuase e accettò che il processo fosse demandato al Concilio ecumenico dell'anno dopo. Qui i Cardinali deposero all'unanimità in favore del morto, della sua ortodossia e della sua moralità. Secondo le regole dell'onore, due Cavalieri lanciarono sul banco dei testimoni i loro guanti contro chi avesse osato affermare il contrario. Nessuno raccolse la sfida. La prova fu considerata conclusiva, e il dibattimento si chiuse con un «non luogo a procedere».

Anche così liquidato, il processo tuttavia era stato, per la Chiesa, un disastro. Essa non vi si sarebbe mai prestata, se nel 1305 non fosse sopravvenuto un avvenimento di eccezionale importanza e di conseguenze destinate a farsi risentire nei secoli: il trasferimento del Papato ad Avignone. Vediamo un po' come ci si era arrivati.

Noi non sappiamo se tutti i delitti, morali e ideologici, attribuiti a Bonifacio fossero veri. Ma un misfatto lo aveva commesso certamente, anche se involontariamente: aveva reso necessario, o almeno possibile, questo fatale trasloco. Il suo autoritarismo e nepotismo avevano rianimato gli odi e le rivalità fra le fazioni dell'aristocrazia romana. C'erano troppi conti da saldare, troppe vendette da trarre. L'aria dell'Urbe era diventata irrespirabile come ai tempi di Marozia.

Il successore di Bonifacio, Benedetto XI, aveva fatto del suo meglio per calmare le acque. Era Niccolò Boccasini, un domenicano di Treviso. Veniva da una modesta famiglia di borghesia notarile, da giovane aveva fatto il precettore a Venezia, poi aveva preso gli ordini e si era guadagnato fama di gran teologo. Ma aveva anche buone qualità diplomatiche e le sfoggiò nelle sue missioni di Legato in Ungheria, Slesia e Polonia. Al Conclave del 1303 manovrò con accortezza. Quando vide che l'ispirazione dello Spirito Santo non bastava a procurargli il successo, la «integrò» con cinquantamila fiorini. Ma non bisogna scandalizzarsene: era la prassi normale.

Benedetto agì con molto buon senso. Per ristabilire il prestigio della Chiesa, inflisse castighi ai responsabili dei disordini di Anagni. Ma nello stesso tempo cercò un accomodamento con Filippo per dissuaderlo dal processo contro Bonifacio. Non riuscendovi, cercò almeno di guadagnar tempo e di sottrarsi per intanto alla soffocante tutela francese che incombeva su Roma e l'Italia sia da Parigi che da Napoli. La sua più pericolosa «quinta colonna» era la fazione Nera di Firenze, rimasta ormai padrona della città. Benedetto vi mandò un suo Legato di fiducia per imporre una riconciliazione coi fuorusciti Bianchi che consentisse a costoro di rientrare in patria e di ristabilirvi un certo equilibrio politico. Ma i Neri prevennero il colpo scatenando tumulti e appiccando incendi di cui diedero la colpa agli avversari.

Benedetto, sdegnato, scomunicò la città e ingiunse ai caporioni di presentarsi a Perugia per discolparsi. L'interrogatorio cominciò il 6 luglio (1304). Il 7, il Papa era morto, non si è mai saputo di che. Corse voce che un giovane travestito da suora gli aveva portato un cesto di fichi avvelenati. Forse l'episodio non è vero. Ma il carattere dei personaggi lo rende verosimile.

Di nuovo il Soglio diventò la posta di un giuoco di fazioni che se lo contesero con la violenza, gl'imbrogli e gl'intrighi. Stando al Villani, l'elezione del 1305 fu decisa da un complotto fra l'Orsini e Niccolò da Prato, che elusero la regola dell'isolamento cui i Cardinali son tenuti durante il Conclave incontrandosi di notte in un gabinetto di decenza. Tanto che, dopo la proclamazione del vincitore, coloro che gli avevano negato il voto urlarono: «Roba da latrina!»

Il vincitore era Bertrand de Got, Arcivescovo di Bordeaux, che assunse il nome di Clemente V. La storia ha trattato con poca misericordia questo Pontefice attribuendo a lui la catastrofica decisione di trasferire il Papato ad Avignone e di renderlo per oltre sessant'anni prigioniero del Re di Francia. Ma il fatto è che, quando indossò la tiara, Clemente era già egli stesso prigioniero di Filippo e dei Cardinali francesi che ormai formavano la maggioranza del Conclave. Furono loro a vietargli di andare a Roma.

Clemente dovette cedere. Era un uomo frugale, pio e malinconico, roso dall'insonnia e dalla nevrastenia, e insidiato da un *lupulus* che probabilmente era una fistola, e che di lì a pochi anni lo avrebbe ucciso. Pur in mezzo a questi triboli, cercò di fare gl'interessi della Chiesa, e la scelta di Avignone fu probabilmente un compromesso. La città non apparteneva alla corona di Francia, ma agli Angiò di Napoli. Clemente sperò di godervi più sicurezza che a Roma e più libertà che a Parigi. Dalle invadenze di Filippo si difese come poté, ora compiacendogli, ora resistendogli, ma mai arrendendosi a discrezione. Il processo contro Bonifacio lo subì con riluttanza, poi lo fece aggiornare, e infine riuscì a insabbiarlo.

Fu uno dei suoi meriti, ma non il solo.

Tre anni prima infatti aveva fornito un'altra prova d'indipendenza, che aveva avuto una grossa ripercussione politica specialmente in Italia. La corona di Sacro Romano Imperatore era rimasta senza titolare. A questa carica, lo abbiamo già detto, non corrispondeva più nessun potere effettivo. Però essa faceva sempre gola, specie a quei Reucci e Principi che, non avendo né grandi Stati né grandi eserciti, ambivano ad arricchire almeno il blasone.

Filippo, che un grande Stato e un grande esercito (per quei tempi) li aveva, di quella corona naturalmente s'infischiava. Ma aveva ancora da sistemare quel disoccupato fratello Carlo, che aveva terminato la sua avventura italiana come Generale dei cugini Angiò. Alla testa delle loro truppe, aveva cercato di riconquistare la Sicilia, ma gli Aragonesi lo avevano battuto, ed egli era tornato in Francia più «senzaterra» di prima. Filippo pensava che la corona imperiale gli avrebbe dato, se non altro, un rango, e soprattutto avrebbe liberato la Corte di Parigi dalla sua ingombrante e querula presenza.

Ma la parola decisiva spettava al Papa perché era il Papa che coronava gl'Imperatori. E Clemente, per quanto francese, non volle un francese. Preferì un candidato neutro come Arrigo di Lussemburgo che, anche se fosse sceso in Italia, non aveva abbastanza forze per imporle un giogo. Ne aveva solo per creare un contrappeso agli Angioini di Napoli che sempre più intrigavano a Roma.

Purtroppo, Arrigo era un principe romantico e un po' sprovveduto, cui quell'inatteso titolo diede il capogiro. Decise di andare a cingere la corona a Roma, come avevano fatto Carlomagno e il Barbarossa, e il Papa gli promise di raggiungervelo per consacrarlo solennemente. Bastò l'annunzio della sua discesa in Italia nel 1310 perché la penisola immediatamente si dividesse, come sempre aveva fatto e avrebbe seguitato a fare nei secoli all'arrivo di qualsiasi straniero. Per lui furono quasi tutte le nuove Signorie del Settentrione: i Visconti, i Della Scala, i Gonzaga, gli Este, i Malatesta, i Polenta eccetera. Contro, furono naturalmente gli Angiò di Napoli e i Neri di Firenze, tuttora padroni della città.

Per l'occasione fu ritirata fuori la vecchia nomenclatura ideologica del guelfismo e del ghibellinismo. Ma proprio allora si vide quanto sfasate e fuori corso fossero queste parole. Arrigo, è vero, incarnava il potere laico dell'Impero. Ma la Chiesa, stavolta, era dalla sua parte contro un altro potere laico: quello dei Re francesi di Parigi e di Napoli. I regimi comunali, che avevano conquistato le loro autonomie in nome del Papa, non potevano più sventolarne la bandiera. E se questo non provocò il loro decadimento, dovuto ad altre cause, lo affrettò.

Arrigo si mise in marcia con la moglie Margherita di Brabante, i fratelli Valeramo e Baldovino, i cognati Amedeo di Savoia e Guido di Fiandra, e altri gentiluomini di gran nome, ma di poco seguito. Forse la scarsezza di forze non sarebbe risultata decisiva, se fosse stata compensata dall'abbondanza di mezzi. Ma gl'Italiani seppero subito che anche la cassa era miserella: stava tutta su un carretto, di cui qualunque banchiere fiorentino, anche il più modesto, avrebbe potuto da solo fornire l'eguale.

Nel Nord, le accoglienze furono festose, perfino entusiastiche. I Marchesi di Savoia e Monferrato andarono incontro ad Arrigo, Milano gli accese le luminarie; Dino Compagni, Cino da Pistoia, Francesco da Barberino, gl'inviarono infiammati messaggi di benvenuto, sui quali fece spicco per biblica solennità quello di Dante. La bella festa fu turbata solo da un piccolo, ma significativo incidente. Prima della corona d'Imperatore, la cosiddetta «prassi» voleva che Arrigo cingesse, lì a Milano, quella di Re d'Italia. Era un rozzo aggeggio di ferro, in seguito arricchito di pietre preziose da Teodolinda, e lo si diceva ricavato da un chiodo della Croce. Per cui lo si considerava sacro e lo si conservava nel Duomo di Monza. Ma quando andarono a cercarlo per porlo sulla testa di Arrigo, non lo trovarono. Era sparito, nessuno ne sapeva nulla, e solo anni dopo un robivecchi ebreo lo ritirò fuori: lo aveva avuto in pegno, disse, da Guido della Torre per un piccolo prestito. In questo conto gli italiani tenevano ormai il titolo di Re d'Italia.

Arrigo dovette contentarsi di un'altra corona, che un orafo senese gli confezionò lì per lì. Era molto più bella e finemente cesellata di quella persa. C'era più oro, c'erano più gioielli. Ma in meno c'erano alcuni secoli di storia.

La cerimonia non era ancora finita che già per il povero Arrigo cominciavano i guai. Dovette arbitrare il dissidio scoppiato lì a Milano fra i Visconti e i Della Torre, ed essendosi pronunciato in favore dei primi, ebbe contro di sé la metà della popolazione. Cremona, Lodi, Pavia e Brescia gli chiusero le porte in faccia, Bologna ne imitò l'esempio, e re Roberto di Napoli mobilitò. Ma il cervello e la cassaforte della resistenza era Firenze, contro cui Dante scagliò una rovente invettiva.

Arrigo era troppo candido per venire a capo di quell'imbroglio. Non aveva torto un capello a nessuno, non aveva imposto tasse né servitù, chiedeva solo un riconoscimento formale del suo titolo, e non capiva perché più di mezza Italia glielo contestasse. Non potendo attraversarla via terra perché Bologna e Firenze gli sbarravano gli Appennini, si trasferì a Genova col proposito di raggiungere Roma via mare. Non voleva mancare l'appuntamento col Papa in San Pietro, ma per strada seppe che Clemente aveva rinunziato al viaggio e delegato a un Cardinale il compito d'incoronare l'Imperatore, in seguito a un perentorio ordine di re Filippo. Tutto il Nord-Italia era in subbuglio. E i più forti sostenitori di Arrigo, con Cangrande della Scala alla testa, avevano dovuto abbandonarlo per correre a difendere i loro Stati dall'attacco di quelli vicini.

A Genova lo aspettava il colera che gli portò via la giovane e bella moglie Margherita. Ma nemmeno questo valse a sottrarlo al miraggio della corona che lo attendeva a Roma. La voleva a ogni costo, con infantile ostinazione, attribuendole chissà quali taumaturgici poteri. Nato e cresciuto in Lussemburgo, Arrigo era un *parvenu* fra i regnanti del suo tempo, un nobile di provincia, un «vitellone» del gotha, che credeva ai simboli, ai blasoni e alle «precedenze». Una nave lo condusse a Pisa, dove erano convenuti tutti i fuoriusciti Bianchi di Firenze, fra cui Dante e un certo messer Petracco, che teneva per mano un bimbetto di sette anni: il futuro Francesco Petrarca. Di lì Arrigo ripartì per Roma, dove il 29 giugno (1312) tre Cardinali finalmente lo coronarono in Laterano.

Ma all'emozione seguì subito la delusione. Invitato a riconoscersi vassallo dell'Impero, re Roberto di Napoli nemmeno rispose. Arrigo ricorse alla maniera forte: chiese aiuto a Genova e a Pisa che gli fornirono novanta galee per attaccare Napoli. Ma da Avignone giunse un veto del Papa, che in realtà era di Filippo. Arrigo licenziò la flotta, adunò l'esercito e lo condusse su Firenze. La città aveva già mobilitato diecimila fanti e cinquemila cavalieri: il doppio di quelli di cui l'Imperatore disponeva.

Sconfortato, Arrigo fece dietrofront per puntare nuovamente su Napoli. Forse ve lo aveva consigliato qualcuno. Forse voleva soltanto concludere in bellezza, cadendo sul campo di battaglia, la sua romantica e anacronistica avventura. Ma la sorte non gli concesse nemmeno questo. A Buonconvento in provincia di Siena, fu colto da una febbre violenta, e il 24 agosto morì. La voce pubblica accusò un frate, Bernardino da Montepulciano, di avergli messo il veleno dentro l'ostia consacrata. Forse non è vero, ma l'ipotesi era resa attendibile dal largo uso che si faceva di questi metodi.

Il cordoglio fu grande in tutta l'Italia antifrancese e antiangioina. Cino da Pistoia inviò il suo compianto a Guido da Polenta, Sennuccio del Bene a Moroello Malaspina; Dante pianse per conto suo sugli ultimi capitoli del *De monarchia*, il saggio che stava componendo per dimostrare la validità delle pretese di Arrigo. Pisa ghibellina, fino all'ultimo rimasta fedele all'Imperatore, ne rivendicò le spoglie e tributò loro solenni onoranze.

Così finì l'ultimo tentativo d'istaurazione di un potere laico sull'Italia, che ora poteva tornare ad abbandonarsi alla sua vera e unica vocazione: il fratricidio.

CAPITOLO SETTIMO

DANTE

Di questi subbugli e convulsioni, Dante non fu soltanto il testimone, ma anche un protagonista. Sulla sua deposizione ci sono da fare molte riserve. È quella di una parte lesa, e per di più fiorentina, cioè parziale e ingiusta. Ma nessun poeta ha mai incarnato più di lui il proprio tempo con le sue grandezze e miserie, con le sue credenze e superstizioni, coi suoi aneliti e i suoi pregiudizi. La sua vita è un documento in cui, sia pure deformate dalla passione, si ritrovano tutte le vicende di Firenze e dell'Italia di allora.

Era nato nel 1265, cioè cinque anni dopo la battaglia di Montaperti, quando i ghibellini avevano ripreso il sopravvento in una Firenze sconfitta dalle forze di Siena e dei suoi alleati imperiali, e il suo vero nome era Durante. La famiglia era guelfa. Ma non era stata bandita perché non era di quelle che potevano impensierire i nuovi padroni. Gli Alighieri un tempo si erano chiamati Elisei e avevano un'origine nobiliare. Uno di loro, Cacciaguida, era stato Crociato in Terrasanta: il che allora equivaleva a un blasone. Poi la dinastia si era divisa in due rami, gli Alighieri e i Del Bello, ma nessuno di essi era diventato cospicuo. Il padre di Dante, Alighiero, aveva un po' di terra e delle case. Ma non ne ricavava di che tirare avanti la famiglia, e pare che s'ingegnasse praticando anche un po' d'usura, ma su modestissima scala. Desumiamo la sua pochezza soprattutto dal silenzio di Dante che di lui non parlò mai: il che ci fa pensare che non abbia nutrito nei suoi riguardi né affetto né rispetto.

Alighiero aveva sposato una certa Bella di cui sappiamo solo che, dopo avergli dato quel figlio, morì. Il bambino doveva avere fra i tre e i cinque anni, e nemmeno di lei ha mai parlato, forse perché non la ricordava. In casa gli piovve una matrigna, Lapa, che diede a Alighiero altri tre figli: un maschio e due femmine. Molti biografi dicono che Dante ebbe un'infanzia infelice fra quella mamma che non era la sua e quei fratelli che lo erano solo a metà. Ma non sanno addurne altra prova che il carattere di Dante, rimasto sempre ombroso, chiuso e malinconico. In realtà, dai pochi e vaghi accenni che Dante ci ha lasciato di questi parenti, si direbbe anzi ch'essi gli furono molto vicini e solidali, specie nei momenti difficili. La sorellastra Tana, come appare da un passaggio della *Vita nova*, lo curò amorosamente durante una malattia, e il fratellastro Francesco gli prestò parecchi soldi e poi volontariamente lo accompagnò sulla via dell'esilio.

A Firenze c'è ancora la «casa di Dante». Ma non è certamente quella in cui egli nacque e crebbe, perché questa fu demolita quando venne bandito: la distruzione della casa faceva parte del castigo che s'infliggeva ai nemici politici vinti. Però sorgeva nelle vicinanze, in quello che allora si chiamava il «sesto di Porta San Piero». Non sappiamo come fosse fatta, ma sappiamo che le case di Firenze, a quei tempi, lasciavano piuttosto a desiderare in fatto di comfort. Non avevano acqua corrente né gabinetti, i pianciti erano di terra battuta cosparsa di paglia che marciva e puzzava, le finestre erano delle assi di legno, l'illuminazione affidata a torce e il riscaldamento a bracieri.

Firenze non era allora la stupenda e ridente città che oggi conosciamo. Avrà avuto un cinquantamila abitanti. Sebbene avesse già costruito una seconda cerchia di mura per potersi distendere un po' di più, era ancora piuttosto soffocata, con straduzze strette e a gomiti. Di edifici imponenti e artisticamente pregevoli aveva solo il Battistero di San Giovanni, ma non ancora rivestito di marmi. L'insieme era severo e arcigno, grazie alle torri costruite dai nobili, lunghe, strette e minacciose, che le davano una aria di campo trincerato. Di bello, c'era solo il paesaggio: quella corona di colline, fra cui si srotolava l'Arno. L'abitato si stendeva tutto sulla sponda destra del fiume. Con quella sinistra era collegato da un solo ponte: il Ponte Vecchio.

Le scuole erano tutte in mano ai preti e includevano due corsi: quello inferiore o «trivio», e quello superiore o «quadrivio». Dante dovette seguirli entrambi probabilmente presso la confraternita dei laudesi in Santa Maria Novella, dove aveva studiato anche Cimabue. Non c'è da pensare che ne profittasse molto, anche perché mancavano i libri. Pochi se ne conosceva oltre il Vangelo perché le opere latine scampate alle invasioni barbariche erano ancora seppellite negli archivi dei monasteri soprattutto benedettini, e durante il Medio Evo non si era scritto quasi nulla. Dante, quando ebbe terminato i suoi corsi, sapeva leggere e scrivere, fare le quattro operazioni, tradurre alla meglio dal latino, ma più da quello corrotto del Medio Evo che da quello classico di Virgilio e Cicerone, e forse aveva qualche idea, piuttosto vaga, di storia e filosofia, che allora era soltanto teologia. Ma nulla più.

Di tutta la sua infanzia, conosciamo solo un episodio, che però doveva restare decisivo per la sua vita e la sua opera: l'incontro con Beatrice. Gli storici hanno discusso a lungo sulla realtà di questo personaggio: alcuni hanno ritenuto che fosse di pura fantasia. Ma ormai è opinione comunemente accettata che si trattasse della figlia di un Folco Portinari, banchiere molto stimato a Firenze. Era quasi coetanea di Dante, più tardi andò sposa a Simone de' Bardi, e morì nel 1290, probabilmente di un parto andato male.

Dante colloca il suo incontro con lei nel 1274, a una festa di bambini, quando entrambi avevano nove anni. Ma su queste date bisogna andar cauti poiché egli aveva più la superstizione dei numeri che il rispetto della loro esattezza. Il debole che aveva per il nove come multiplo del tre, da lui considerato numero perfetto, lo si vede anche nella *Commedia* coi suoi versi in terzine, le sue tre cantiche divise ognuna in trentatré canti, i nove gironi dell'*Inferno*, i nove balzi del *Purgatorio*, e così via. Il fatto che, dopo aver visto Beatrice a nove anni, egli ci dice di averla rivista solo a diciotto, ci fa dubitare che abbia manomesso un po' il calendario per farne quadrare le date coi suoi aritmetici simboli.

Nella *Vita nova*, sua prima opera, egli racconta che, trovandosi accanto a quella bambina vestita di bianco, rimase folgorato dalla sua sommessa e vereconda bellezza al punto da non poterla mai più dimenticare. È possibile, data l'età, che di fronte a lei abbia provato il suo primo turbamento di sensi, e che perciò il ricordo gli sia rimasto impresso nella memoria. Il resto ve lo aggiunsero probabilmente le convenzioni poetiche del suo tempo, di cui parleremo.

Dopo la scuola, dove aveva imparato ben poco, ebbe un altro maestro, che gl'insegnò molto di più: Brunetto Latini. Era costui un notaio che godeva di notevole prestigio, e non solo per le sue qualità professionali. La gran cultura, la signorilità, il «tatto», ne facevano anche un uomo di mondo, un idolo dei salotti, e un diplomatico di prima scelta. Il Comune se n'era infatti servito a più riprese, e lo aveva mandato ambasciatore in Spagna al tempo della lotta contro Siena e Manfredi. Si trovava appunto là, quando le forze imperiali vinsero a Montaperti e i ghibellini rientrarono a Firenze per fare le loro vendette. Il guelfo Brunetto non vi tornò. Rimase fra Montpellier e Parigi, e compose in francese un *Tesoretto*, cioè una specie di enciclopedia in cui cercò di riassumere lo scibile dei suoi tempi. Rientrò in patria dopo la battaglia di Benevento, che aveva rimesso in sella il suo partito. E vi portò un soffio della nuova cultura razionalista, di cui si era riempito i polmoni in Francia. Non aveva originalità di pensiero, ma aveva molto visto, molto viaggiato, molto letto, e sapeva parlarne. Era anche un buon cittadino, un funzionario capace e integro, un coerente uomo di parte. Solo la vita privata lasciava alquanto a desiderare per la sua imparzialità verso i due sessi. Ma questo, nella Firenze di allora (e anche in quella d'oggi), non faceva molta impressione.

Il fatto che Dante, incontrandolo più tardi nell'*Inferno*, dove lo aveva collocato appunto per quel vizio, chiami affettuosamente Brunetto suo «maestro», ha fatto credere a molti ch'egli sia andato materialmente a lezione da lui. In realtà il rapporto non fu scolastico in senso stretto. Dante fu soltanto uno dei giovani letterati che intorno a Brunetto si raccoglievano e che formavano quella che oggi si chiamerebbe la *nouvelle vague* della poesia italiana, cui Dante stesso doveva dare il nome, passato alla storia, di «stil novo».

E qui dobbiamo aprire una parentesi per ritracciare la genealogia di questa scuola.

La poesia italiana non era che una succursale di quella provenzale, nata in Francia circa un paio di secoli prima. La Francia era stata il primo Paese europeo a riconoscere una vera dignità di lingua a quella che veniva parlata dal «volgo» (donde la qualifica di «volgare»), e ch'era una mescolanza del latino importatovi dai Romani, del celtico parlato dalle antiche tribù di Vercingetorige, e del germanico introdottovi dai Franchi. Anzi, di queste lingue volgari ne aveva elaborate due, che prendevano il nome da quello della parola «sì».

Il primo vagito letterario di queste arcaiche lingue francesi era stata la «canzone di gesta», epica, religiosa e guerriera, nata al tempo della Cavalleria e delle Crociate. In Italia aveva attecchito male, e solo d'imitazione, per vari motivi: anzitutto perché la Cavalleria non vi aveva messo radici e scarsa era stata la partecipazione alle Crociate; eppoi perché il latino, da noi, non era stata lingua d'importazione, ma di popolo, e quindi era più duro a morire, anche se ora il popolo non lo parlava più.

Ma sulla fine del dodicesimo secolo, il grande slancio mistico e conquistatore che aveva ispirato le avventure in Terrasanta anche in Francia si esaurì. E nelle Corti dei Signori che tuttora si dividevano quel Paese, venne di moda una nuova poesia ironica, leggera, anticlericale e venata d'influenze arabe. I suoi più alti patroni furono il conte Guglielmo di Poitiers e di Aquitania che, andato a Gerusalemme per difendervi la Fede, ce l'aveva perduta, e sua figlia Leonora, destinata a diventare due volte regina: prima di Francia e poi d'Inghilterra. Furono due spregiudicati e impenitenti libertini, che misero nei piaceri dei sensi e dell'intelletto lo stesso impegno che i loro predecessori avevano messo nelle guerre e nello zelo religioso.

Si chiamò *gai saber*, o «gaia scienza», questa nuova poesia. E trovatori furono detti i suoi bardi, che naturalmente riecheggiavano i gusti e la mentalità dei loro protettori. A quei tempi i poeti non potevano contare sui «diritti d'autore». Dovevano farsi mantenere da qualche potente, secondandone le propensioni. In compenso avevano vita facile a Corte, godevano le simpatie e spesso le grazie delle gentildonne e, a furia di mescolarsi coi gentiluomini, si consideravano tali anch'essi, si vestivano come loro con sontuosi mantelli ricamati d'oro e orlati di pelliccia, e partecipavano a cacce e tornei. Di solito, per il piacere dei loro regali anfitrioni, oltre ai versi, componevano anche la musica, e alla fine dei banchetti declamavano le loro strofe accompagnandosi sul liuto.

Le loro poesie erano di diversi generi. D'amore, era la «canzone»; di filosofia o di moralità, la «tenzone». Il «sirventese» era un canto di guerra; il «pianto», di dolore o di morte. La «ballata» era un racconto col «fatto»; la «serenata» un omaggio serale; la «pastorella» un dialogo. Quanto alla metrica, il colmo della bravura era rappresentato dalla «sestina», complicata sequenza di sei «stanze», ognuna di sei versi, inventata da un Arnaldo Daniello, che Dante ammirò molto e studiò attentamente.

Questa poesia era molto più esportabile della canzone di gesta perché tutta di maniera e affidata più alla tecnica che all'ispirazione. I temi erano convenzionali e prestabiliti. L'amore coniugale essendo severamente bandito perché troppo banale per essere oggetto di galanteria, colei che ispirava il poeta doveva restare senza connotati in modo che nessun marito potesse riconoscervi la propria moglie. Di qui l'allusività di questi componimenti tutti in tono sospiroso ed evasivo. A dar loro un'impronta originale riuscirono in pochi: Bernard de Ventadour (che Petrarca doveva riconoscere, bontà sua, inferiore solo a se stesso), Rambaldo de Vaqueiras, Peire Ramòn, Folquet de Romans.

Fu la Crociata contro gli Albigesi a spargere il seme dei trovatori anche in Italia. Gli Albigesi avevano trovato protezione presso i Signori della Francia meridionale, grandi patroni della poesia: non perché costoro s'interessassero di questioni teologiche: non credendo in nulla, non credevano nemmeno nell'eresia. Ma l'eresia era un buon pretesto per affermare l'indipendenza dai poteri centrali: sia quello spirituale della Chiesa che imponeva le sue tasse, dette «decime», e ficcava il naso dovunque; sia quello temporale dei Re di Parigi che si chiamavano, senza esserlo, Re di Francia, e che pretendevano ridurre tutto il Paese sotto il loro scettro. Distinguersi da costoro anche sul piano religioso era, per i vari Conti di Provenza, di Aquitania eccetera, un modo come un altro per ribadire la propria autonomia. Così questi Signori si trovarono coinvolti nella lotta contro gli Albigesi. Alcuni ci rimisero la vita, altri i domini, le loro Corti furono disperse. I trovatori dovettero cercare ospitalità altrove. E molti la trovarono in Italia.

Qui ce n'era già stato uno, in veste di precursore: Sordello da Goito, per cui Dante professò una grande ammirazione. Era il figlio di un piccolo nobile mantovano, che alla vita di campagna aveva preferito quella girovaga del poeta, e si era accasato dal Conte di San Bonifacio a Verona. Bello, elegante, facondo, intrepido donnaiolo, si era sdebitato con l'anfitrione seducendone la moglie Cunizza, sorella di Ezzelino da Romano, e gliel'aveva portata via, per poi abbandonarla, o esserne abbandonato: non si sa. Un po' per paura dei sicari del Conte inferocito, ma più ancora forse perché vi si sentiva più a suo agio, era emigrato in Provenza, patria dei trovatori, si era imbrancato con loro e ne aveva adottato la lingua.

Era stato uno dei migliori rappresentanti di quella scuola poetica. Ma non fu lui a importarla in Italia. Furono quelli che vennero a cercarvi riparo. Alcuni lo trovarono nelle regioni del Nord, dove il feudalesimo aveva maggiormente attecchito creandovi una vita di castello non molto diversa da quella di Francia. Specialmente le signore, che vi si annoiavano a morte, furono felici di spalancare le porte a questi girovaghi menestrelli che portavano coi loro versi un soffio di fantasia, di modernità, di esotismo e di erotismo: un pretesto di «evasione», insomma, come oggi si direbbe. Altri invece presero la strada del Sud, attratti dal mecenatismo di Federico II, alla cui Corte trovarono larga ospitalità. Federico si piccava di poesia. Ne componeva egli stesso. Ne componevano i suoi figli Manfredi ed Enzo, il suo Primo Ministro Pier delle Vigne, alcuni gentiluomini del suo seguito come Rinaldo d'Aquino, Giacomino Pugliese, Guido delle Colonne, Jacopo da Lentini.

Costoro vanno ricordati perché furono i primi a comporre versi in una lingua che non era più latina, anche se non si può dire che fosse del tutto italiana. Era una specie di siciliano «illustre», che lo fu particolarmente in Ciullo d'Alcamo, il più originale e spontaneo di questi pionieri. Ma i temi li avevano portati i trovatori e restavano quindi d'imitazione. Per acquistare un carattere veramente italiano, questa poesia doveva arrivare a Firenze.

E c'era arrivata, poco prima che Dante nascesse. Guittone d'Arezzo, Folcacchiero dei Folcacchieri, Arrigo Testa, Bonagiunta Orbicciani, Paolo Lanfranchi, Ciacco dell'Anguillara, per non citare che i più noti, avevano debuttato anch'essi come imitatori dei provenzali. Ma ben presto il clima della città fornì loro altri motivi. A Firenze la vita non ruotava intorno ai capricci dei castellani e delle loro mogli, ma intorno alle passioni di parte politica. E perciò il «messaggio», come oggi si direbbe, di questi suoi primi poeti, si fece subito civile e ideologico, cioè «impegnato». I più bei versi di Guittone sono quelli dedicati alla battaglia di Montaperti.

Ma siccome a Firenze non si può fondare una scuola che non susciti immediatamente un'antiscuola, a distanza di pochi anni nacque quella *nouvelle vague* in cui Dante poi s'imbrancò. È difficile, si sa, ricostruire con esattezza l'albero genealogico di una scuola poetica. Forse il titolo di fondatore spetta in questo caso al figlio di Federico II, Enzo. Prigioniero dei Bolognesi, egli sfogava la malinconia della sua solitudine in versi che ricordavano quelli dei trovatori acquartierati nella Corte di suo padre Federico. La sua voce giunse all'orecchio dei Fiorentini non per via diretta, ma attraverso il giurista e filosofo Guido Guinizelli. Con la canzone *Al cor gentil rempaira sempre amore*, questi compose il vero «manifesto» dello stil novo.

La novità, per ridurla all'essenziale, consisteva in questo. L'amore dei provenzali era stato estetico e sensuale, ma anonimo. L'identità di colei che lo aveva suscitato veniva nascosta sotto il *senhal* o pseudonimo. Ed è naturale perché si trattava solitamente di un tributo alla padrona di casa, e bisognava salvare il prestigio coniugale del marito, cioè di colui che forniva l'ospitalità al poeta.

Gli stilnovisti fecero il contrario. Tolsero all'amore ogni contenuto carnale. E, resolo in tal modo inoffensivo, poterono metterci sopra l'indirizzo della destinataria. A chi poteva dar noia? Disincarnata e angelicata, l'ispiratrice non è più la moglie né la figlia né la sorella di nessuno. È solo un simbolo di perfezione spirituale e uno strumento di elevazione a Dio. Ciò che conta non è lei, ma il sentimento che suscita. Ed è infatti su di esso che gli stilnovisti si accaniscono, vivisezionandolo e rivoltandolo con una casistica puntigliosa e, a dire il vero, abbastanza uggiosa.

I cultori di questo nuovo «credo» poetico erano Cino da Pistoia, Guido Cavalcanti, Lapo Gianni, Gianni Alfani, Dino Frescobaldi. Erano degli esteti, i cui equivalenti si ritrovano a scadenza di ogni due o tre generazioni, e ogni volta credono d'inventare chissacché. Predicavano quella che oggi si chiamerebbe «l'arte per l'arte», cioè una poesia «disimpegnata» da tutto, anche dal bisogno di piacere ai Signori che avevano mantenuto i trovatori nei propri castelli. E potevano permetterselo perché erano di famiglia aristocratica o della ricca borghesia. Costituivano insomma la «gioventù dorata» di Firenze.

Dante non era dei loro né come nascita né come mezzi. Scontroso, piuttosto mingherlino, con un gran ciuffo di capelli neri a gronda sulla fronte, ammirava di lontano quei giovani che lo sopravanzavano in tutto, nel nome e nei mezzi. Ammirava specialmente Cavalcanti, che aveva dieci anni più di lui, apparteneva a una casata fra le più cospicue di Firenze, ed era già celebre come poeta. Guido aveva un carattere altero, solitario e impetuoso. In una delle tante paci che si erano fatte tra i due partiti in lotta, lo avevano sposato d'autorità, a dodici anni, con la figlia di Farinata degli Uberti, il prestigioso capo ghibellino. Il matrimonio politico era rimasto senza amore. Ma Guido se ne consolava con una Giovanna. Autoritario e impaziente, nelle discussioni prendeva a sassate i suoi contradditori.

Eppure fu proprio lui che aprì le porte di quel ristretto circolo d'iniziati a Dante, quando questi gli mandò una poesia nello stile di cui Guido era considerato il maestro.

Certamente Dante l'aveva scritta perché, come i fatti ampiamente dimostrarono in seguito, la poesia l'aveva nel sangue. Ma a ispirargliela ci fu probabilmente anche l'ansia di una «promozione» sociale. I trovatori avevano in un certo senso nobilitato il mestiere, esercitandolo nelle Corti. Gli eroi delle loro canzoni erano tutti Cavalieri, e cavallereschi i loro ideali di onore, di fedeltà, di giustizia. Così fra aristocrazia e poesia si era creata una sostanziale solidarietà. Ora, anche nelle città mercantili come Firenze, le caste erano chiuse. Le duecentocinquanta famiglie nobili della città facevano vita a sé e avevano un club esclusivo che si chiamava «Società delle Torri». I borghesi, per esservi accolti, spendevano miliardi, perché erano terribilmente snob. Lo era anche Dante, specie da giovane. E il sonetto mandato a Guido era l'unico passaporto di cui poteva valersi per entrare in un «giro» più alto di quello da cui per nascita proveniva. Guido, che aveva del talento e quindi era sensibile anche a quello altrui, gli tese una mano e gli dette il benvenuto.

Cominciarono per Dante anni felici, gli unici anni felici della sua tribolata esistenza. Ora apparteneva anche lui alla «gioventù dorata» di Firenze. Anche se il suo borsellino era piuttosto sguarnito e le maniche del suo vestito (segno inconfondibile, a quei tempi, di rango economico e sociale) meno sgargianti di quelle dei suoi nuovi compagni, faceva parte del loro gruppo, aveva vent'anni, e le ragazze per strada se lo additavano come l'autore di poesie che già circolavano per la città.

Più che per la perfezione dei versi e per il loro contenuto, esse forse erano popolari grazie alla musica. Come tutti i suoi contemporanei, Dante musicava le sue strofe. Non componeva da sé, sebbene pare che di musica s'intendesse. Ma sapeva scegliere abbastanza bene i suoi collaboratori. *Amor che nella mente mi ragiona* glielo musicò Casella, e *Deh, Violetta, che in ombra d'amore*, Socchetto.

Che vita conducesse coi nuovi amici, non si sa. Ma si sa che costoro razzolavano in maniera assai diversa da come predicavano coi loro versi, tutti intesi ad angelicare la donna e a spiritualizzarla. Guido, dopo aver goduto in esclusiva quelle di Giovanna, divideva con Lapo Gianni le grazie di una Lapa, in un *ménage* a tre degno del più spregiudicato teatro francese del Novecento; e Dino Frescobaldi era sulla bocca di tutti per via delle avventure galanti che il nome, il portafogli e l'atletica muscolatura gli facilitavano. Essi si riunivano per discutere con teologico impegno i problemi morali dello stil novo. Per esempio: la dama tradita da un amante ha diritto di prendersene un altro più fedele? Eccetera. Ma non rifuggivano da passatempi di salotto e di taverna.

Tuttavia i cànoni andavano rispettati. E quelli dell'«amor cortese» caro agli stilnovisti esigevano che anche Dante eleggesse una dama a ideale poetico e di vita. Probabilmente fu soprattutto per questo che si ricordò di Beatrice. Non ci sarebbe nulla di bizzarro se l'amore, in Dante, fosse nato dalla poesia, e non viceversa. E nulla toglierebbe alla grandezza dei suoi risultati.

Non aveva più avuto occasione di avvicinarla. Egli dice che, per tenerla al riparo dalle maldicenze, aveva finto di corteggiare un'altra e poi un'altra ancora. Dovette farlo tuttavia con poca discrezione perché a Firenze se ne parlò come di tresche bell'e buone. E la voce dovette arrivare anche all'orecchio di Beatrice che, incontratolo un giorno per strada, non gli ricambiò il saluto.

Ciò potrebbe far sospettare che anche lei fosse innamorata di Dante e perciò se ne sentisse tradita. Ma non è così. Semplicemente, essa sapeva che Dante l'aveva promossa a Ideale, parlava di lei come della sua ispiratrice, e sapeva che tutti lo sapevano. Avere un poeta ai suoi piedi, senza corrispettivo, la lusingava. E scoprire a un tratto che costui, voltato l'angolo di strada, andava a consolarsi con altre, la indispettì. Nulla di male. È umano.

Fecero la pace anni dopo, quando tornarono a incontrarsi a una festa di nozze, che forse erano quelle di lei con Simone de' Bardi. Egli racconta che, rivedendola, a tal punto sbiancò e fu assalito dal tremore che un amico lo trascinò via, mentre le altre donne ammiccavano a Beatrice che sorrideva per la bella rivincita.

Non si rividero, pare, mai più.

Alcuni storici dicono che subito dopo Dante andò a completare i suoi studi a Bologna, ch'era la più rinomata università italiana. In quella città soggiornò di certo perché vi lasciò anche un sonetto – scherzoso, rugginoso e mediocre – sulla Torre della Garisenda; ma non si sa quando. Comunque, la laurea non la prese. E l'unico vantaggio che ritrasse da quel soggiorno, fu l'amicizia con Cino, scacciato da Pistoia e rifugiatosi lì per vicende politiche.

A queste vicende Dante, fin allora, si era mantenuto estraneo, anche perché il credo estetico degli stilnovisti non obbligava a impegnarvisi, anzi ne scoraggiava. Ma Firenze seguitava a essere agitata dalle passioni. I guelfi avevano ripreso il sopravvento dopo la fine degli Hohenstaufen. Ma, come abbiamo già detto, papa Gregorio X, che non voleva restare alla mercé dei Francesi di Parigi e di Napoli, aveva salvato lì per lì i ghibellini dalle solite vendette. Nel 1273 c'era stato un compromesso fra le due parti, ma Carlo d'Angiò lo aveva fatto abortire intervenendo di persona e obbligando i ghibellini alla fuga. Nel 1279 venne il cardinale Latino a cercar di stabilire una pace definitiva. Fu costituita una nuova magistratura, quella dei 14 «Buoniuomini», di cui otto dovevano essere guelfi e sei ghibellini, controllati da tre «Priori», i quali poi diventarono sei.

È impossibile raccapezzarsi nel mutevole intrigo delle magistrature fiorentine. Ognuna di esse rappresentava una conquista della democrazia. Ma il suo unico effetto era quello di contribuire all'impotenza di tutte, come purtroppo la democrazia sembra esigere, almeno in Italia. Questo nuovo governo, imperniato sul Capitano del Popolo, sul Podestà (entrambi stranieri per legge) e sui Priori, che in breve risucchiarono i poteri dei Buoniuomini, si chiamò «Signoria». E come in pratica funzionasse, non si sa. Si sa solo che funzionava male.

Malgrado queste interne debolezze, Firenze aveva condotto una energica politica estera. Capeggiava la «Lega Guelfa» delle città toscane su cui aveva affermato la sua *leadership*. A farle resistenza erano ancora rimaste solo Pisa e Arezzo. Pisa, che significava lo sbocco al mare, era stata ormai ridimensionata da Genova. Restava Arezzo, centro di tutto il ghibellinismo toscano, anzi italiano, capeggiato dal vescovo Degli Ubertini, un prete che preferiva il manganello alla croce.

Il 2 giugno del 1289 l'esercito fiorentino, comandato dal generale angioino Amerigo di Narbona e rafforzato dai contingenti delle altre città guelfe di Toscana, scese sulla città nemica per liquidare la partita. Contava dodicimila uomini, e fra di essi c'era il ventiquattrenne Dante.

Il nemico, forte di novemila uomini al comando dell'Ubertini, di un Montefeltro e di un Guidi, attendeva nella piana di Campaldino. Lo scontro avvenne l'11 giugno. E, stando al Villani, cominciò piuttosto male per i Fiorentini, che al centro dello schieramento furono sopraffatti e sbandarono. Ma le ali tennero, e si richiusero sugli Aretini che si erano gettati nella falla. Essi lasciarono sul terreno quasi duemila morti, fra cui il vescovo Ubertini, tre Uberti, Bonconte di Montefeltro, insomma i comandanti più in vista. Fra i Fiorentini che si segnalarono ci furono Vieri Cerchi e Corso Donati, destinati entrambi a far parlare di sé.

A Poppi e a Bibbiena mostrano ancora un anfratto dove si dice che Dante, colto dal panico, si sarebbe rifugiato. Non è vero. Si era trovato nel punto critico della mischia e aveva corso un brutto rischio. Può anche darsi che di paura ne abbia avuta, e sembra che lo abbia confessato in una lettera, purtroppo andata persa, in cui descriveva la battaglia e ne faceva anche un grafico. Ma non scappò. L'uomo era impressionabile, ma non codardo.

È probabile che in questa occasione abbia conosciuto Cecco Angiolieri, che faceva parte del contingente senese. Cecco era un «poeta maledetto» avanti lettera, che faceva disperare la sua famiglia ricca, avara e bigotta. Ribaldo e manesco, c'era in lui del Sordello, ma da taverna, invece che da Corte. Aveva pressappoco l'età di Dante, ma era già un avanzo di galera. Amava solo il vino, i dadi e le prostitute. Tradiva una moglie litigiosa e brutta con una popolana di nome Becchina, figlia di un calzolaio, che gli restituiva pan per focaccia in fatto di prepotenze, turpiloquio e corna. Si mangiò tutto il patrimonio, e finì a Roma in miseria. Era talmente oberato dai debiti, che i figli ne rifiutarono l'eredità.

Però poeta lo era, forse più di molti stilnovisti. Sotto le sue rime arruffate e le sue schiamazzanti invettive, si sente la tristezza di un uomo sbagliato per la sua vita sprecata. E forse egli stesso si descrisse, per polemica, peggiore di quanto fosse. Non è storicamente sicuro che con Dante si sia personalmente incontrato. Però se ciò avvenne, non poté essere che sotto le mura di Arezzo, perché le loro vite non ebbero altre coincidenze. Certo, non erano fatti per intendersi. In seguito Cecco dedicò a Dante tre sonetti di corbellatura rimproverandogli qualche contraddizione fra prediche e razzolamenti. E l'accusa non era infondata.

Il ritorno a Firenze non significò per Dante la fine del servizio militare. Egli prese ancora parte alle operazioni contro Pisa, e certamente partecipò all'assedio e al sacco del castello di Caprona, com'egli stesso più tardi ricordò.

Finalmente congedato, giaceva in letto ammalato, quando seppe della morte di Folco Portinari, padre di Beatrice. Firenze tributò solenni esequie a quel banchiere filantropo, che fra l'altro aveva fondato l'Ospedale di Santa Maria Maggiore, «colonna dello Stato». Pochi mesi dopo, la figlia lo seguì nella tomba, e non aveva che venticinque anni.

Dante dice di esser rimasto annientato dalla scomparsa di Beatrice, di averne dato l'annunzio in una lettera aperta «ai Principi della Terra», che però non si è mai trovata, e di essersi indignato vedendo dalla finestra alcuni passanti che si comportavano come se nulla fosse successo. Può darsi. Oltre ai passanti però egli vide, affacciata a una casa dirimpetto, una donna che lo guardava con espressione di pietà e di tenerezza. Ne provò un sentimento di gratitudine. E siccome da cosa nasce cosa, ne venne fuori una «relazione» bella e buona. Molti dantisti dicono che questa donna non era che il simbolo della filosofia in cui Dante si sarebbe rifugiato per trovar conforto. Ma noi non abbiamo mai saputo che la filosofia si chiami anche Lisetta. E che si trattasse di una creatura in carne e ossa lo dimostra il fatto che, quando volle occupare nel cuore di Dante il posto di Beatrice, egli la scacciò: cosa che con la filosofia non avrebbe avuto ragione di fare. Dopodiché si ammogliò.

Boccaccio, suo primo biografo, dice che fu la famiglia a sposarlo quasi di forza nel vederlo dimagrito, insonne e disfatto; e che lui lasciò fare per mancanza di forze. La verità è più semplice. È emersa da un documento del 1277, che riproduce l'impegno di nozze, con tanto di notaio, fra il dodicenne Dante Alighieri e la sua quasi coetanea Gemma Donati. Lo avevano steso i due rispettivi genitori, com'era l'uso del tempo. Anche Guido Cavalcanti si era sposato così con la Uberti.

Gemma apparteneva a una casata fra le più nobili, e aveva anche una certa dote. Boccaccio la descrive egoista, mediocre, arida e querula, una mezza Santippe. Ma Boccaccio, in odio alla sua, era un nemico giurato di tutte le mogli. Dai fatti risulta che Gemma si comportò molto bene nei confronti del marito. Lo aiutò nei momenti di bisogno, allevò i figli dei quali egli ben poco si curò, e lo stesso Boccaccio le riconosce il merito – che forse non le compete – di aver salvato i primi sette canti della *Commedia.*

Semmai, fu Dante che la ripagò piuttosto male, perché subito dopo le nozze cominciò per lui un periodo di dissipatezze, che Guido in questa vita e Beatrice nell'altra dovevano aspramente rimproverargli. Si era imbrancato in una brutta compagnia: quella di Forese Donati, detto Bicci, cugino di Gemma. E trascorreva il tempo tra Fiorette, Violette e Pargolette, che non dovevano essere ragazze di costumi precisamente illibati. Ciò non gl'impedì di mettere al mondo con Gemma un certo numero di figli: due o tre maschi, Pietro, Jacopo, e forse un Giovanni, e due femmine, Antonia e Beatrice, che però forse sono la stessa persona. Di che vivesse, non sappiamo. Come tutti coloro che volevano godere di pieni diritti politici, si era iscritto anche lui a un'Arte, quella dei Medici e Speziali. Perché abbia fatto questa scelta, è incerto. Forse perché appunto non praticava regolarmente nessun mestiere e quindi poteva sceglierne, come etichetta, uno qualunque. O forse perché ai Medici e Speziali potevano aderire tutti i consumatori di generi chimici. Giotto vi si era iscritto perché consumava colori; Dante, perché consumava inchiostro. Comunque, dovett'essere soprattutto Gemma a mandare avanti la famiglia con la sua dote.

Egli dice che a mettere fine a questo scapestrato intermezzo fu un sogno in cui gli apparve la «mirabile visione» di Beatrice. Svegliandosi, giurò a se stesso di dire di lei ciò che nessun uomo aveva detto di nessun'altra donna al mondo. Forse gli era nata in testa l'idea della *Commedia*.

Ma, oltre al sogno, ci fu anche un'altra cosa a trarre la sua vita per un altro verso: la politica.

Questa era ora entrata in una fase acuta, sebbene non avesse più nessun contenuto ideologico. Ne aveva avuto al tempo della lotta fra guelfi e ghibellini, quando si era trattato della scelta fra la Chiesa e l'Impero. Ma oramai l'Impero non era più che un ricordo e i ghibellini, dopo la battaglia di Campaldino, ridotti all'impotenza.

Restavano però le rivalità personali, di ambizione, di orgoglio, d'interessi. Che non si trattasse d'altro, lo dimostra il metodo che le magistrature seguivano per istaurare qualche tregua: i matrimoni. Essi erano imposti dallo Stato perché rappresentavano appunto un affare di Stato. Quando un nemico sposava una nemica, si supponeva che l'odio, fra le due famiglie, cedesse il posto alla solidarietà, anche se spesso succedeva il contrario. E questo modo d'intendere la politica come fatto personale è rimasto nel sangue fiorentino fino a Fanfani.

Ora i guelfi, non avendo più da combattere i ghibellini, si erano divisi per combattersi fra loro. Le due fazioni si chiamarono dei «Bianchi» e dei «Neri» su imitazione di quelle di Pistoia, dove una famiglia, quella dei Cancellieri, si era appunto divisa in un ramo «bianco» e in un ramo «nero» trascinando nei suoi odi e insanguinando tutta la città.

A Firenze la rissa era scoppiata per una questione di primato economico e sociale fra due dinastie di Magnati. Quella Bianca era capeggiata da Vieri Cerchi, quella Nera da Corso Donati, fratello di Forese e cugino di Gemma Alighieri. L'odio era divampato per futili motivi di prestigio. I Cerchi, ch'erano dei nuovi ricchi pieni di soldi, ma poveri di blasone, avevano comprato il più bel palazzo di Porta San Piero, dove abitavano anche i Donati che sin allora l'avevano fatta da padroni in quel sestiere. E li avevano offuscati coi loro sfarzi.

Corso non era uomo da subire un simile oltraggio. Di antica nobiltà guerriera, aveva conservato l'orgoglio e l'insolenza della sua casta. Era bello, coraggioso e beffardo. Lo chiamavano «il Barone», e nella «Società delle Torri», gli si riconosceva autorità di capo. Egli non ammetteva che questa posizione di preminenza gli venisse insidiata da un figlio di contadini come Vieri Cerchi che, arricchitosi col commercio e la banca, si era comprato il titolo nobiliare di Cavaliere.

Ma Vieri, anche se non aveva sangue blu, aveva i soldi e sapeva usarli. Meno tracotante e pittoresco del suo avversario, era però altrettanto coraggioso, tenace e accorto. Tolse a Corso, attraendoli nel vasto giro dei propri affari di banca, molti alleati di gran nome e potenza come i Cavalcanti, i Tornaquinci, i Pazzi, parte dei Frescobaldi.

E fin qui, era tutto normale, compreso il sangue che ogni poco correva fra le due fazioni: a Firenze le fazioni c'erano sempre state, e il sangue era sempre corso. Ma il conflitto di dinastie si trasformò in guerra civile, quando Bonifacio VIII pretese di servirsene per le sue ambizioni di potere temporale. Egli voleva – lo abbiamo già detto – annettere la Toscana agli Stati della Chiesa. E perciò aveva chiamato Carlo di Valois.

In quel momento, a Firenze, era al potere la fazione Bianca. Il Donati, che aveva cercato di rovesciarla con la corruzione e la violenza, era stato bandito. Ma il Papa lo aveva accolto e nominato governatore di una delle sue province. Così la fazione Nera era diventata il partito della Chiesa e del Valois, che scendeva dalla Francia, contro l'indipendenza fiorentina difesa dalla fazione Bianca.

Fu, per sua disgrazia, in questa emergenza che Dante venne alla ribalta politica. Per quali motivi si trovasse imbrancato coi Bianchi, non si sa. I legami di famiglia avrebbero dovuto spingerlo dalla parte dei Neri perché, grazie al matrimonio con Gemma, era diventato cugino dei Donati. Ma forse a trarlo coi Bianchi furono un po' l'indignazione per le prepotenze di Corso e molto – crediamo – la solidarietà col suo vecchio amico Guido Cavalcanti, che «il Barone» aveva tentato di fare assassinare.

Dante, in politica, aveva debuttato a trent'anni, nel 1295. Ma non aveva ricoperto che cariche minori. La sua carriera prese l'aìre solo dopo la vittoria dei Cerchi. E il fatto ch'egli si mettesse sempre più in vista via via che svanivano le possibilità di compromesso fra le due fazioni, dimostra ch'egli vi svolse una parte di oltranzista, del resto in carattere col suo carattere. Nel maggio del 1300 lo mandarono ambasciatore a San Gimignano. E nella sala del Consiglio di quella città c'è una lapide che ricorda la venuta del Poeta. A leggerla, si direbbe che Dante abbia riportato lì il suo primo trionfo. Invece risulta che la missione fallì.

Ma l'insuccesso non gl'impedì di essere, il 15 giugno, nominato Priore. Era la più alta carica elettiva, e non durava che due mesi. Ma quei due mesi gli bastarono per assumere una responsabilità tremenda che doveva costargli cara: lo sterminio della fazione Nera di Pistoia, che ostacolava la politica estera della Firenze Bianca. È difficile dire fino a che punto il sangue che corse (e ne corse molto) ricada su Dante. Però non c'è dubbio che le sue mani ne uscirono macchiate. E forse questo contribuì ad accentuare la sua intransigenza. Egli ormai era il nemico dichiarato del Papa che aveva scomunicato la città, e del Valois che in suo nome marciava su di essa.

Ci sembra quindi poco attendibile la notizia, tramandataci da Dino Compagni, che il Comune incaricò proprio lui di un'ambasceria di pace a Bonifacio. Boccaccio, suo primo biografo, racconta che il Poeta, ai Priori che gli proponevano quella missione, rispose perplesso: «Se io vado, chi rimane? Se io rimango, chi va?» Sono parole che somigliano al personaggio e al suo immenso orgoglio. Ma non crediamo che le abbia pronunciate perché escludiamo che la missione venisse proposta proprio all'uomo meno indicato ad assolverla. La storia ha accolto la versione di Compagni solo perché la scena di Dante e Bonifacio di fronte e ai ferri corti esercita una suggestione drammatica cui nessun biografo rinunzia volentieri. Comunque, l'ambasceria fallì.

Firenze, che poteva mettere in campo migliaia di uomini bene armati, si arrese alle poche centinaia di cavalieri del Valois. Il Donati tornò coi suoi squadristi neri, e subito cominciò la «purga». Dante fu tra i primi nove a essere condannato al rogo, e ciò dimostra il rilievo che aveva assunto nella fallita resistenza. La sentenza porta la data del 27 gennaio 1302, e si può ancora leggere nel sinistro *Libro del chiodo* conservato negli archivi fiorentini. Ma fu pronunciata in contumacia perché il Poeta era già fuggito col fratellastro Francesco, suo volontario compagno di esilio.

La vendetta si abbatté sulla casa del bandito. Com'era uso fiorentino, i picconieri la presero d'assalto sotto l'occhio vigile del Podestà e quello – immaginiamo – bagnato di lacrime di Gemma. Il tetro edificio trecentesco che ancora qualcuno si ostina a considerare la casa di Dante, non è quindi di certo la sua.

Da allora cominciò per lui una vita girovaga, di cui è impossibile ritracciare con esattezza gl'itinerari. Dapprima fu certamente ad Arezzo, rifugio dei Bianchi, e per un certo tempo prese parte attiva ai tentativi degli esuli di rientrare in patria con la forza. Ma i tentativi fallirono, e pare che la responsabilità fosse addebitata a Dante, che aveva consigliato di affidare la condotta delle operazioni al suo amico Scarpetta Ordelaffi. Non sono che voci e supposizioni. Ma è accertato che Dante abbandonò presto quella «compagnia malvagia e scempia», com'egli la chiamò, per fare «parte per se stesso», com'era scritto del resto nel suo destino, cioè nel suo carattere solitario, sprezzante e scostante.

Prese la via del Nord e si stabilì a Verona, ospite di Bartolomeo della Scala (o di suo figlio Alboino, non si sa). Verona aveva già trasformato il regime comunale in Signoria abbandonandosi nelle mani di quella ricca e potente casata. Il Poeta fu amichevolmente accolto nel palazzo e si sdebitò col suo anfitrione svolgendo per lui alcune missioni diplomatiche in altre città. A Padova ebbe la ventura d'incontrare Giotto, ch'era venuto a dipingervi gli affreschi della Chiesa dell'Annunziata. Si erano già conosciuti a Firenze, e si rividero con piacere.

Poco dopo si trasferì in Lunigiana, dai Malaspina. A quei tempi gli esuli erano sempre bene accolti prima di tutto perché chiunque poteva diventarlo da un momento all'altro, e quindi tutti avevano interesse a rispettare la regola dell'ospitalità; eppoi perché, quando erano di un certo livello culturale come Dante, facevano comodo: di gente che sapesse leggere e scrivere, fuori del Clero, ce n'era poca. Infatti Dante, anche per conto dei Malaspina, svolse trattative diplomatiche e notarili col Vescovo di Luni, e così si guadagnò il pane.

Boccaccio racconta, di questo periodo, una strana storia. Dice che Gemma, nel vuotare la casa prima della demolizione, aveva trovato in un forziere un manoscritto in versi. Dapprima li mise da parte senza curarsene. Poi li fece leggere a Dino Frescobaldi che se n'entusiasmò e, saputo che Dante era in Lunigiana, glieli rispedì con la raccomandazione di continuare. Erano i primi sette canti della *Commedia* che Dante considerava ormai perduti.

Non poté subito rimettercisi perché dovette andare in Casentino, chiamatovi dal conte Guidi di Dovadola. Dante aveva con lui legami quasi di famiglia perché i loro rispettivi bisavoli – il conte Guido Guerra e Cacciaguida – erano stati, pare, amici. E qui gli capitò una brutta disavventura sentimentale. S'innamorò perdutamente di una «femmina bella e ria», di cui Boccaccio dice ch'era «gozzuta». Altro di lei non si sa, se non che si divertì alle spalle del Poeta più che quarantenne attirandolo e negandoglisi con femminile crudeltà.

Qui si perde ogni traccia di lui, e l'ipotesi più accreditata è che abbia soggiornato per un anno a Parigi. Così dicono Villani e Boccaccio, mentre il figlio Jacopo, nei suoi cenni biografici sul padre, non fa parola di questo viaggio. Nel 1881 un filologo francese trovò negli archivi di Montpellier il manoscritto di un poema in italiano, *Il fiore*, firmato Durante, cioè col vero nome di Dante. Era lo stringato riadattamento di un prolisso poema francese di contenuto pornografico. I dantisti hanno naturalmente sempre respinto con orrore l'ipotesi che fosse opera di Dante. Ma vi compare un sonetto, piuttosto ribaldo, che il Poeta aveva composto in Casentino. Sicché almeno il dubbio rimane.

Nel 1308 Dante era in Toscana, nuovamente immerso nella politica. Ve lo aveva richiamato la discesa in Italia di Arrigo VII che voleva, come abbiamo già visto, restaurarvi il potere imperiale. L'impresa era impossibile, ma Dante se ne infiammò fino a bruciarvi le sue ultime possibilità di perdono. Indirizzò una lettera solenne «a tutti e' singoli Regi d'Italia e a' Senatori dell'alma cittade, a' Duchi e a' Marchesi e a tutti i popoli» per invitarli a sottomettersi all'Imperatore. E andò – pare – a Milano per consegnarla di persona ad Arrigo, che certamente ignorava chi fosse quell'uomo e a quale titolo parlasse in nome della Nazione. La quale Nazione dimostrò subito quanta poca intenzione avesse di sottomettersi. E, come abbiamo già detto, i più protervi di tutti furono proprio i compatrioti del Poeta.

Agli «scelleratissimi Fiorentini» Dante scrisse allora un'altra lettera invocando sulla loro testa morte e distruzione. E una terza indirizzò ad Arrigo per sollecitarlo a castigare la città ribelle. Ne invocava la resa incondizionata, il massacro, l'incenerimento.

Probabilmente Arrigo non lesse mai queste missive. Ma i Fiorentini, sì. E quindi c'è anche da capirli se, quando di lì a poco decisero di promulgare un'amnistia, ne esclusero il Poeta, cui non rimase altra speranza che l'esercito di Arrigo. Ma quell'esercito era debole, e Arrigo di lì a poco morì. Era la fine delle speranze di Dante.

«Povero assai, trapassò il resto della vita dimorando in vari luoghi per Lombardia e Toscana e per Romagna sotto il sussidio di vari Signori», dice spicciativamente il più serio e documentato dei suoi primi biografi, il Bruni. E purtroppo non abbiamo molto da aggiungere.

È quasi certo che il primo di questi Signori fu Cangrande della Scala a Verona, uno dei più pittoreschi e splendidi despoti dell'epoca. Teneva Corte fastosa e aperta a tutti gli ospiti di passaggio. Ma appunto per questo lo scontroso Dante non dovette trovarcisi molto bene e, pur restando agli stipendi del Signore, si ritrasse in una casetta per conto suo, dove lo raggiunsero i figli. Essi erano stati a loro volta banditi perché Dante aveva declinato l'invito a rientrare in patria facendo «offerta», cioè riconoscendosi colpevole e chiedendo perdono. Lo sdegnoso rifiuto del Poeta è documentato in una lettera, che però sembra apocrifa. Forse non rispose nemmeno.

Non si sa con esattezza quando lasciò Verona, né perché. Il Petrarca, capitato anni dopo nella città scaligera, vi raccolse la voce che Cangrande aveva preso in uggia Dante e si divertiva a umiliarlo. Questo è certamente falso: e lo dimostra la tenace gratitudine che il Poeta nutrì sempre per il suo anfitrione cui portava in visione i canti della sua *Commedia.* La chiacchiera del dissidio doveva esser nata dal fatto che Dante a Verona non era mai diventato popolare anche se buona parte della sua opera vi aveva acquistato una certa notorietà. L'uomo non suscitava simpatie e non ne provava per nessuno. Non si era appastato con la vita di Corte, non aveva amici nello «Studio», cioè nell'Università, dove forse aveva invano sperato di ottenere una cattedra.

Furono questi probabilmente i motivi che lo indussero ad accogliere l'invito di Guido Novello da Polenta di stabilirsi a Ravenna. Guido era anche lui uno di quei Signori del Trecento che un po' con la violenza, un po' con l'astuzia avevano affossato gl'istituti democratici del Comune e istaurato un potere personale. Ma lo esercitava in maniera diversa da Cangrande, cioè con meno fasto e più tatto. In gioventù era stato uomo d'armi piuttosto avventuroso ma ora, con la maturità e col «posto» assicurato, si era convertito alla cultura. Viveva in un palazzo molto meno splendido di quello scaligero, ma accogliente e foderato di libri. Egli stesso componeva versi, piuttosto bruttini, ma rispettosissimi della grammatica e della sintassi.

Forse aveva già conosciuto Dante in occasione di qualche missione diplomatica che il Poeta avrà svolto anche a Ravenna per conto di Cangrande. Forse venne a sapere di lui da qualche terzina che sarà giunta al suo orecchio dell'*Inferno*, già abbastanza conosciuto nel ristretto ambito della *intellighenzia* di allora. Forse era grato al Poeta di aver trattato con tanto affetto Francesca da Rimini, ch'era sua zia. Non si sa.

Dante venne comunque su suo invito a insegnar retorica – pare – nello Studio, cui Guido dedicava cure particolari. La quiete, il silenzio la criptica bellezza di quella città tombale, chiusa nelle memorie del suo glorioso passato, dovettero piacergli non meno dell'affabilità del suo Signore. La stima e la cordialità con cui si vide accolto sciolsero un po' i nodi del suo carattere angoloso.

Non è accertato dove prendesse casa: pare davanti al convento dei francescani, dove poi doveva essere sepolto. Comunque, vi si fece subito raggiungere dai figli Piero e Jacopo, e dalla figlia Antonia, che gli diedero il calore della famiglia.

Questi ultimi anni furono forse i più sereni della sua vita tribolata, certo i più redditizi come lavoro. Guido lo colmava di cortesie, e gli amici di affetto. In loro compagnia il Poeta faceva lunghe passeggiate nella stupenda pineta di Chiassi, soste sui sagrati delle cento chiese fra i monumenti bizantini e gotici, e amichevoli visite al palazzo. Ogni tanto Guido lo incaricava di qualche missione, ma riservandogli solo quelle più delicate per non distrarlo dalle sue carte. Fu così che una volta lo mandò a Venezia per risolvere una spinosa diatriba che minacciava di sfociare in una guerra fra le due città. S'ignora come Dante se la cavasse. Forse non fece nemmeno in tempo a svolgere il suo compito perché cadde ammalato e, sentendo approssimarsi la fine, affrettò il ritorno. Doveva trattarsi di una forma acuta di malaria perché aveva la febbre altissima e delirava. Quando arrivò a Ravenna era già allo stremo. Non si sa nemmeno se riconoscesse i volti dei figli e degli amici che si avvicendavano al suo capezzale.

Spirò nella notte fra il 13 e il 14 settembre del 1321.

I contemporanei non si accorsero molto di quella scomparsa: Dante era molto meno conosciuto e ammirato di certi mediocri latinisti come Giovanni del Virgilio; e anche tra i poeti lo si considerava inferiore a un Guinizelli che Bologna aveva laureato *ad honorem.* La sua grandezza fu scoperta molto più tardi. Il primo a farsene un'idea abbastanza esatta, bisogna riconoscerlo, fu Boccaccio.

Ma gli studi critici veri e propri su di lui cominciarono solo nel Settecento.

Il Poeta non aveva sparpagliato il suo talento in una vasta produzione. Aveva debuttato con la *Vita nova*, scritta fra i diciotto e i ventinove anni, ch'è il romanzo poetico del suo amore per Beatrice secondo la convenzione (ahi, quanto visibile!) stilnovista. Alcune di quelle rime furono poi incluse nel *Canzoniere*, insieme ad altre, più schiette e immediate, composte nello stesso periodo. Il suo primo lavoro organico è il *Convivio*, che forse Dante cominciò all'inizio del suo lungo esilio per accreditarsi come uomo di dottrina presso coloro alla cui porta avrebbe bussato. È uno zibaldone che in quindici trattati doveva sviscerare tutto lo scibile del tempo. Grazie a Dio, il Poeta lo ridusse a tre soli forse perché anche lui ci si annoiò. Più importante è il *De vulgari eloquentia*, prima trattazione scientifica di lingua italiana. È incompiuta e, dal punto di vista filologico, grossolana e rozza. Per spiegare la diversità delle lingue, Dante si rifà alla torre di Babele. Ma, accanto a queste ingenuità, ci sono anche delle stupefacenti intuizioni. Dante ha compreso che il latino ormai è una lingua morta. Ma teme che quella «volgare» sia travolta dai dialetti per mancanza di un'«aula», cioè di una Corte, che elabori un «volgare» nazionale e illustre. Egli ha già previsto la tragedia della lingua italiana, che è proprio questa di non essersi mai formata. Il ghibellinismo di Dante e il suo sentimento monarchico sono meglio espressi in questo trattato, dove s'invoca l'«aula», cioè l'unità nazionale intorno a una Corte laica, che nel *De monarchia*, composto in onore di Arrigo VII e per dare un fondamento filosofico e giuridico alle sue pretese di restaurazione imperiale. Qui Dante ci appare solo come un nostalgico che sogna l'impossibile ritorno alla concezione medievale di un Impero e di un Papato che si dividono fraternamente il potere spirituale e quello temporale sul mondo.

Di lui restano anche tredici *Epistole*, delle molte centinaia che certamente scrisse nel corso della sua vita per annodare amicizie e soprattutto per romperne. Leonardo Bruni dice di averne viste molte altre e ce ne descrive anche la calligrafia: «magra e lunga e molto corretta». Infine, le mediocri *Egloghe* che scambiò con Giovanni del Virgilio e una *Quaestio de aqua et terra* che documenta insieme il suo interesse per la scienza e la sua ignoranza, ch'era poi quella del tempo in cui visse.

Son tutte operette che avrebbero conferito a Dante un rango pari a quello di Cavalcanti, se a illuminarle di riflesso non ci fosse la *Commedia.* I dati anagrafici del capolavoro sono incerti. Boccaccio dice che Dante ne aveva già composto sette canti prima di lasciare Firenze. Probabilmente l'idea di quella grande opera gli venne a Roma, quando vi andò per il Giubileo del 1300. E Dante lo conferma nel verso d'inizio, «Nel mezzo del cammin di nostra vita», cioè trentacinqu'anni, quanti ne aveva appunto a quella data. Ma non è detto che, concepita l'idea, vi ponesse subito mano. È più probabile che gli sia maturata in corpo piano piano. L'impressione che se ne ricava, leggendola, è di qualcosa che, lungamente meditato, sia stato poi colato di getto. E questo avvenne di certo negli anni dell'esilio, probabilmente fra Verona e Ravenna, perché quella che vi alita dal primo all'ultimo verso è la disperazione del perseguitato che fa appello alla giustizia di Dio contro quella degli uomini.

Non è questa la sede per ritracciare il contenuto della *Commedia*, che tutti del resto conoscono nelle sue fondamentali linee architettoniche. Boccaccio dice che la prima intenzione di Dante fu quella di scriverla in latino. È impossibile non solo perché questo sarebbe stato contrario alle sue convinzioni letterarie, ma anche perché il latino lo maneggiava male. Il meraviglioso viaggio nell'oltretomba è diviso in tre cantiche (*Inferno*, *Purgatorio* e *Paradiso*), ognuna di trentatré canti che, con quello di prologo, formano un insieme di cento, numero perfetto. Ogni canto a sua volta è diviso in terzine di endecasillabi fra loro legate: il primo verso fa rima col terzo, il secondo col primo della terzina successiva.

Dante non poteva proporsi un «piano» più rigido e scabroso. Ma egli era il contemporaneo di Giotto e di Arnolfo, cioè dei grandi costruttori di cattedrali, e anche lui volle elevarne una concepita secondo gli stessi rapporti e simmetrie. Poteva farlo perché aveva una padronanza assoluta del verso: egli stesso soleva dire che talvolta si era trovato in imbarazzo davanti a un'idea, ma mai davanti a una rima. E lo ha dimostrato coi suoi virtuosismi, riuscendo per esempio a chiudere tutt'e tre le cantiche con la parola «stelle».

La *Commedia* non è un'opera originalissima. Il Medio Evo era pieno di racconti, derivati soprattutto dalla favolistica araba, di viaggi nell'oltretomba. Dante vi attinse, ma aggiungendovi qualcosa che lui solo possedeva: la Poesia. Essa non è presente in tutti i quindicimila versi del suo poema, che qua e là divaga o sbadiglia. Ma nessuno ne ha profusa di più e più alta di lui. Dante fa sorridere quando s'impanca nella filosofia. Credeva di essere un teologo e di scrivere una specie di *summa* o compendio del pensiero cristiano. Viceversa in questo campo era rimasto alquanto arretrato anche in confronto a molti suoi coetanei che già avevano una qualche dimestichezza con le nuove correnti razionalistiche nate in Francia alla scuola di Abelardo e diffuse in Italia da San Tommaso.

Dante era rimasto al Medio Evo, con le sue superstizioni, i suoi terrori e la sua concezione del mondo come di un gran mistero, di cui solo Dio poteva fornire la chiave. Il suo orologio si era fermato al 1300, l'anno del suo esilio. Dopo, non aveva vissuto che di ricordi, ripiegato su se stesso e sul suo passato. Per tutta la vita i suoi pensieri avevano seguitato a ruotare su Firenze, Bonifacio, Corso, Vieri, Guido, Beatrice. Ma quando attinge a questo pozzo, la sua poesia è sublime, e lo è imparzialmente nella preghiera e nella bestemmia. I suoi stessi difetti umani – l'orgoglio, l'egocentrismo, la passionalità – sono la condizione della sua grandezza.

Non fu un precursore del Risorgimento e dell'unità nazionale, come qualcuno scioccamente ha detto. In politica era soltanto un reazionario che sognava l'impossibile restaurazione dell'unità imperiale. Ma diede agl'Italiani lo strumento più necessario a diventar tali: la lingua. In questo Paese d'insopportabili retori latineggianti, il «volgare» diventò nobile solo grazie a Dante.

Anche se non avesse altri meriti, questo basterebbe a far di lui il grande «Padre della Patria».

SCISMA OCCIDENTALE (1378)
Aree neutrali
Obbedienza romana
Prevalenza obbedienza romana
Obbedienza avignonese
Prevalenza obbedienza avignonese
Territori musulmani
Chiesa greco-ortodossa
Chiesa greco-ortodossa e territori musulmani
REGNO DI SCOZIA
Edimburgo
R. DI NORVEGIA
REGNO DI SVEZIA
Dorpat
Riga
ORDINE DEI CAVALIERI TEUTONICI
GRANDUCATO DI LITUANIA
Tuam
Irlanda
Mare del Nord
R. DI DANIMARCA
REGNO D'INGHILTERRA
Amburgo
Tannenberg
Shrewsbury
Galles
Utrecht
Braunschweig
Toruń
Londra
Colonia
Magdeburgo
REGNO DI POLONIA
Canterbury
Fiandre
IMPERO ROMANO GERMANICO
Calais
Cambrai
Liegi
Magonza
Praga
Cracovia
Parigi
Treviri
Boemia
REGNO DI FRANCIA
Costanza
Lago di Costanza
Salisburgo
REGNO D'UNGHERIA
Moldavia
Nantes
Basilea
Buda
Oceano Atlantico
Besançon
Bordeaux
Milano
Coira
Bressanone
Cividale
Périgueux
Agen
Valacchia
Nicopoli
Bayonne
Avignone
Venezia
Aire
Genova
STATO DELLA CHIESA
Dalmazia
Bosnia
Bulgaria
REGNO DI NAVARRA
Serbia
Costantinopoli
Firenze
Perpignano
MONTENEGRO
Tessalonica
Lisbona
R. DI PORTOGALLO
REGNO DI CASTIGLIA
Corsica
IMPERO OTTOMANO
Barcellona
Roma
REGNO DI NAPOLI
Durazzo
REGNO DI ARAGONA
Napoli
Sardegna
Smirne
Monreale
Acaia
Atene
REGNO DI GRANADA
Mar Mediterraneo
Sicilia
MAROCCO
TILIMSEN
TUNISIA
①= IMP. BIZANTINO
Candia

SCISMA OCCIDENTALE (1417)
Obbedienza romana
Obbedienza avignonese
Obbedienza conciliare (pisana)
Territori musulmani
Chiesa greco-ortodossa
Chiesa greco-ortodossa e territori musulmani
REGNO DI SCOZIA
Edimburgo
Tuam
Irlanda
REGNO D'INGHILTERRA
Galles
Londra
Canterbury
Calais
Harfleur
Fiandre
Mare del Nord
R. DI NORVEGIA
REGNO DI SVEZIA
R. DI DANIMARCA
ORDINE DEI CAVALIERI TEUTONICI
Dorpat
Riga
GRANDUCATO DI LITUANIA
Tannenberg
Amburgo
Braunschweig
Magdeburgo
Toruń
REGNO DI POLONIA
Cracovia
IMPERO ROMANO GERMANICO
Liegi
Treviri
Praga
Boemia
Moravia
Costanza
Lago di Costanza
Basilea
Salisburgo
REGNO D'UNGHERIA
Buda
Moldavia
Oceano Atlantico
Parigi
REGNO DI FRANCIA
Digione
Cividale
Milano
Venezia
Genova
Bordeaux
Avignone
Savona
Valacchia
STATO DELLA CHIESA
Bosnia
Dalmazia
Serbia
Bulgaria
Costantinopoli
REGNO DI NAVARRA
Perpignano
Firenze
Corsica
Pescara
MONTE-NEGRO
Tessalonica
IMPERO OTTOMANO
Lisbona
R. DI PORTOGALLO
REGNO DI CASTIGLIA
Barcellona
REGNO DI ARAGONA
Roma
REGNO DI NAPOLI
Napoli
Durazzo
Sardegna
Monreale
Smirne
Acaia
Atene
REGNO DI GRANADA
Mar Mediterraneo
Sicilia
① = IMP. BIZANTINO
MAROCCO
TILIMSEN
TUNISIA
Candia

CAPITOLO OTTAVO

LA «CATTIVITÀ DI BABILONIA»

Il trasferimento della sede apostolica ad Avignone nel 1305 era stato giustificato da Clemente V col fatto che Roma non forniva garanzie di sicurezza e di moralità. La città, aveva detto, era in mano a nobili rissosi e prepotenti, e la sua vita era corrotta fino alle midolla. Era abbastanza vero. Ma Avignone non prometteva di essere meglio, perché dovunque la Corte papale si acquartierasse, si scatenava la lotta di fazioni e d'influenze per impadronirsi del Soglio o per asservirlo con tutti i mezzi, violenti o ritorti. La verità è che Clemente era francese e francese era la maggioranza dei Cardinali, ligi alla volontà del loro Re che non voleva trovarsi di fronte a un altro Bonifacio VIII. Non aveva quindi del tutto torto chi considerava il Papa prigioniero e chiamò il periodo di Avignone «la cattività di Babilonia».

Al timido, introverso e tormentato Clemente era succeduto lo scaltro e intraprendente Giovanni XXII, che considerò la Chiesa come una grande impresa d'affari, e come tale bisogna dire che la governò benissimo restituendo alle casse vaticane tutta la loro floridezza. Un po' meno brillò come pastore di anime e teologo. S'intromise in una disputa sugli attributi divini della Vergine Maria e proclamò che anch'essa, per essere assunta in cielo, doveva aspettare il giorno del Giudizio universale. C'erano dei poveracci che, per bestemmie molto meno gravi, erano finiti sul rogo. Giovanni se la cavò perché era Papa e perché aveva novant'anni. Ma suscitò un uragano di proteste, la sua affermazione fu definita eretica da un sinodo di Vincennes, ed egli non fu costretto a ritrattarla solo perché, vecchio com'era, non fece in tempo.

Il suo successore, Benedetto XII, tentò di rimediare i guasti che Giovanni aveva provocato con la sua disinvoltura nel distribuire cariche a chi le pagava meglio. Era così ch'egli aveva rimpinguato le sue finanze, ma aveva anche deteriorato i quadri della Chiesa. Benedetto cercò di bonificarli, ma poté farlo perché Giovanni aveva rimpinguato le finanze. La lotta contro il sottogoverno e le bustarelle non gli procurò nessuna popolarità. Ormai affezionati a quei metodi, tutti trassero un respiro di sollievo quando Benedetto prematuramente morì (1342), e furono concordi nell'eleggere un successore che tornasse alla vecchia buona regola delle mance e delle camorre.

Clemente VI, anche lui francese, era nato signore, da signore aveva vissuto, e dichiarò subito che non capiva perché da signore non avrebbe dovuto continuare a vivere anche come Papa. I soldi, disse, ora c'erano; e invitò tutti ad approfittarne. Un testimone racconta che furono oltre centomila i preti che vennero a bussare alla sua porta, e nessuno tornò via a mani vuote. Ma a beneficiarne furono anche i laici, soprattutto gli artisti e i poeti, le donne, che ebbero libero ingresso a Corte, e perfino i cavalli. Clemente fu un grande allevatore, una specie di Tesio dei suoi tempi: e i maligni dicevano che se si fosse inteso di Santi come s'intendeva di puledri, sarebbe stato certamente anche un grande teologo. Era logico che Petrarca avesse per lui un debole. Ma se lo meritava perché era un uomo straordinariamente simpatico, generoso, liberale, colto, senza pregiudizi e talmente galante da delegare alla contessa di Turenne, che ne fece il più sfacciato commercio, le promozioni nella carriera ecclesiastica. L'unica cosa che non si capiva è perché egli stesso l'avesse scelta.

Ma, oltre che ai piaceri, si dedicò anche all'organizzazione e agli abbellimenti. Con lui la Chiesa perfezionò la sua macchina burocratica e amministrativa, e il maestoso Palazzo dei Papi, già iniziato da Benedetto, si sviluppò oltre il piano originario. Clemente aveva il mal della pietra e il palato fine. In sostituzione di Giotto che aveva chiamato ma che era morto, invitò Simone Martini, i cui affreschi fecero scuola a tutti gli artisti francesi e che, fra un angelo e una Madonna, ritrasse – pare – anche la Laura di Petrarca.

Naturalmente queste colossali imprese prosciugarono le casse che Giovanni aveva riempito, e obbligarono Clemente a rincrudire le misure fiscali. La situazione non era allegra. L'Italia, ora che il Papa stava ad Avignone e quindi non era più o era molto meno in grado di dispensare favori e di esercitare rappresaglie, non mandava quasi più nulla: le Signorie erano meno ligie alla Chiesa di quanto lo fossero stati i Comuni guelfi. Impegnate in una lotta mortale destinata a durare cent'anni, la Francia e l'Inghilterra rastrellavano tutto per i loro eserciti e al Clero non lasciavano che gli occhi per piangere. I preti tedeschi erano ostili a un Papato che parlava francese. Per superare queste difficoltà, Giovanni e Benedetto avevano già portato al limite estremo la pressione fiscale. Ogni nuovo Vescovo o abate doveva anticipare al Papa, per un anno, un terzo delle sue rendite. Se diventava Arcivescovo, doveva pagare una somma iperbolica per il manto, che solo la Curia era autorizzata a fornirgli. A ogni elezione di Pontefice, ogni beneficio ecclesiastico doveva rimettergli un'annualità d'introiti. Alla morte di ogni Cardinale o Vescovo o abate, tutti i suoi beni personali erano confiscati dal Papa, cui andavano anche tutte le rendite del beneficio finché il successore non era nominato, e appunto perciò le nomine si facevano molto aspettare. Ogni nuovo designato era responsabile delle somme dovute dal suo predecessore. Chi adiva i tribunali pontifici per far valere i propri diritti doveva sobbarcarsi alle più gravose parcelle, e la vittoria costava sempre più della posta in gioco.

Più che il malcostume, furono questi soprusi fiscali a fomentare il malcontento contro Avignone. Alvaro Pelayo scrisse un *Lamento sulla Chiesa* in cui si leggono frasi di questo genere: «Ogni volta che entro nella Corte papale, non trovo che preti intenti a contare i soldi rapinati... Sono i lupi che hanno assunto il controllo della Chiesa e succhiano il sangue del gregge...» Il Clero tedesco si riunì in un sinodo che decise di rifiutare le decime agli agenti del Papa e li abbandonò alla furia del popolo che ne linciò parecchi. Il parlamento inglese promulgò leggi contro le tassazioni del Papa e l'esportazione di valuta. E tutto questo creò un'atmosfera favorevole al fiorire di una protesta più profonda, che rimetteva in discussione non solo i costumi della Chiesa, ma la Chiesa stessa.

Questo fremito di rivolta, questo anelito di ritorno alle pure fonti evangeliche era antico, durava – si può dire – da sempre, e non c'era stata persecuzione che fosse riuscita a spegnerlo del tutto. Gli scoppi più violenti erano avvenuti negli ultimi due secoli a opera dei càtari, dei valdesi e dei patarini. E per venirne a capo si era dovuto ricorrere all'Inquisizione. Ma torture, roghi e massacri non avevano distrutto che l'organizzazione di questi movimenti ereticali. L'ispirazione era rimasta, e covava sotto la cenere.

Al principio del Trecento, divampò di nuovo. Un frate di Novara, Dolcino, con le sue infiammate prediche istruì un processo al Papato, denunziandone l'inarrestabile cancrena. Dopo il pontificato di Silvestro nel quarto secolo, diceva, di Papi veramente cristiani non c'era stato che Celestino V, e appunto perciò aveva deposto la tiara. Ora, si era toccato il fondo della degradazione. Con la sorella Margherita, Dolcino fondò la «Apostolica Confraternita» di Parma. Era un ordine promiscuo in cui ognuno era autorizzato a vivere con la sua compagna, ma impegnato alla più rigorosa castità, e che rifiutava ogni dipendenza dalla Gerarchia.

Il Papa ordinò al Tribunale dell'Inquisizione di convocare i ribelli. Essi rifiutarono di comparire e si ritirarono armati sulle Alpi piemontesi.

Alla testa di un grosso esercito di mercenari, gli Inquisitori bloccarono le valli. Dolcino e i suoi mangiarono erba, ghiande, cavalli, topi, ma non si arresero. Un migliaio caddero combattendo nell'assalto finale. Gli altri furono catturati e avviati al rogo. Nonostante i patimenti, Margherita era ancora così bella che uno dei capi papalini le offrì la salvezza e il matrimonio, se abiurava. Margherita rifiutò e si lasciò divorare dalle fiamme. Dolcino e il suo luogotenente Longino subirono un trattamento speciale. Furono fatti sfilare su un carro per le strade di Vercelli mentre i carnefici lentamente li dilaniavano con tenaglie roventi e lanciavano al popolo festante i brandelli del loro corpo.

Come sempre nei suoi momenti più critici, la Chiesa trovò, a difenderla dagli eretici, i Santi. Era successo anche al tempo dei valdesi, dei càtari e dei patarini, quando erano sorti Tommaso, Francesco e Domenico. Questa coincidenza non è affatto fortuita: Santi ed eretici traggono ispirazione dagli stessi turbamenti, incarnano le medesime aspirazioni, e gli eretici somigliano ai Santi molto più di quanto i Santi somiglino ai conformisti e alla loro ortodossia.

Solo per un pelo infatti Santa Caterina evitò di far la fine di Margherita. Era nata a Siena, la più medievale di tutte le città italiane, immobile nel tempo e chiusa nelle sue mura. I suoi architetti e pittori – Lorenzo Maitani, Andrea Pisano, Duccio di Buoninsegna, Simone Martini – le avevano dato una bellezza tombale e assoluta, così assoluta che nessuno ha più osato metterci le mani. La piazza del Campo col suo Palazzo Pubblico, con la sua Torre del Mangia e con gli stupendi palazzi che le facevano cornice, non era un centro cittadino, ma un mondo e una civiltà, il cui orologio si era fermato (e lo è tuttora). Qui, ancora più che a Firenze, era vivo lo spirito di quartiere e di fazione, sopravvissuto fino a oggi nel Palio. E qui si seguitava a respirare l'aura religiosa, intrisa di misticismo e di fanatismo, delle Crociate.

Caterina ne fu l'incarnazione. A quindici anni si fece terziaria domenicana, il che le consentiva di continuare a vivere la vita secolare. I suoi genitori, per strapparla alla vocazione, le addossarono i lavori domestici più pesanti, obbligandola a spazzare, a lavare, a portare legna. Essa assolse questi compiti gaiamente, paga delle beatitudini che l'attendevano di notte nella sua cameretta, asceticamente arredata come una cella di monaca, che ancora si può visitare. Lì essa aveva le sue estasi e visioni. Godeva nel sentire la propria carne trafitta dai chiodi che avevano martoriato Gesù sulla croce e si sentiva chiamata da Lui come sposa. Quando si ritenne abbastanza temprata per resistere alle tentazioni del mondo, vi s'immerse, ma solo per recare aiuto e conforto a chi ne aveva bisogno.

Doveva sprigionare una suggestione irresistibile perché anche i peccatori più incalliti nella ribalderia e nell'empietà ascoltavano con riverenza la sua parola. Quando scoppiò la peste, assisté gl'infermi, contrasse il morbo e ne rimase sfigurata, ma sopravvisse. La fama della sua santità si sparse tutt'intorno. Montepulciano la chiamò a rimettere pace fra le fazioni che si dissanguavano. Pisa e Lucca sollecitarono i suoi consigli. Firenze le offrì di andare come sua ambasciatrice ad Avignone. Caterina consentì, e ciò che vide la riempì di orrore e di disperazione. Lo disse, anzi lo gridò al papa Gregorio XI in termini così violenti («Qui si respira puzzo d'inferno!» urlò a un certo punto) che alcuni Cardinali, presenti al colloquio, proposero di arrestarla. Ma il Papa, più intelligente di loro, la protesse.

Tornata nella sua cella, Caterina inondò di lettere esaltate e disperate il mondo della Chiesa. Non le scriveva lei, perché era analfabeta. Le dettava, in una lingua semplice e disadorna, ma in cui ardeva un fuoco che incuteva rispetto e timore anche ai destinatari meno ricettivi. La parola «riformazione» tornava di continuo in questi suoi appassionati appelli: e di lì a pochi anni si sarebbe visto quanto era profetica. Non volle più uscire da quella anacoretica reclusione. Ma di lì mise a soqquadro Papi, Cardinali, Vescovi e Re. La sua energia rimase indomita anche quando, spingendo all'estremo limite l'ascetismo, essa non accettò altro nutrimento che l'ostia consacrata. Solo lo scisma della Chiesa la stroncò. Morì di disperazione nel 1380, e non aveva che trentatré anni. Fu fatta Santa perché quel famoso giorno Gregorio XI si era rifiutato di farla arrestare. Se al posto di Gregorio ci fosse stato Bonifacio VIII, forse essa sarebbe finita eretica come la sorella di fra' Dolcino, con cui aveva in comune i motivi di rivolta.

CAPITOLO NONO

COLA DI RIENZO

I Romani non avevano tardato ad accorgersi che, col Papato, avevano perso l'unica loro industria. La Chiesa amministrava male il suo denaro, ma ne pompava molto da tutta Europa. Esso non si traduceva in scuole, in ospedali, in strade; ma si diffondeva con elemosine e «bustarelle», cui il popolino ormai si era abituato. Con esse era venuto a mancare l'altro grande introito: il turismo. Nessuno aveva più ragione di venire in una città che non era più capitale di nulla.

La decadenza fu rapida e drammatica. Tutto quel mondo cosmopolita di prelati e di notai che gravitava intorno alla Curia e che alimentava nell'Urbe la corruzione, ma vi rappresentava anche una fonte di ricchezza e le conferiva una nota di vivacità intellettuale, aveva seguito il Papa ad Avignone. E di fronte erano rimaste un'aristocrazia arrogante e una plebe cenciosa. Non c'era un tecnico né un soldo per riparare i selciati. Un incendio scoppiato in Laterano si mangiò mezzo palazzo senza che nessuno riuscisse a spengerlo: mancavano i pompieri.

Insieme alla capitale, erano tutti gli Stati della Chiesa che si decomponevano. I signorotti che fin allora avevano amministrato le città di Lazio, Umbria, Marche, Emilia e Romagna in nome del Papa, approfittavano ora della sua lontananza per rendersi sempre più indipendenti. Erano i

Malatesta, gli Ordelaffi, i Montefeltro, i Varano, i Trinci. I Consoli e i Senatori romani portavano un titolo pomposo, ma non avevano neanche il potere di riparare una fogna. Nella penisola, i poli di attrazione erano tutt'altri: Venezia, Milano, Genova, Firenze, Napoli.

L'Urbe aveva mandato messaggi su messaggi a Clemente e Giovanni per indurli a tornare. Ma quei Papi francesi, che si trovavano benissimo in casa propria, avevano risposto evasivamente, o non avevano risposto affatto. Del resto, anche se avessero voluto, non avrebbero potuto. Essi erano prigionieri di una schiacciante maggioranza di Cardinali francesi, più ligi al loro Re che alla loro Chiesa.

Fu in odio a loro che Roma accolse con entusiasmo il successore di Arrigo VII, Ludovico IV il Bàvaro, che nel 1327 scese nella Penisola per cingere le due corone: quella di Re d'Italia a Milano, e quella imperiale a Roma. Lo rendeva simpatico la scomunica che contro di lui aveva lanciato da Avignone papa Giovanni. Ludovico aveva pochi uomini e poco denaro, come il suo predecessore. Ma in abbondanza gliene fornirono i Visconti, i Della Scala e il Castracani di Lucca. Quanto a Roma, più inerme e squattrinata di lui, lo colmò di battimani e di titoli onorifici. Lo scomunicato Ludovico fu proclamato Imperatore da un Vescovo a sua volta scomunicato, e acclamato Senatore e Capitano del Popolo in Campidoglio. Davanti a una folla plaudente in piazza San Pietro proclamò deposto «l'anticristo Jacopo da Cahors, che si dice Giovanni XXII» e gli diede come successore frate Pietro da Corvaro col titolo di Niccolò V, da cui si fece riconsacrare.

Fu il solito fuoco di paglia. Quando i Romani sentirono che da Sud accorreva Roberto d'Angiò con un esercito più forte (e ci voleva poco) di quello del Bàvaro, cominciarono a nutrire qualche dubbio sulla legittimità della corona di Ludovico e della tiara di Niccolò. Questi dubbi diventarono sempre più forti via via che Roberto si avvicinava. E si trasformarono nell'assoluta certezza che il Papa vero era Giovanni, quando videro i Tedeschi sgombrare precipitosamente e riprendere la via del Nord. Niccolò ne seguì l'esempio e, contando sul loro ghibellinismo, chiese asilo ai Pisani. Costoro lo impacchettarono e lo spedirono ad Avignone come grazioso dono a papa Giovanni. Questo Pontefice mercante e simoniaco non credeva in Dio, ma appunto per questo non dava molta importanza alle offese contro il suo Vicario. Si contentò d'imporre a Niccolò un'autocritica con cui il poveraccio si riconobbe peccatore e si dichiarò pentito. Poi lo confinò in un'ala del palazzo, e lì lo lasciò invecchiare e morire in pace.

Ludovico frattanto aveva risalito la Penisola facendosi pagare da varie città, in sonanti fiorini, la rinunzia al diritto di saccheggiarle. Ed era sparito di là dalle Alpi, lasciandosi dietro un discredito che investiva non solo la sua persona, ma anche il titolo ch'egli aveva indegnamente incarnato.

La decadenza di Roma continuava, sempre più l'orgogliosa Capitale si riduceva a villaggio.

Nel 1343 la popolazione, delusa dall'incapacità dei suoi blasonati governanti a ripristinarvi il Papato, decise di agire di propria iniziativa mandando ad Avignone un'ambasceria speciale. La capeggiava un giovane notaio, Nicola di Rienzo Cabrini, comunemente chiamato Cola di Rienzo. Figlio di un oste e di una lavandaia, nato e cresciuto nel quartiere più proletario di Trastevere, incarnava gli umori sanguigni e protestatari di una plebe ignorante e amareggiata dal confronto fra le antiche grandezze e le presenti miserie. Era un miscuglio di Mussolini e di La Pira: un tipico arruffapopolo italiano che parlando si ubriaca delle proprie parole e finisce per crederci smarrendovi il senso della realtà e della misura.

Ad Avignone, prima ancora che dal Papa, Cola andò dal Petrarca, che sapeva molto bene introdotto e assai influente in Curia. Il Poeta aveva sempre cercato di stare alla larga dalla politica e non vi si era mai compromesso. Ma Cola se lo conquistò parlandogli di Roma, dell'Impero, di Augusto, degli archi, delle colonne, delle aquile, della Gloria. Due anni prima Petrarca era stato coronato in Campidoglio, aveva pianto sulle rovine dell'Urbe e ne aveva invocato la resurrezione. In Cola, che parlava il suo stesso linguaggio, gli parve di vedere l'unico uomo capace di realizzarla, e lo appoggiò senza riserve.

Giovanni XXII era morto. E al suo posto c'era ora Clemente VI, gran signore, ma anche grande scettico. Accolse paternamente l'avvocato romano, si accorse subito ch'era un esaltato, ma prestò benevolo orecchio alla sua requisitoria contro i nobili romani che avevano fatto dell'Urbe e del suo contado un'arena, diceva Cola, delle loro bande e delle loro risse. Il Papa gli diede ragione, lo incoraggiò a organizzare una resistenza contro i loro soprusi. E, fedele alla sua regola di non rimandare mai indietro nessuno a mani vuote, lo provvide di un po' di quei fiorini che il suo predecessore aveva accumulato con tanta ostinazione.

Rientrato a Roma con quei soldi e quel crisma, Cola passò all'azione. Rivestita una toga bianca di Senatore con un bizzarro copricapo ricamato di spade, indisse per il giorno di Pentecoste (1347) un parlamento di popolo che lo proclamò reggente insieme al Vicario pontificio e «Liberatore della Sacra Repubblica Romana»: titolo vago, a cui non si sapeva quali poteri corrispondessero. Ma Cola lo interpretò nel senso più lato. Armò una milizia popolare per richiamare alla ragione le squadracce dei nobili. Costoro finsero di sottomettersi, e si ritirarono nei loro castelli dei dintorni a preparare la controffensiva.

Cola sulle prime non amministrò male. Riordinò il fisco e fece funzionare la giustizia. Anche il principe Pietro Colonna dovette subire un processo e fu gettato in prigione. Ma questi successi ubriacarono il tribuno che cominciò a parlare di sé come del «Redentore del Sacro Impero Romano per volontà di Cristo». Il giorno di ferragosto si fece cingere in Santa Maria Maggiore di sei corone, alzò una palla d'argento come simbolo di potere mondiale, vietò a qualunque esercito straniero di porre piede sul suolo italiano, convocò tutti i sovrani della terra a Roma per eleggervi un Imperatore, che naturalmente sarebbe stato lui, e cominciò a comportarsi come se lo fosse di già. Volle l'investitura di Cavaliere, andò in gran pompa al battistero del Laterano, e si gettò tutto vestito dentro la grande pila, dove si diceva che Costantino si fosse purgato del suo paganesimo. Poi, avvolto nella toga bianca, trascorse la notte su un giaciglio fra i pilastri della basilica.

L'indomani proclamò libere tutte le città d'Italia, conferì loro la qualifica di «romane», e con la spada fece tre segni in aria in tutte le direzioni gridando: «Questo appartiene a me, e anche quest'altro, e quest'altro». Inaugurò una nuova divisa di seta con frange d'oro. Cavalcò un cavallo bianco con un baldacchino reale facendosi scortare da cento cavalieri armati. E quando Stefano Colonna scosse la testa ridacchiando, lo fece arrestare con altri nobili, se li fece tradurre in catene sul Campidoglio, chiese e ottenne dal parlamento la loro decapitazione, li perdonò e affidò loro alcune cariche del governo. Essi scapparono, e organizzarono un esercito per rovesciare il tribuno impazzito.

Fino a quel momento papa Clemente, che per i nobili romani non aveva simpatia, aveva trattato Cola con una certa indulgenza. Ma ora si rese conto anche lui che si trattava di uno squilibrato ed emanò una «bolla» in cui si diceva che se il tribuno non si ritirava, la festa del Giubileo in programma di lì a tre anni, nel 1350, sarebbe stata annullata e Roma non avrebbe mai più potuto indirne altre. A quell'annunzio i nobili si fecero sotto le mura della città con le loro bande. Cola fece suonar le campane per chiamare il popolo a raccolta. Ma quasi nessuno si presentò. Il popolo era ancora per lui perché nella sua retorica aveva trovato un diversivo alla fame. Ma la paura di perdere il Giubileo, unica occasione che restava a Roma di sentirsi ancora una città importante e di rimpannucciarsi coi turisti, fu ancora più forte.

Il tribuno lasciò la città mentre le bande dei nobili vi facevano irruzione. Avventurosamente, fra mille triboli e pericoli, risalì l'Italia, sconfinò in Germania, e chiese ospitalità alla Corte dell'Imperatore di turno, ch'era Carlo IV di Boemia. Gli disse che la colpa di tutto era del Papa, che fomentava l'anarchia di Roma. L'Imperatore lo zittì. Però quando Clemente gli chiese la consegna di Cola, gliela rifiutò. Fu lo stesso tribuno che, dopo un anno di struggimenti, prese la via di Avignone. Arrivato lì, chiese subito di Petrarca, certo fidando nel suo patronato. Il Poeta era a Vaucluse e non si mosse. Però compose una lettera in difesa di Cola, proclamandolo enfaticamente campione della grandezza e delle libertà di Roma.

Forse anche per questo alto intervento, il tribuno fu salvo. Lo tennero in custodia nella torre del palazzo papale e gli diedero da leggere e meditare le Sacre Scritture.

Due anni dopo un altro popolano di Roma, Baroncelli, cercò di ripetere l'impresa di Cola, scatenando il popolo, cacciando i nobili e proclamandosi Vicario dell'Imperatore. Clemente era morto. Il nuovo papa Innocenzo VI pensò che soltanto Cola poteva neutralizzare quel nuovo flagello e lo spedì a Roma come aiuto e consigliere del cardinale Albornoz, incaricato di ripristinarvi l'autorità pontificia.

Alla notizia dell'imminente ritorno del tribuno, la folla scacciò Baroncelli che fino al giorno prima aveva acclamato, e innalzò archi di trionfo al vecchio idolo. Questi venne nominato Senatore e governatore da Albornoz che trovò conveniente sfruttare la sua popolarità. I Romani tuttavia rimasero un po' delusi, quando lo videro sul Campidoglio e ne udirono le parole. Sebbene avesse di poco superato la quarantina, era ingrassato e flaccido, e anche la sua oratoria aveva perso lo smalto. Pronunciò una specie di autocritica condannando e ridicolizzando non senza arguzia le proprie follie di gioventù e la propria megalomanìa. E nel finale ci ricascò in pieno paragonando se stesso a Nabuccodonosor e annunziando il ritorno delle aquile imperiali sui colli fatali di Roma. Instaurò un regime di polizia che procedette ad arresti arbitrari e a esecuzioni sommarie. E coglieva ogni pretesto per affacciarsi al balcone e sciorinare discorsi in cui imparzialmente si alternavano le più rosee speranze, le previsioni più catastrofiche, le minacce e le vanterie.

La gente cominciò a sospettare che il tribuno non avesse la testa a posto. In realtà non l'aveva mai avuta. Ma ora a sconvolgergliela c'era anche l'alcool. Cola beveva come una spugna, e come una spugna era infatti diventato.

«Haveva una ventresca tonna, trionfale a modo che uno abate» scrive il cronista Fortifiocca. Dopo settanta giorni di quel regime in cui ne avvennero di tutti i colori, il popolino del suburbio si sollevò, forse anche su istigazione e per le «bustarelle» dei nobili. Cola tentò di placarlo con uno dei soliti discorsi, si avvide che il suo mito era morto, e tentò di fuggire travestito da pastore e con la faccia tinta di nerofumo. Ma fu riconosciuto dal braccialetto d'oro che portava al polso, agguantato e trascinato ai piedi del Campidoglio dove tante teste erano rotolate in suo nome. Chiese di parlare. Ma un artigiano, temendo che riuscisse a stregare di nuovo la folla, gli troncò la parola in bocca con una pugnalata. Altri cento lo imitarono. Il corpo crivellato rimase due giorni appeso a un balcone. «Grasso era orribilmente» dice il Fortifiocca. «Bianco come latte, insanguinato. Tanta era la sua grassezza, che parea uno smesurato bufalo, o vero vacca da maciello.»

CAPITOLO DECIMO

PETRARCA

Come abbiamo già detto, nel 1302, in seguito all'arrivo di Carlo di Valois e con la benedizione di papa Bonifacio VIII, i Neri di Firenze capeggiati da Corso Donati avevano regolato i conti coi Bianchi capeggiati da Vieri Cerchi. Fra costoro, a prendere la via dell'esilio, ci fu un certo messer Petracco che, insieme a Dante Alighieri, infilò quella di Arezzo.

Petracco apparteneva alla buona borghesia fiorentina, ed era un notaio molto stimato. Doveva anche avere un certo patrimonio, ma lo perse tutto o quasi tutto. Al seguito si portò tuttavia il bene a cui forse più teneva: la bella moglie Eletta, molto più giovane di lui, che aveva sposato da poco.

Ad Arezzo, ebbe subito una parte importante nella «Università Bianca», l'organizzazione politica e militare dei fuorusciti che si preparavano alla controffensiva. E nella primavera del 1304 fu uno dei due delegati che i Bianchi mandarono a Firenze per trattare coi Neri le condizioni del loro rientro e di una generale pacificazione. Carlo di Valois aveva lasciato la Toscana, Bonifacio era morto, e il nuovo Papa, Benedetto XI, aveva rinunciato a estendere il dominio della Chiesa su Firenze. Voleva soltanto che si ponesse fine alla lotta di fazioni.

Petracco svolse bene la sua missione diplomatica, e dopo una solenne cerimonia in piazza Santa Maria Novella scambiò il bacio della pace coi delegati dei Neri in mezzo a un festoso scampanio. Ma purtroppo la pace si limitò al bacio. Profittando della morte di Benedetto, i Neri scatenarono dei disordini con saccheggi e incendi, ne diedero la colpa ai Bianchi, e ribadirono la loro condanna. Agli esuli non rimase che tentare il colpo di forza. Ma l'azione fu mal sincronizzata per l'indisciplina di uno dei loro capi, che volle agire da solo prima che il grosso dell'esercito fosse riunito, e venne schiacciato.

Dovett'essere un brutto colpo per Petracco, che nello stesso tempo vedeva fallire la sua azione diplomatica e svanire la sua speranza di un ritorno in patria. Ma ad attenuare la sua amarezza provvide Eletta regalandogli proprio quel giorno, 20 luglio 1304, un bel figlio maschio, che venne battezzato col nome di Francesco.

È possibile che Dante, amico del notaio e anche lui in quel momento ad Arezzo, abbia fatto le congratulazioni alla puerpera e visto il fantolino in culla.

Il piccolo non ebbe tempo di familiarizzarsi con la città in cui era nato. Doveva essere ancora in fasce, quando i suoi si trasferirono nel paese di origine di Petracco, Incisa Val d'Arno. Qui crebbe fino ai sette o otto anni, e qui probabilmente gli nacque un fratellino, Gherardo. La sua infanzia dovett'essere piuttosto selvatica in quel villaggio di poche centinaia di anime e di ristretti orizzonti. Ma a otto anni gli capitò la prima delle molte straordinarie avventure della sua vita: suo padre lo condusse a Pisa, dove andava per incontrare l'imperatore Arrigo VII, ultima speranza dei fuorusciti Bianchi. Costoro erano tutti lì ad aspettarlo. C'era anche Dante. E in una lettera al Boccaccio di sessant'anni dopo, Petrarca racconta di averlo appunto conosciuto allora.

Più che Dante però, di cui non poteva misurare la grandezza, fu Pisa a fargli impressione. La città non era più la «regina del mare» come una volta: Genova aveva distrutto la sua flotta nella battaglia della Meloria del 1284, e Firenze aveva rosicchiato e ridotto al lumicino il suo entroterra. Ma la vecchia gloriosa Repubblica aveva trovato i suoi compensi nell'arte e nella cultura. Proprio allora nascevano la stupenda cattedrale, il famoso campanile, lo splendido Camposanto che Giotto e Lorenzetti stavano per affrescare. E l'Università era già celebre, grazie soprattutto a Bartolo di Sassoferrato, luminare del diritto.

Il soggiorno a Pisa fu breve, come l'avventura di Arrigo. Alla sua morte gli esuli fiorentini si sbandarono. Dante tornò a Verona, dove già si era accasato, ospite di Cangrande della Scala. E Petracco con la famiglia s'imbarcò per Avignone, dove Clemente V, lo abbiamo già detto, aveva trasferito fin dal 1305 la sede del Papato.

Petracco ebbe certamente un impiego alla Corte pontificia. Ma non riuscì a trovare un alloggio in quella città troppo piccola per ospitare le migliaia di prelati, di dignitari e di diplomatici che vi erano accorsi da ogni parte. Così la famiglia venne dirottata nella vicina Carpentras, dove Francesco visse fino ai quindici anni, felice e piuttosto ignorante.

Questo beato intermezzo finì nel 1319 quando suo padre, che voleva avviarlo alla sua stessa professione, lo mandò a scuola di diritto, prima a Montpellier, poi a Bologna. E fu qui che Francesco scoprì la propria vocazione.

L'Università di Bologna era ormai la più accreditata d'Europa. C'erano diecimila studenti di tutte le parti del mondo, che davano a quella città di cinquantamila abitanti (o giù di lì: i censimenti a quei tempi non c'erano) un tono cosmopolita e spregiudicato. Erano divisi in «nazioni» secondo il Paese di provenienza e organizzati in «corporazioni» onnipotenti, dalle quali il corpo accademico dipendeva. A esse il professore – in «cappa» color porpora col cappuccio – prestava giuramento, e da esse riceveva lo stipendio, le multe per le assenze ingiustificate, e il licenziamento quando le sue lezioni non soddisfacevano più. Ma ciò che dava forza e prestigio a quell'Ateneo, oltre al fatto di avere già quasi due secoli di storia, era la sua impronta laica. Esso era sorto nel momento più drammatico della lotta fra Papato e Impero. E l'Impero lo aveva aiutato e finanziato per formarvi una sua classe dirigente e amministrativa da contrapporre a quella ecclesiastica. Laicismo significa libertà. E la libertà è la condizione di ogni progresso, ma specialmente di quello culturale.

Petrarca apprezzò tutto di Bologna, fuorché gli studi giuridici per i quali suo padre ce l'aveva mandato. Come disse più tardi, il mestiere di avvocato non si deve fare disonestamente, ma onestamente non si può. Così, invece di frequentare le lezioni di diritto, seguì i corsi di letteratura, e soprattutto sprofondò in quella classica, che proprio allora veniva rilanciata. Virgilio, Cicerone e Seneca furono per lui folgoranti scoperte. Sui loro testi perfezionò il suo latino, ch'era già abbastanza buono. E da allora fu contagiato da una ghiottoneria di manoscritti rari, che doveva far di lui un collezionista raffinato, un esploratore di archivi, in una parola il primo grande *umanista* d'Europa.

Non sappiamo nient'altro della sua vita di goliardo. Ma tutto lascia credere che quasi nient'altro ci fu. Egli non dovette partecipare alle gozzoviglie dei suoi compagni di scuola, e le taverne le bazzicava poco. Era già troppo elegante, troppo esigente, troppo snob, per trovarcisi a suo agio. Vestiva con ricercatezza, e gli piaceva molto farsi ammirare, ma più dai dotti che dalle cortigiane. Avrà avuto anche lui i suoi intermezzi di ribalderia, ma la sua vita dimostra che c'era poco portato. Era un bel giovane, ma più esteta che sensuale, e non si lasciò mai andare in balìa di passioni, ammesso che ne abbia avute.

Quando venne a Bologna, era già orfano di madre, morta nel 1318: egli l'aveva pianta a lungo e le aveva dedicato i suoi primi versi latini. Nel 1326 morì anche Petracco, e con lui sparirono i motivi che obbligavano Francesco a fingere di studiar diritto. Con sollievo buttò via i codici sui quali non aveva che sbadigliato, e tornò ad Avignone. Per risolvere il problema del pane, entrò in sacerdozio, ma limitandosi a prendere gli ordini minori che lo qualificavano a ricevere dei benefici ecclesiastici. E infatti, colto, brillante e salottiero com'era, non stentò a procurarsene in quella Curia di Cardinali mondanizzati che apprezzavano al massimo queste qualità.

Petrarca non era uomo da rifiutare i piaceri che quella città ora offriva. Come sempre, si scelse i più raffinati: le compagnie più erudite, le mense più squisite, e anche un'amante che gli diede due figli naturalmente illegittimi. Ma ciò non gl'impedì di deplorare il malcostume e la corruzione del Clero, cui egli stesso contribuiva, e di lanciare richiami alla necessità di riportare la sede papale a Roma: il che gli valse la simpatia e l'affettuosa protezione dei due potenti fratelli Colonna – il cardinale Giovanni e il vescovo Giacomo –, a meno che non sia stata la loro protezione a ispirargli i richiami. Comunque, ne ricavò i benefici ecclesiastici a cui aspirava, e ne visse agiatamente.

Come non gl'impedivano di fare il moralista, la relazione e la paternità non gl'impedirono d'innamorarsi di Laura, la musa che doveva ispirargli le più belle poesie. Chi fosse costei e se sia realmente esistita, è rimasto a lungo incerto, e ancora è oggetto di contestazione. Ma in un appunto scritto su una copia dell'*Eneide* di Virgilio, che appartenne a Petrarca e che ora è gelosamente conservata nella Biblioteca Ambrosiana di Milano come suo cimelio, egli stesso ci ha fornito di sua mano alcuni dati anagrafici. In quell'appunto sono fissate la data e le circostanze dell'incontro con Laura: alla messa di Pasqua del 1327, cioè un anno dopo il ritorno di Petrarca ad Avignone, nella chiesa di Santa Chiara. Nella stessa ora dello stesso giorno del 1348, egli aggiunge, Laura morì. Da questi dati gli storici hanno desunto che doveva trattarsi della Marchesa Laura de Sade, lontana progenitrice di un altro de Sade, che doveva dare il suo nome a un vizio assai diffuso: il sadismo.

In Laura però di vizi, a quanto pare, non c'era neanche l'ombra. La tradizione riconosce i suoi connotati in una miniatura attribuita a Simone Martini, che ora si trova alla Biblioteca Laurenziana di Firenze: un bel volto dal profilo delicato, soffuso di pudore e di modestia. Non sappiamo se quando Petrarca la vide era già sposata. Sappiamo però che regalò a suo marito dodici figli. E quindi, sempre in ballo come doveva essere fra gravidanze e allattamenti, non avrebbe trovato il tempo di dedicarsi al suo spasimante neanche se ne fosse stata tentata.

Ma forse in un senso carnale non lo fu neanche Petrarca, che di Laura s'innamorò un po' come Dante si era innamorato di Beatrice: cioè per una specie di coscrizione poetica. Lì in Provenza si respirava ancora l'aria dei trovatori. Egli stesso più tardi ebbe a dire che poetavano tutti, perfino i teologi, tanto da stupirsi che anche le mucche non muggissero in versi. E naturalmente si seguitava a farlo secondo i vecchi schemi prefabbricati, che esigevano anzitutto la scelta di una ispiratrice cui dedicare le proprie rime. Petrarca cedette anche lui alla tentazione, e per Laura compose il *Canzoniere*, senza minimamente sospettare che quello sarebbe stato il suo passaporto all'immortalità. Egli credeva di passare ai posteri per i suoi meriti – indiscutibili – di grande grammatico, di grande latinista, di scrittore aulico e cattedratico. Le duecentosette poesie del *Canzoniere* rappresentarono, per una ventina d'anni, il suo passatempo. Furono invece il suo capolavoro, l'unico motivo per cui ancora oggi si parla di lui come poeta.

Fra un sonetto e l'altro, tirava a campare, e a campare il meglio possibile. Alternava la vita salottiera di Avignone, dov'era ospite fisso dei Colonna, con viaggi su commissione, che però erano anche di piacere, a Parigi, nelle Fiandre, in Germania. Oltre al tatto e al cosiddetto «uso di mondo» che facevano di lui un eccellente diplomatico, aveva il fiuto delle persone da vedere, e di quelle importanti per la cultura non gliene sfuggiva una. Oltre che conoscerle, forse gli piaceva farsene conoscere. Manteneva con loro fitte corrispondenze in latino. Era insomma un maestro di *public relations*, e infatti il suo nome era noto, negli ambienti intellettuali d'Europa, già molto prima che il suo talento venisse autenticato. Nel 1336 andò a Roma, sempre ospite dei Colonna. L'Urbe lo impressionò per la grandezza del suo passato e la miseria del suo presente. Si aggirò in mezzo ai Fori, dove pascolavano le pecore, si esaltò fra le rovine del Colosseo, e scrisse infiammati appelli al Papa perché lasciasse Avignone e tornasse a Roma. Dopo averli scritti però lasciò Roma per tornarsene ad Avignone.

Aveva comprato una casetta nei dintorni, a Vaucluse. La passione mondana gli era un po' passata, quella per

Laura l'aveva sfogata in versi. E ora preferiva una vita più semplice e più raccolta. Aveva per compagni due servitori, un cane, la natura e i libri. Lanciò la moda dell'alpinismo scalando – forse per primo – il monte Ventoux. Pescava. Faceva del giardinaggio. Ma soprattutto inondava il mondo di lettere nel più puro stile ciceroniano. Latinizzava anche i nomi dei destinatari, chiamandone uno Lelio, un altro Scipione, un altro Ovidio. Li spronava a frugare gli archivi alla ricerca di testi classici. Quando sapeva che n'era stato trovato uno, non aveva pace finché non se n'era fatto mandare una copia o l'originale che poi copiava da sé. Dalla Grecia ricevette un Omero. Spasimò per un Euripide. Scriveva, pur di scrivere, anche ai morti: a Tito Livio, a Virgilio eccetera. Questa per la letteratura classica era la sua unica vera passione.

Per le donne non ebbe mai tali trasporti da non poterli controllare. Ne diffidava, e infatti a nessuna di loro sacrificò i piaceri intellettuali e la quiete della sua vita di grande e raffinato egoista. Non gli si conoscono altre relazioni oltre quella, puramente poetica, con Laura e quella con la madre dei suoi due bastardi. Dopo i quarant'anni, a quanto scrive egli stesso, non ebbe più desideri, o per lo meno rinunziò a soddisfarli: non c'è forza vitale, dice, che possa far fronte insieme alle esigenze della letteratura e a quelle del sesso. E fra le due egli non aveva mai avuto esitazioni.

Amava la musica e suonava abbastanza bene il liuto. Quanto ai problemi religiosi, tirava più a evaderli che a risolverli. Faceva un po' di fronda ai Papi disapprovando i costumi della Corte avignonese e profittando della loro facilità. Ma col dogma non voleva storie. E a chi gli chiedeva cosa ne pensasse, rispondeva che lui dubitava di tutto, eccetto delle cose sulle quali il dubbio diventava sacrilegio. In questo cauto equilibrio stava il segreto della sua felicità, ma anche il limite della sua ispirazione poetica. Era molto più colto e miglior stilista di Dante, ma non ne ebbe gl'impeti sublimi e i lirici abbandoni, la divorante sete di assoluto, il sacro fuoco. Ed egli stesso lo sentì. Di Dante parlò sempre con rispetto, ma avanzando alcune riserve sotto cui trapela la gelosia.

Nel 1341 tornò a Roma per essere coronato poeta in Campidoglio. La proposta di quella consacrazione era stata fatta dal cardinale Giovanni Colonna. Il Senato dell'Urbe, capeggiato da un altro Colonna, l'accolse subito: non tanto forse per ammirazione del poeta, quanto perché la cerimonia era un buon pretesto a riaffermare un primato romano almeno in campo culturale. Ora che non era più sede del Papato, la città non sapeva più cosa inventare per attirare l'attenzione del mondo. Il malcontento del popolino era grande. A corto di pane, voleva almeno un po' di festa.

Prima di andarci, Petrarca fece sosta a Napoli, ospite di re Roberto di Angiò, suo fervido ammiratore, che gli rese grandi onori e lo fece scortare fino a Roma. Petrarca se ne sdebitò propagandando il nome del Re come quello di un illuminato mecenate quale non era. Egli conosceva l'importanza del «protocollo» e aveva il genio della messinscena. L'8 aprile, avvolto nel rosso manto che Roberto gli aveva regalato, e seguito da un lungo e pittoresco corteo di Senatori in toga e di giovani in abiti sgargianti, salì sul Campidoglio, dove lo attendeva Stefano Colonna con una corona in mano e un'orazione in bocca. Da quel momento Petrarca fu «il Poeta» per antonomasia e lo rimase fin quando questo titolo passò a Dante a furor di critica.

L'elezione di Clemente VI dopo la morte di Benedetto XII lo richiamò ad Avignone. Bisognava rendere omaggio al nuovo Papa e ottenere, se possibile, qualche altro beneficio ecclesiastico. Clemente si mostrò comprensivo. Gli diede un priorato a Pisa, un canonicato a Parma e una missione diplomatica a Napoli. Qui si fermò qualche mese per poi rimettersi in viaggio e visitare Bologna, Parma e Verona, dove frugando nell'archivio di una chiesa scoprì il manoscritto delle lettere di Cicerone ad Attico. Non era nuovo a questi ritrovamenti. A Liegi, anni prima, aveva disseppellito un altro testo di Cicerone: l'orazione *Pro Archia*. I grandi eventi della sua vita erano questi. Dalle vicende politiche si teneva alla larga. L'unica in cui si lasciò coinvolgere fu quella di Cola di Rienzo.

Che la plebe romana si fosse fatta abbindolare da quello squilibrato demagogo, non fa meraviglia. Ma un po' ne desta il fatto che a quella suggestione abbia partecipato anche un intellettuale lucido e cauto come Petrarca. Eppure è così. Il Poeta era a tal punto infatuato di Cola che per seguitare a sostenerlo non solo si giuocò l'amicizia e la protezione dei Colonna, ma nel 1347, al tempo del primo tribunato di Cola, aveva lasciato Vaucluse per accorrere a Roma a dargli man forte. Non fece in tempo, perché a Genova seppe della sua caduta. Ma grazie a quella coincidenza si trovò in Italia proprio nel momento in cui vi si abbatteva il flagello della peste.

L'infezione veniva per mare dal Medio Oriente dove aveva già mietuto centinaia di migliaia di vittime. Mosche e topi la diffusero in Europa dove la popolazione, indebolita da alcuni anni di cattivi raccolti e di carestie, offriva poca resistenza. Si manifestò in due forme: una polmonare con emorragie che in tre giorni dissanguavano il malato, e una bubbonica che riempiva il corpo di pustole e ascessi, e lo demoliva in cinque giorni. Le descrizioni che ce ne hanno lasciato i cronisti sono terrificanti. Il senese

Agnolo di Tura dice che, per la saturazione dei cimiteri, i cadaveri dovettero essere infoibati dentro trincee scavate alla svelta nelle piazze, e ch'egli stesso seppellì con le proprie mani cinque suoi figliuoli. Boccaccio afferma che a Firenze ci furono centomila morti: il che è impossibile, visto che tanti erano gli abitanti. Villani scrive che ne morirono sessantamila, ma anche questa è un'esagerazione. Tuttavia il salasso fu pauroso in tutta Europa. E fra le altre vittime, ne fece una che toccava da vicino Petrarca: Laura. Il Poeta, che aveva un debole per le coincidenze, assicura ch'essa chiuse gli occhi nella stessa ora dello stesso giorno e dello stesso mese in cui ventun anni prima si era rivelata ai suoi. E proprio da questo dato anagrafico si è desunto che si trattasse di Laura de Sade, elencata appunto tra i morti di peste ad Avignone il 3 aprile 1348.

Egli sfuggì al contagio, grazie forse alle misure di sicurezza che doveva aver adottato il suo anfitrione: Jacopo II da Carrara, Signore di Padova. Era costui un illuminato satrapo, ugualmente ghiotto di potere, di denaro e di cultura. Padova attraversava un periodo di splendore. Era una delle città che più a lungo avevano difeso le loro libertà comunali, ma appunto per questo si era trovata a disagio nella lotta con Cangrande della Scala che l'aveva resa tributaria di Verona. Per sottrarsi a questa servitù si era data in braccio a Jacopo I da Carrara che l'aveva difesa con lo stesso pugno di ferro con cui la tiranneggiava. Jacopo II gli era succeduto nel 1345 accoppandolo, secondo una legge di famiglia che lasciava all'assassinio la regolamentazione delle eredità. Egli stesso doveva soccombervi quattro anni dopo, quando venne pugnalato. Ciò che soprattutto dovette piacere a Petrarca, in questo suo soggiorno padovano, fu l'università, nata da poco, ma già in piena fioritura. Egli dice di essere rimasto piuttosto scandalizzato dall'averroismo, cioè dal razionalismo aristotelico che vi dominava, e ci assicura di aver sentito alcuni professori affermare che l'anima non era affatto immortale e che il Cristianesimo era una superstizione che poteva contentare solo le plebi ignoranti. Petrarca non amava avventurarsi in diatribe che potessero metterlo nei guai con la Chiesa: egli metteva nell'incredulità lo stesso impegno che nella fede, cioè ben poco. Ma in quell'aura di studi umanistici, intramezzati e rallegrati dalle feste di corte, si trovò bene, e infatti ci rimase un anno, cioè fino a peste finita. Poi girovagò, sempre alla ricerca di persone importanti e di manoscritti preziosi, fra Mantova e Ferrara. E finalmente volle andare a vedere la terra dei suoi padri: Firenze.

Qui lo attendeva Boccaccio, che aveva da poco cominciato a scrivere il *Decamerone*. Simpatizzarono, diventarono amici, e lo rimasero per tutta la vita, sebbene non si siano rivisti che una volta, o forse proprio per questo. Diversi com'erano di carattere e di gusto, difficilmente avrebbero potuto andar d'accordo. Ma, appena ripartito Petrarca, Boccaccio indusse il governo fiorentino a restituire al figlio dell'esule i beni ch'erano stati confiscati a suo padre nel 1303. Il governo annullò il sequestro e offrì a Petrarca una cattedra all'università. Petrarca la rifiutò, e il governo ripristinò il sequestro.

Nel 1351 era di nuovo a Vaucluse, intento a scrivere un piccolo saggio, *De vita solitaria*. E per la prima volta lo troviamo impegnato in una polemica stizzosa che gli procurò parecchi nemici. Il pretesto glielo fornì la cattiva salute di Clemente VI, un Papa che lo aveva ben trattato e con cui era in buoni rapporti. Il Poeta gli scrisse esortandolo a diffidare dei dottori che sono, gli disse, un branco di ciarlatani e basta. Era il prologo di un libello che poco dopo compose contro di loro, così acrimonioso e acido da farci sospettare che sotto ci fosse un caso personale. Forse non stava bene nemmeno lui e se la rifaceva coi medici che non riuscivano a guarirlo. C'induce a pensarlo anche il fatto che, andato a trovare suo fratello Gherardo, monaco in un convento, manifestò il proposito di rinchiudervisi anche lui. Ma poi sfogò quella tentazione in un saggio, *De otio religiosorum*.

Il fatto è che ad Avignone ormai si trovava a disagio. E ancora più ci si sentì dopo la morte di Clemente, che aveva continuato la tradizione di tolleranza e di mecenatismo inaugurata da Giovanni. Il suo successore Innocenzo VI era una bella figura di sacerdote ascetico e frugale, ma poco ricettivo alle suggestioni della cultura. Era naturale che non amasse Petrarca e che Petrarca non l'amasse. Al suo naso il Poeta puzzava di paganesimo, e minacciò di scomunicarlo come seguace di Virgilio. Fu il cardinale Talleyrand che s'interpose. Ma Petrarca capì che quella non era più aria per i suoi polmoni. E con gioia accettò l'invito di Giovanni Visconti di andare suo ospite a Milano.

Giovanni era un bell'uomo, gran signore e gran seduttore. Quando Petrarca giunse e gli chiese come poteva rendergli servizio, Giovanni rispose: «Solo con la vostra presenza, che onora me e il mio regno». Petrarca non se lo fece dire due volte. Onorò il suo regno per otto anni di seguito, restandovi anche dopo che Giovanni fu morto.

La prima missione per conto dei suoi anfitrioni la svolse presso l'imperatore Carlo IV di Boemia che nel 1354 scese in Italia. Il Poeta non lo conosceva. Ma subito dopo la prima caduta di Cola di Rienzo, gli aveva scritto una lettera solenne e aulica, invitandolo a venire nel «giardino dell'Impero» per ripristinarvi la pace, l'ordine e la gloria.

Era una lettera stilisticamente molto più bella di quella che Dante aveva inviato ad Arrigo VII, nonno di Carlo. Ma invano vi si cercherebbe l'accento della passione, che riscaldava l'impervia prosa latina dell'esule fiorentino. L'Imperatore e il Poeta s'incontrarono a Mantova. Petrarca ripeté con magnifica eloquenza l'esortazione, e Carlo l'ascoltò con cortese compiacimento. Ma entrambi erano consci di recitare una commedia. Quel sovrano di sangue ghiaccio e di cervello lucido sapeva benissimo che il «giardino dell'Impero» era un nido di vipere. E il Poeta sapeva che il sovrano lo sapeva. Si lasciarono tuttavia da buoni amici: tanto che due anni dopo Petrarca tornò in ambasceria a Praga per conto di Milano.

In quello stesso anno andò anche a Venezia a svolgervi, come rappresentante dei Visconti, un compito di conciliazione con Genova. La guerriglia fra le due città seguitava a imperversare, e di lì a qualche anno sarebbe sboccata in un conflitto mortale. Il Poeta ci poteva far poco. Ma rimase impressionato da Venezia, dalla forza della sua flotta, dalla ricchezza e varietà dei suoi commerci, dalla vivacità della sua vita. E ne fece un'ampia e sonora descrizione tessendo un ampolloso elogio di due Dogi che non lo meritavano punto.

Già prima di questo viaggio aveva cominciato a comporre una serie di poemi in terzine, i *Trionfi*, forse come contraltare alla *Divina Commedia* in rapida e allarmante (per lui) crescita di notorietà e di quotazione. I trionfi sono quello del desiderio sul sentimento, della castità sul desiderio, della morte sulla castità, della gloria sulla morte, del tempo sulla gloria, dell'eternità sul tempo. C'è anche il finale congedo da Laura, con un'invocazione al perdono per la carnalità del suo amore e la speranza di un ricongiungimento con lei in paradiso. Purtroppo, l'ambizione non è proporzionata alla ispirazione che fa capolino ben di rado.

Petrarca rimase ancora sei anni ospite dei Visconti, saltuariamente svolgendo altre missioni, ma soprattutto inteso a comporre e a perfezionare le sue opere. Nel 1362, forse per sfuggire a una nuova epidemia, tornò a Padova e di lì a Venezia, dove la Repubblica gli diede una casa sulla riva degli Schiavoni. Stavolta la peste gli aveva portato via il figlio Giovanni, di cui a dire il vero non si era molto occupato. Gli restava la figlia Francesca che aveva sposato Francescuolo da Brossano e gli aveva dato una nipotina, Eletta. Il Poeta ebbe nostalgia di loro, quando un leggero attacco apoplettico lo avvertì che gli anni erano passati anche per lui e che la fine era imminente. Li chiamò, e con essi si stabilì ad Arquà sui Colli Euganei. Tempo prima in una lettera si era augurato che la morte lo sorprendesse mentre leggeva o scriveva. Fu esaudito. Lo trovarono con la testa reclinata su un libro. E in ossequio alla sua predilezione per le coincidenze, ciò avvenne il 20 luglio 1374, suo settantesimo anniversario. Nel testamento lasciava cinquanta fiorini per comprare un cappotto a Boccaccio, che moriva di freddo (e di fame).

Nel suo cassetto c'erano molte opere compiute e incompiute perché ne tirava avanti parecchie alla volta e non finiva mai di correggerle e polirle. Come ne trovasse il tempo in quella sua errabonda vita piena di missioni diplomatiche e culturali, di cerimonie, d'incontri, di amicizie, di relazioni, di conversazioni, non si capisce. Doveva essere un lavoratore instancabile, ma certo c'influì anche il metodo e la disciplina che sapeva imporsi.

I contemporanei ammirarono soprattutto i suoi versi e le sue prose latine: le *Epistolae metricae*, il *Bucolicum Car-*

men, i ventiquattro libri *Familiarum rerum*, il *De viris illustribus*, gli *Psalmi poenitentiales* eccetera. Un grande successo, quando fu pubblicato, ebbe anche il poema postumo *Africa*, in cui egli aveva cercato di rinverdire le forme del poema-classico. Certamente son tutte opere di altissimo pregio stilistico. Ma chi cerca un ritratto dell'uomo e l'impronta di un carattere può contentarsi, fra tutta questa produzione latina, del *Secretum* in cui, appunto perché destinato a restare segreta, Petrarca ci ha lasciato la confessione delle sue inquietudini, dei suoi cedimenti morali, della debolezza della sua fede in Dio, rosa dai dubbi e da un sostanziale scetticismo. Delle lettere le più belle sono quelle raccolte sotto il titolo *Seniles*, perché composte negli ultimi anni di vita. Ma anche di esse si sente che sono scritte più per i posteri che per i destinatari.

La grandezza del Petrarca scrittore e poeta sta tutta in quel *Canzoniere* ch'egli aveva considerato solo un passatempo e di cui forse perfino si vergognava un po' come di un'operetta fatua. Come Dante, che si prendeva per un teologo, anche Petrarca si era ingannato su se stesso, credendosi il continuatore della cultura classica e il ripristinatore della lingua latina. Era invece un poeta moderno e soprattutto un grandissimo stilista italiano, forse il più grande di tutti. Leggendolo, si trasecola all'idea che fra lui e Dante non corressero nemmeno quarant'anni. Sembra che ne siano trascorsi quattrocento, tanto è cambiata l'ispirazione, tanto il verso si è addolcito e disteso. La forza, il furore, il sangue, l'immaginativa di Dante son dileguati. Ma al loro posto è nata un'estetica.

Ma, oltre che un modello di poesia, Petrarca ne dettò uno di vita. Egli è un personaggio assolutamente nuovo: il grande «umanista» del Rinascimento. Non è vero che fosse solo un cinico e frigido calcolatore, come qualcuno lo ha descritto, intento solo al proprio tornaconto, al successo e alla carriera. Certo, l'immortalità del suo nome gli stette più a cuore di quella della sua anima, checché ne dica nei *Trionfi*; fu un abile propagandista di se stesso; e non lesinò in piaggerie. Ma ebbe i suoi tormenti, le sue angosce e malinconie. La sua serenità, come quella di Goethe, era più nei suoi versi e nelle sue prose che nella sua coscienza e nei suoi sentimenti.

Tuttavia, a differenza dell'uomo medievale, era interiormente libero. Per lui il mondo non era affatto un «sogno di Dio», ma una cosa ben solida; e la vita non una tormentata penitenza, ma un'appassionante avventura da gustare e delibare nel migliore dei modi. Gli piaceva piacere alla gente perché la gente gli piaceva. Perciò fu sempre ansioso di conoscerne e tanto viaggiò e a tanti eventi si trovò mescolato. Se non vi s'impegolò mai sino a soffrirne di dentro e di fuori com'era capitato a Dante, non fu tanto per mancanza di coraggio e di convinzione, quanto perché i suoi interessi erano solo di cultura. E nella cultura egli vedeva un sacerdozio fine a se stesso, che esentava da qualunque altro impegno. A un manoscritto di Virgilio egli avrebbe sacrificato non solo un'idea politica, ma perfino Laura. E forse si lasciò coinvolgere nella vicenda di Cola solo perché Cola forniva un buon pretesto a scrivere epistole e appelli in gloria di Roma.

Nel 1342, quando era già un personaggio altolocato e alla moda, si mise umilmente a studiare il greco col monaco calabrese Barlaam, cui per riconoscenza fece assegnare un Vescovato. Non si consolò mai di non sapere quella lingua, e pagò di tasca propria Leonzio Pilato per tenere dei corsi a Firenze in modo che qualcuno potesse impararla e tradurre in latino l'*Iliade* e l'*Odissea*. Quest'uomo che non avrebbe rischiato una multa per un Papa o per un Imperatore, si sarebbe giuocata l'anima per un testo di Omero. Era vanitoso, ma non meschino. Fu generosissimo per esempio con Boccaccio fino a tradurre una novella del suo *Decamerone* in latino perché i letterati di tutto il mondo potessero gustarla purgata – disse – dalla sua volgarità. Egli seguitava a credere che solo in latino si potesse essere scrittori eleganti.

Purtroppo fornì anche il modello di una cortigianeria destinata a restare nel costume della *intellighenzia* nazionale, anche quando questa ebbe perso ciò che lui possedeva per riscattarla: il talento.

CAPITOLO UNDICESIMO

BOCCACCIO

A Boccaccio, i cinquanta fiorini che gli aveva lasciato Petrarca fecero un comodo birbone. Era finito male, povero, solo e malato. E fra le sue afflizioni, oltre a un eczema che gli divorava il corpo, c'erano anche quelle dello spirito. Si considerava un fallito. E si vergognava di aver scritto il *Decamerone.*

Era nato sessant'anni prima a Parigi, frutto di una relazione illegittima fra un mercante fiorentino andato lassù a vendere stoffe e una donna di cui non è dubbio soltanto il nome, ma anche i costumi. Forse questa origine bastarda non è estranea al carattere dell'uomo e al suo destino. Suo padre tuttavia riconobbe il piccolo Giovanni, e se lo condusse in patria, a Certaldo, dove il ragazzo crebbe abbastanza malinconicamente sotto le scarse attenzioni di una matrigna.

All'età di quindici anni – ed era il 1328 – lo mandarono a Napoli a far pratica di contabilità commerciale presso una succursale dei banchieri fiorentini Bardi, con cui messer Boccaccio era in rapporti di affari. Giovanni prese la computisteria e i libri mastri nella stessa uggia in cui Petrarca aveva tenuto il diritto e i codici. Ma Napoli gli piacque e ne serbò sempre la nostalgia. Quella città rumorosa, colorata e gaia era congeniale al suo temperamento estroverso, disordinato e sensuale.

Per fortuna, a tenerlo un po' in briglia, c'era la vocazione letteraria, che gli si rivelò subito. Perse la testa per Ovidio. Per leggerlo in lingua originale, studiò il latino. Trascorse le notti a declamare a memoria le *Metamorfosi*. E la mattina arrivava in ufficio così assonnato e intontito che alla fine dovettero licenziarlo. Suo padre si arrese all'evidenza e rinunziando all'idea di ricavare da quel rampollo un banchiere o un mercante, gli garantì l'assegno mensile a patto che s'iscrivesse alla facoltà di diritto canonico. Giovanni promise e seguitò a fornicare con Ovidio e la letteratura.

Alla messa del Sabato Santo del 1331 (o 1336), cioè nelle stesse circostanze in cui quattro anni prima Laura era apparsa a Petrarca, vide per la prima volta Fiammetta e ne rimase incenerito. Ecco un'altra identità difficile da accertare e di cui tuttora si discute. Ma pare che si trattasse di una certa Maria, figlia naturale di re Roberto, andata sposa a un conte d'Aquino.

Boccaccio, povero ragazzo, si provò a guardarla con gli stessi occhi con cui Dante aveva guardato Beatrice. Ci riuscì soltanto nelle poesie, piuttosto bruttine, che subito cominciò a comporre per lei secondo i modelli, tuttora imperanti, del «dolce stile» e della *Vita nova*, che già conosceva. Ma era un po' difficile restare su quei toni sospirosi: sia per la natura della passione di lui, sia per il carattere di colei che l'aveva accesa. Sebbene educata in convento, o forse proprio per questo, Maria aveva preso il matrimonio non come un impegno, ma come una liberazione. E a distanza di pochi mesi dalle nozze, il povero marito aveva già perso il conto delle corna che la moglie gli aveva piantato in testa. A suo modo tuttavia essa era una donna abbastanza avveduta che cercava di unire l'utile al dilettevole scegliendosi degli amanti che non fossero forniti soltanto di virilità, ma anche di depositi in banca.

Lo studente Giovanni, col magro assegno che gli passava messer Boccaccio, cercava di pagare in moneta letteraria. Non potendole comprare il visone, la sommerse sotto un diluvio di componimenti in prosa e in versi. Per lei tradusse la romanza di «Fiore e Biancofiore» in un noiosissimo *Filocolo*. Per lei scrisse il *Filostrato*, ch'era un po' meglio, ma che purtroppo fornì il modello e spianò la strada a quel facile, piatto e volgare versaiolismo italiano che, attraverso Metastasio e i «librettisti» d'opera, doveva arrivare fino ai cantautori di Piedigrotta e di Sanremo. E alla fine ne travolse le resistenze schiacciandola sotto un autentico mattone: una *Teseide* di quasi diecimila versi sul modello dell'*Eneide*, che raccontava la rivalità di due fratelli, Palèmone e Areite, per una Emilia che, raccolto sul seno l'ultimo rantolo dello sconfitto ferito a morte, e seppellitolo con tutti gli onori, concede le sue grazie al vincitore.

Fiammetta decise di fare altrettanto col suo spasimante, non si sa se per chetarlo, o per premiarlo di quei cinque anni di attesa. Purtroppo non aveva perso il vizio di prosciugare i portafogli, e quello di Giovanni non resistette molti mesi ai suoi potenti drenaggi. Con tattica squisitamente femminile, cominciò a tradirlo accusandolo di tradirla. Seguirono scene burrascose, litigi, riconciliazioni. Boccaccio naufragò nei debiti e non ebbe nemmeno modo di contrarne degli altri con la banca Bardi perché anch'essa fallì.

Con una valigia piena di manoscritti e con Fiammetta ancora nel sangue, ma senza né un diploma di contabile né una laurea in diritto canonico, riprese la via di Firenze. Peccato. Era il momento in cui la regina Giovanna saliva sul trono e inaugurava anche a Corte l'èra della dolce vita e delle «messe nere». Boccaccio aveva tutto per diventare il cronista di quella vicenda veramente «boccaccesca», e chissà che meraviglioso racconto ne avrebbe ricavato. Ma non aveva più un soldo e le infedeltà di Fiammetta lo facevano troppo soffrire. Due mesi dopo la sua partenza, a Napoli giunse Petrarca, come «osservatore» del Papa. Altro incontro mancato.

La Firenze in cui tornava era molto cambiata dai tempi della sua infanzia. Non nella politica, ch'era sempre rimasta in balìa delle fazioni. Esse ora si combattevano con minore violenza di quando erano capeggiate dai Donati, dai Cerchi e anche da Dante che, sebbene sempre rimasto in posizione subalterna, quanto a spirito di parte non era stato da meno degli altri e alla fine ne aveva fatto le spese. Però le divisioni seguitavano tra famiglie e clientele, in gara per un primato che nessuna riusciva a imporre in maniera definitiva.

Ma non si poteva dire che la città ci avesse scapitato. Le sue ottanta banche facevano di Firenze la Wall Street d'Europa. Le finanze di Francia e d'Inghilterra dipendevano dai loro prestiti, e quando un Peruzzi o uno Strozzi andavano a Parigi o a Londra venivano ospitati a Corte con gli onori di sovrani. Il reddito globale della grande Inghilterra della regina Elisabetta era inferiore a quello della sola città di Firenze nella metà del Trecento. Nella storia del mondo non si era mai visto né mai più si ripeterà un simile miracolo.

Quanto l'infuocata atmosfera di parte e di fazione abbia contribuito ad aizzare lo spirito creativo fiorentino, è difficile dire. Ma è facile, perché documentato nei fatti, riconoscere che per lo meno non lo scoraggiò. È curioso vedere come con tutte quelle lotte e risse convivesse un orgoglioso senso civico che spingeva uomini, ditte e banche in una gara di mecenatismo. Per un palazzo dato alle fiamme dall'odio partigiano, altri due ne nascevano più belli. Invece di finanziare una squadra di calcio, il miliardario di allora si accollava la pavimentazione di una strada, la costruzione di un ospedale o di una scuola, la decorazione di una chiesa. Così l'urbanistica e l'architettura di Firenze uscivano dalla loro medievale tetraggine.

Di tasca propria i Bardi e i Peruzzi avevano commissionato a Giotto gli affreschi che narrano la storia di San Francesco, San Giovanni Battista e San Giovanni Evangelista in Santa Croce. E con una pubblica sottoscrizione si erano già raccolti i fondi per porre mano al campanile che Giotto aveva disegnato e che, dicevano i Priori, doveva superare per magnificenza, altezza ed eccellenza i capolavori compiuti da Grecia e Roma allo zenit della loro grandezza. Per decorarlo era stato assoldato Andrea Pisano, che aveva già inciso i due portali di bronzo del Battistero. Più che una fioritura era, nel campo delle arti plastiche, una rivoluzione, l'addio alla immota e mesta rigidità dell'arte bizantina che aveva dominato e attristato tutto il Medio Evo.

Una rivoluzione non meno profonda era avvenuta nel campo della letteratura. In pochi anni il poetico ma oscuro e impreciso balbettio di Cavalcanti e di Guinizelli era diventato una lingua concreta e di solido impianto. Lo dimostrava il fatto che si era volta alla prosa, ch'è sempre frutto di un'età matura. In tutt'Europa non ce n'era nessuna che stesse alla pari, quanto a efficacia, di quella di un Villani e delle sue *Croniche fiorentine*. Giovanni Villani, il fratello Matteo e il nipote Filippo sono i primi memorialisti in senso moderno: i primi, voglio dire, che fanno posto all'economia, alla sociologia e alle loro statistiche per spiegare gli avvenimenti. Solo grazie a essi sappiamo che Firenze e il suo contado avevano al principio del Trecento centocinquemila abitanti, diciassettemila mendicanti, sei scuole elementari con diecimila scolari e quattro secondarie con seicento studenti. Insomma, coi Villani già si delinea quella che doveva restare la caratteristica della prosa fiorentina: l'asciuttezza, l'aderenza ai fatti, e soprattutto quel modo di guardarli disincantato e amaro, che Machiavelli e Guicciardini dovevano più tardi portare ad altezza d'arte. Lo spirito realistico si sovrapponeva a quello poetico in cui Dante aveva trovato la sua ispirazione.

Questa nuova aria era congeniale ai polmoni di Boccaccio. Per un po' di tempo, ancora intossicato di Fiammetta, seguitò a sospirare per lei in versi, e compose in terzine l'*Amorosa visione* e il *Ninfale fiesolano.* Ma poi si volse al romanzo e ne scrisse uno del genere che oggi si chiamerebbe «psicologico», che ha per titolo e protagonista Fiammetta. Essa racconta la storia dei loro amori, e ne attribuisce la fine a lui che dopo averla sedotta l'avrebbe abbandonata, lasciandoci così nel dubbio se Boccaccio fosse un gran gentiluomo o un gran fanfarone.

Tuttavia fu solo dopo la peste del 1348 ch'egli si abbandonò interamente alla propria vocazione di narratore. Quella tremenda sciagura dovette colpirlo a fondo. Lo si sente dalla descrizione che ne fa nel prologo del *Decamerone.* Egli dice di aver visto i passanti cadere per strada e morirvi senza che nessuno, nemmeno i genitori o i figli, osasse soccorrerli per timore del contagio. Racconta di cadaveri tenuti nascosti a putrefare dai familiari perché i vicini non appiccassero il fuoco alla casa, di gente che viveva appollaiata in cima agli alberi o in fondo ai pozzi per sfuggire l'infezione. Scrive che a Firenze ci furono centomila vittime: cioè, stando al censimento di Villani, solo cinquemila sopravvissuti. Naturalmente è impossibile. Ma anche questo sfondone statistico dimostra quale trauma la catastrofe gli procurò. E non c'è da meravigliarsene. Effettivamente la peste del 1348 fu uno spaventoso flagello, che impoverì l'Italia di un buon terzo della sua popolazione e ridusse la Francia a un deserto «dove non si sentiva più cantare né gallo né gallina».

Da questo quadro di desolazione prende l'avvìo il capolavoro della narrativa italiana che se ne serve come di contrappunto. Il *Decamerone* infatti è una specie di canto di resurrezione, una vendetta della vita sulla morte, un atto di fede contro la disperazione del mondo, una larga risata che copre i singhiozzi dei sopravvissuti.

All'uscita da una messa in Santa Maria Novella, alla vista di quelle piazze deserte, di quelle strade solcate solo da funebri cortei e intronate dal rintocco delle campane a morto, sette giovani e belle donne decidono di fare un pic nic nelle loro ville di campagna insieme a tre giovanotti. Nella pura aria dei boschi, sterilizzata dai bacilli, per ingannare il tempo ognuno racconta ogni giorno una storia. E siccome la gaia brigata è composta di dieci persone e dieci sono i giorni che dura la scampagnata (donde il titolo *Decamerone* dal greco *deka hemerai* che significa appunto «dieci giorni»), ne risulta un complesso di cento novelle.

Boccaccio soggiaceva ancora alla magia medievale dei numeri. Anche lui, al pari di Dante, si considerava impegnato a quel rigore architettonico che aveva ispirato le cattedrali. Tutto doveva essere armonico e funzionale, rigidamente inquadrato in un «sistema». E infatti tutte le proporzioni sono rispettate: dieci giorni, dieci novelle al giorno, dieci pagine per ogni novella: ecco come si articola questa «commedia umana».

Ma sotto la sua tradizionale struttura, l'ispirazione e gli umori sono del tutto nuovi e diversi. Boccaccio prende a prestito anche spunti di *fabliaux* francesi e di racconti orientali. Ma li cucina con le salse sue. Fra le cento novelle ce ne sono di scurrili e volgari, che ci dimostrano come il gusto e il talento non siano affatto costretti ad andare d'accordo. Quella per esempio delle stallonesche imprese di Masetto che riesce a soddisfare un intero convento di monache è francamente oscena, e ci fa dubitare della castità e del pudore delle sette gentili signore che ascoltano questa storia da fureria e da taverna senza batter ciglio, solo arrossendo un poco, ma poco.

Però, pur così contaminata e mescolata, la vena di Boccaccio ha un ritmo, un respiro, un vigore, un umore, una pienezza d'inventiva, di muscoli e di sangue, una scioltezza, una sincerità, un'aderenza alle cose che gli scrittori della generazione precedente non si sarebbero mai sognati e che quelli delle generazioni successive, italiani e stranieri, non si stancheranno d'imitare. Sachs e Lessing in Germania, Molière e La Fontaine in Francia, vi attinsero. Il grande Chaucer vi pescò molti motivi dei suoi *Canterbury Tales*. Boccaccio riecheggia la grossa e larga risata di Cecco Angiolieri e anticipa quella di Rabelais. Si fa beffe di superstizioni, di monaci e perfino di Santi. Dà l'imbeccata a Voltaire quando fa dire all'ebreo Jehannat che la Chiesa dev'essere proprio divina per riuscire a sopravvivere ai suoi preti. E mostra verso le altre religioni una tolleranza che a Dante sarebbe parsa sacrilega.

Boccaccio resta il grande maestro europeo del racconto. Ma l'unico a non capirlo o a dubitarne fu lui, che scrisse il *Decamerone* come il Petrarca aveva scritto il *Canzoniere*: credendo che fosse solo un passatempo. Aveva trentacinque anni quando vi pose mano. Ma dovette pubblicarlo, come oggi si dice, a «dispense», perché nella introduzione alle novelle della quarta giornata confuta le critiche che dovevano avergli rivolte per le altre tre, evidentemente già in circolazione. Comunque, l'opera sembra che sia stata composta in cinque anni e gli valse una popolarità mescolata di riprovazione.

Lì per lì egli godette della prima e non soffrì della seconda perché era ancora giovane e pieno di appetiti. La peste, portandosi via Fiammetta, lo aveva liberato dall'ossessione di lei. Egli l'aveva rimpiazzata con due mogli che gli avevano dato una dopo l'altra il disgusto del matrimonio, e un certo numero di amanti che non gli avevano appagato il desiderio di procurarsene di nuove. L'omaggio che aveva reso alle virtuose e pudiche raccontatrici del *Decamerone* era soltanto di maniera. In realtà detestava quel tipo di donne, nella loro virtù annusava soltanto inganno e malizia, e di gran lunga preferiva le prostitute.

Non era socialmente ambizioso come Dante né mondano come il Petrarca. Ma le sue dissolutezze erano riscattate da un disarmante candore. Non era né un vizioso né un ipocrita, ma un sano e gagliardo peccatore, un sensuale cui la passione bruciava il sangue e offuscava il cervello. Come con Fiammetta, in ogni avventura finiva sempre per rimetterci lui, di tasca e di cuore. Per cui, appagato il desiderio e fatti i conti che risultavano regolarmente in passivo, si lanciava in violente requisitorie contro il bel sesso, come nel *Corbaccio*, che gli hanno valso una fama, del tutto infondata, di misògino.

Tutto questo però non gl'impedì di cavarsela abbastanza bene anche come carriera. La sincerità, la schiettezza e il contagioso buonumore gli valevano molte simpatie. Tutti riconoscevano in lui un buon amico, incapace di malizia e senza meschinità e gelosie. Ostasio da Polenta e Francesco Ordelaffi lo chiamarono al loro servizio e gli affidarono missioni abbastanza importanti. I Fiorentini lo fecero camerlengo, carica di tutto rispetto, e lo mandarono ambasciatore, prima in Romagna, poi dal Papa ad Avignone.

Forse anche questi incarichi che davano «tono» ed esigevano una certa solennità contribuirono a convertire Boccaccio a studi più severi. Ma a dargli la spinta decisiva in questo senso fu Petrarca, quando nel 1350 s'incontrarono a Firenze. L'amicizia fra letterati è rara. È quindi logico che si porti a esempio quella, autentica e sincera, che legò i due uomini. Ma per Boccaccio i suoi effetti furono devastatori. Egli rimase a bocca aperta davanti alla cultura, al tratto signorile, alla grazia mondana di Petrarca che, pur apprezzando l'ingegno di Boccaccio (ma più ancora, crediamo, l'ammirazione di cui si vedeva oggetto da parte sua), avanzò qualche riserva sulle opere in cui costui lo aveva tradotto e specialmente sulla lingua in cui lo aveva espresso. Petrarca, si sa, non attribuiva validità che al latino e non riconosceva altro stile che l'imitazione dei classici.

Boccaccio, che già nutriva qualche dubbio sulla «volgarità» (in tutti i sensi) del *Decamerone*, dovette sentirsene addirittura mortificato davanti al Poeta laureato, all'aulico Maestro continuatore di Virgilio, di cui scrisse una esaltata biografia. E per sua e nostra disgrazia abbandonò il volgare, la narrativa e la fantasia per comporre in latino opere dotte, inutili e noiose sulla genealogia degli dèi pagani, sulla vita dei personaggi dell'antichità, e perfino sulla geografia delle montagne, mari, fiumi, boschi, paludi eccetera. Così la letteratura italiana perse un romanziere e guadagnò un pedante.

Ma non fu colpa solo di Petrarca. Ci si mise anche un frate certosino, Pietro Petroni, che nel 1362, in punto di morte, gli mandò un messaggio invitandolo a fare ammenda della sua vita licenziosa e dei suoi irriverenti scritti che, se non li avesse in tempo ripudiati, gli sarebbero costati, diceva, l'inferno. Boccaccio, che dell'inferno si era sempre fatto beffe, stavolta se ne impaurì, e pensò di mandarci tutti i suoi manoscritti bruciandoli e di vendere la biblioteca. Da allora cominciò per lui una quaresima piena di penitenze. A spese proprie, sebbene il suo borsellino non gli consentisse davvero di largheggiare, fece venire a Firenze Leonzio Pilato e per far piacere a Petrarca gli commissionò la traduzione dei poemi omerici. Era diventato molto «rispettabile», e a lui faceva capo tutta la nuova leva degli umanisti fiorentini. Ma era anche immalinconito e tribolato dagli acciacchi. Per due volte tornò a Napoli nell'assurda speranza di ritrovarvi gli umori dei suoi vent'anni. Ne rimase deluso e ne diede colpa alla città. La Signoria gli affidò qualche altra missione diplomatica ad Avignone e a Roma. Ma ormai si muoveva malvolentieri, e la maggior parte dell'anno la passava a Certaldo. In volgare non scrisse più nulla, salvo un *Commento alla Divina Commedia* e un *Trattatello in laude di Dante*.

Né l'una né l'altra opera valgono molto. Il *Commento* è piatto, e ci mostra un Boccaccio che ammira Dante per il verso sbagliato cioè prendendolo per un grande filosofo, teologo e scienziato, quale di certo non era, invece che per un poeta. Ma secondo Boccaccio la poesia in sé non conta; vale solo come strumento di cultura e di pensiero. Quanto al *Trattatello*, deploriamo che l'impegno della *laude* abbia prevalso sullo scrupolo della biografia. Per la vicinanza dei tempi e per la conoscenza dell'ambiente, Boccaccio era ancora in grado di ricostruire la vita di Dante. Ce ne fornisce infatti alcune preziose notizie, ma talmente mescolate di chiacchiere, di leggenda e di agiografia da rendere sospette anche quelle che forse sono vere.

Tuttavia questi lavori ci mostrano uno dei lati umanamente più simpatici e amabili dell'uomo: la sua generosità e onestà intellettuale, la sua capacità di ammirare i colleghi rivali, sino a diventarne l'amanuense e l'esaltatore. Su Petrarca il latinista aveva scritto un libro in latino, *De vita et moribus F.P.* E pare che sia stato soprattutto per le sue insistenze che la Signoria fiorentina istituì una cattedra di studi danteschi. Fu lui a ogni modo a occuparla nel 1373 e a tenerla con grande impegno, sia pure per pochi mesi. Ragioni di salute l'obbligarono di lì a poco a lasciarla.

Doveva essere stato un pessimo amministratore di se stesso, come di solito lo sono i generosi perché, con tutti gl'incarichi e occasioni di guadagnare che aveva avute, si era ridotto povero in canna, e non sapeva come sbarcare il lunario. I cinquanta fiorini di Petrarca furono per lui la manna del cielo. Morì a sessantadue anni, poco prima del Natale del 1375, pieno di rimorsi, e con la convinzione di aver sbagliato la prima metà della sua vita, mentre invece aveva sbagliato la seconda.

CAPITOLO DODICESIMO

UN MERCANTE DEL TRECENTO

A Prato, davanti al Palazzo Pretorio, si erge un monumento che raffigura un uomo intabarrato con un berretto tondo in testa e un mucchio di fogli in mano. È Francesco Datini, mercante del Trecento, che non ebbe solo il merito di guadagnare un sacco di soldi, ma anche quello di lasciarli alla sua città insieme a un archivio di centocinquantamila lettere, cinquecento registri e altri documenti. Questo imponente materiale ha consentito ad alcuni storici, fra cui la signora Iris Origo, di ricostruire una tipica figura di finanziere di quel secolo, il modo con cui lo si diventava, le condizioni dell'industria e del commercio. In Datini, che aveva la mania di scrivere e di conservare ciò che scriveva, c'è tutto. Ecco perché abbiamo pensato di prenderlo a protagonista del presente capitolo.

Era nato nel 1335, figlio di un povero oste, che la peste del 1348 si portò via insieme alla moglie e a due bambini. Così a tredici anni si trovò orfano insieme al suo fratellino Stefano, con una casa, un po' di terra e quarantasette fiorini. Una brava donna, Piera Boschetti, raccolse i due ragazzi e si prese cura di loro, che la considerarono sempre come mamma. L'anno dopo Francesco s'impiegò come garzone in una bottega di Firenze, e lì sentì i discorsi che facevano i mercanti di ritorno da Avignone diventata, coi Papi, la più importante «piazza» del commercio fio-

L'EUROPA NEL 1360
Oceano Atlantico
REGNO DI SCOZIA
REGNO D'INGHILTERRA
R. DI NORVEGIA
R. DI SVEZIA
R. DI DANIMARCA
IMPERO ROMANO GERMANICO
R. DI POLONIA
REGNO DI FRANCIA
DUC. DI AQUITANIA
R. DI PORTOGALLO
REGNO DI CASTIGLIA
R. D'ARAGONA
R. DI GRANATA
Savoia
Visconti
Milano
Genova
Venezia
Firenze
Stato della Chiesa
Corsica (Genova)
Sardegna (Aragona)
Roma
Napoli
Regno di Napoli
Palermo
Regno di Sicilia
REGNO D'UNGHERIA
PRINC. DI MOLDAVIA
PRINC. DI VALACCHIA
BULGARIA
SERBIA
ALBANIA
IMPERO D'ORIENTE
TURCHI OTTOMANI
Mar Nero
Mar Mediterraneo
TLEMSEN
TUNISIA
IMPERO DEI MAMELUCCHI

rentino. Compiuti quindici anni e raggranellati centocinquanta fiorini con la vendita della sua parte di eredità, vi emigrò.

Avignone era proprio come gliel'avevano descritta: il centro degli scambi fra le due grandi potenze industriali e manifatturiere del tempo: l'Italia e le Fiandre. La Corte pontificia era la migliore cliente. Solo per le proprie vesti, papa Giovanni XXII spendeva milletrecento fiorini l'anno; e per le livree dei suoi servi, fino a ottomila. Tutto il vasellame era d'oro, lavorato dagli òrafi fiorentini. I Cardinali si rifiutavano di bere in coppe che non fossero di metallo prezioso con figure intarsiate di serpentelli che, secondo loro, li avrebbero tenuti al riparo dai veleni. Perché a Dio non ci credevano, ma alle stregonerie sì. D'oro erano financo i morsi delle loro cavalcature. «E d'oro» diceva Petrarca «fra poco saranno anche i loro zoccoli.» Ora poi che sul Soglio sedeva Clemente VI lo scialone, il fasto non conosceva più limiti. Avignone era quasi una città toscana. Toscani erano quasi tutti gli artigiani che rifornivano la Curia, dove avevano il loro alto patrono nel cardinale Niccolò da Prato, cui Clemente doveva la propria elezione. Toscani erano i pittori che decoravano chiese e palazzi: primo fra tutti Simone Martini, istallatosi lì con tutta la sua famiglia e i suoi apprendisti. Toscani erano tutti i banchieri e cambiavalute. Toscani i pellicciai che lavoravano le pelli di ermellino, di cui papa Giovanni aveva orlato perfino i propri guanciali. Toscano era l'archiatra, cioè il medico pontificio, Naddino Bovattieri.

Datini non dovette quindi sentirsi spaesato, e certamente trovò aiuti e solidarietà per l'impianto di un'azienda commerciale. I suoi primi traffici furono di armi. Devastata dalla peste e dalla Guerra dei Cent'anni, la Francia era alla mercé di bande di predoni, da cui gli stessi Papi erano minacciati e dovevano difendersi. Francesco, da bravo mercante di cannoni, rifornì imparzialmente gli agenti dell'ordine e quelli del disordine, e nei suoi libri troviamo annotata la vendita di cinquanta «corazze per briganti», importate da Milano e da Lione, grandi fucine dell'industria di guerra. Alla prima bottega aperta in piazza dei Cavalieri, ne aveva aggiunte altre tre, con una filiale a Barcellona. Dai registri risulta che gli affari furono subito prosperi. Ma Datini resisté alla tentazione di lanciare una grande compagnia internazionale in concorrenza con quelle che avevano fondato altri toscani come i Soderini e i Guinigi, che facevano anche da banchieri e da collettori di tasse in nome del Papa. Da buon pratese, Datini preferiva guadagnare molto sul poco che poco sul molto. Non aveva le larghe visioni dei grandi finanzieri fiorentini che lo avevano preceduto, come i Bardi e i Peruzzi. Preferiva una miriade di piccole imprese taccagnamente amministrate, in modo da tenere i rischi ripartiti e limitati. L'incetta del sale, per esempio, gli andò male. Ma ne compensò le perdite con l'esportazione a Firenze degli smalti francesi a fondo d'oro e con l'importazione di zafferano e di vino, che invece gli andarono benissimo. I suoi magazzini si moltiplicavano e ingigantivano, ma restavano sul livello di quelli di un robivecchi. C'era di tutto: pelletterie, gioielli, lino di Genova, fustagno di Cremona, zendadi di Lucca, biancheria da sposa, cofanetti da viaggio e soprattutto paramenti ecclesiastici. Datini non badava né a qualità né a provenienza di merce purché l'affare promettesse. L'oscura storia di una tovaglia d'altare che costava tremilacinquecento fiorini ci fa sospettare che ricettasse anche merce rubata. Trafficava anche in quadri, ma senza badare ad altro che al loro valore commerciale. In un ordinativo spedito ai suoi corrispondenti fiorentini chiedeva un quadro di grande formato dove ci fosse un Cristo in Croce, una Madonna di bell'aspetto, alberi con foglie e un bel panorama. Il suo conto in banca cresceva rapidamente, ma egli restava ancorato ai criteri del piccolo cabotaggio basato sulla furberia e sull'avarizia.

Era un curioso uomo: un miscuglio di coraggio e di prudenza, di grandezza e meschineria. Dalla sua centrale avignonese dirigeva per lettera le operazioni più varie e complesse su tutti i mercati europei. Questa prodigiosa attività era aizzata da un continuo senso di angoscia. Tremava per il risultato di ogni transazione, per la spedizione della merce, per i pericoli che correva durante il viaggio per terra e in mare, per le tasse con cui era in perpetua lotta, e soprattutto per i furti cui si riteneva esposto da parte di tutti, compresi i suoi soci. Per non dar loro il tempo di perpetrarli, era lui che li derubava sui dividendi. Quest'ansia, ch'egli chiamava «maninconia», gli si acuì con gli anni, quando in lui sopravvenne quella della morte e dell'aldilà. Come Rockefeller, visse nel terrore dell'inferno, e per salvarsene fece digiuni, pellegrinaggi, e diventò perfino generoso di donativi a chiese e conventi. Era grafòmane. Non bastandogli la corrispondenza d'ufficio, scriveva lettere a tutti, e specialmente agli amici di Prato, cui annunziava ogni poco il ritorno. Voleva ammogliarsi, diceva, con una compaesana e ritirarsi dagli affari. Invece gli affari seguitò a moltiplicarli e, in attesa della compaesana, collezionò un certo numero di concubine che gli regalarono anche alcuni bastardi. Solo verso i quarant'anni si decise, e sposò una ragazza fiorentina, Margherita Bandini, che ne aveva sedici e viveva lì ad Avignone. Anche quell'affare gli andò bene. Pur con quella differenza di età, Margherita non solo gli fu fedele, ma sopportò le infedeltà di lui e, non riuscendo a dargli un figlio legittimo, si prese cura di quelli illegittimi ch'egli aveva confezionato fuori casa. La cerimonia nuziale fu fastosa. Ecco il menu del banchetto: 406 pagnotte, 250 uova, 50 chili di formaggio, mezzo bue, due montoni, 37 capponi, 11 galline, oltre le varie leccornìe di contorno.

L'anno dopo, 1375, altro colpo di fortuna. Restio a riportare la Sede Apostolica a Roma dopo l'infelice tentativo già fatto dal suo predecessore Urbano V nel 1367, papa Gregorio XI, lo abbiamo già detto, aveva affidato l'amministrazione degli Stati pontifici in Italia Centrale a dei Legati francesi che vi avevano suscitato solo la rivolta. E a guidarla e finanziarla era la città rimasta sempre più fedele alla Chiesa: Firenze. La rappresaglia del Papa non si fece attendere e si tradusse nella solita scomunica che autorizzava tutti i governi a confiscare le proprietà dei Fiorentini. Ad Avignone costoro avevano in mano il commercio e la banca. Dovettero precipitosamente abbandonare le loro botteghe e aziende. E molti, per salvarle dal sequestro, pare che le affidassero al Datini che, essendo di Prato, non ricadeva sotto le sanzioni e che ad ogni modo aveva fatto professione di fedeltà a Gregorio. Non è chiaro come egli si sia comportato in questa circostanza. Ma un suo penetrante biografo, il Sapori, afferma che da allora i suoi capitali si moltiplicarono bruscamente. Dato il tipo, non ce ne meravigliamo.

Condotta a termine quest'ultima proficua operazione, Datini si rese conto tuttavia che, col ritorno del Papato a Roma, la piazza di Avignone si avviava al crepuscolo. Vi lasciò una bottega affidata al suo impiegato Boninsegna, spedì per mare il grosso della mercanzia, con la moglie e i servi attraversò le Alpi a cavallo, e dopo un mese di viaggio, per Milano e Cremona, giunse a Prato, giusto in tempo per riabbracciare mamma Piera, unica persona forse che abbia veramente amato, e ad ogni modo l'unica con cui si era sempre mostrato generoso. Essa morì subito dopo, felice di averlo rivisto.

Prato ora era una cittadina di dodicimila anime, quasi tutti artigiani e mercanti. Molto più del Comune e dei suoi Magistrati, padrona di tutto era l'Arte della Lana, che riuniva in una unica corporazione tessitori, filatori, cardatori, tintori e mercanti. E padroni dell'Arte erano i capitalisti che controllavano tutte le fasi della lavorazione e ne monopolizzavano il prodotto. Nessuno poteva vendere o acquistare per proprio conto, nessuno poteva impiantare un'azienda indipendente. L'Arte stabiliva orari, prezzi, salari, e teneva tutta la città in una tale atmosfera di campo di concentramento e di lavori forzati, che un Pratese, ritornandovi dopo molti anni di assenza, scrisse: «Parmi che chi qui vive, vergogna abbia dell'esser vivo».

Per Datini, reduce dalla fastosa, sonante e colorata Avignone, l'impressione dovett'essere forte. Nessuno più lo conosceva, ed egli non tenne a farsi conoscere, anche per via delle tasse, sua eterna ossessione. Denunziò un patrimonio di tremila fiorini. Ma non resse alla tentazione di costruirsi una casa che gliene costò seicento e fece spalancare gli occhi ai suoi parsimoniosi compaesani, specie per via del grande giardino di cui la volle circondare. Lì istallò il suo fòndaco, il suo scrittoio e i suoi registri, che sulla copertina portavano iscritto il motto della sua azienda: «Cho 'l nome di Dio e di Ghuadagno». Di lì riannodò le fila con tutte le succursali disseminate in Spagna, Francia, Inghilterra, Germania e Medio Oriente. Poi s'iscrisse all'Arte ed entrò in società con uno che già vi godeva un certo prestigio. Non s'immischiò di lavorazione, in questo lasciando fare al socio. Ma con la sua organizzazione a raggio europeo garantì i rifornimenti di materia prima, cioè di lana. Quella locale era scadente. Datini mise le mani su quella inglese, ch'era di gran lunga la migliore del mondo, assicurandosene cospicui e costanti quantitativi. E questo rese imbattibile il suo prodotto.

Presto però si accorse che Prato era un centro troppo piccolo e retrivo per fare al caso suo. Vi mantenne la casa e la moglie, ma con gli uffici si trasferì a Firenze, dove s'iscrisse all'Arte della Seta e istallò un fondaco in Por Santa Maria, che a quanto pare fece testo per la sua attrezzatura e funzionalità. Le mura erano foderate di legno e l'ammobiliamento consisteva di una fila di panche, un desco da scrivere con sedile, una cassaforte ben sbarrata con grossi lucchetti e chiavistelli, una stadera, due paia di forbici, una canna per misurare, una pentola di rame e una lucerna di ferro. Finestre e porta erano munite di grosse sbarre. Nel retrobottega c'era un letto per il garzone che, secondo gli Statuti dell'Arte, doveva dormirci la notte. Il personale si componeva di uno scrivano, che stava in un angolo davanti a una grande tavola divisa in caselle che ne riproducevano in piccolo il disegno. Erano, l'una e le altre, divise in sette colonne: la prima rappresentava i denari, la seconda i soldi, la terza le lire, la quarta le ventine di lire, la quinta le centinaia, la sesta le migliaia, la settima le decine di migliaia. Oltre allo scrivano, che aveva in monopolio la contabilità, c'erano due o tre ragazzi apprendisti che facevano «pratica».

Niente altro. Da questi buchi e con questo staff i mercanti fiorentini dirigevano transazioni di miliardi su tutte le piazze del mondo. Ogni tanto entrava l'ispettore dell'Arte a controllare l'esattezza della canna e della stadera. Ogni tanto venivano altri mercanti a discutere le notizie del giorno e le fluttuazioni dei prezzi. Ogni tanto arrivava un corriere con la borsa delle lettere attaccata alla cintura, e questo era un avvenimento saliente. Per alcune destinazioni come Venezia, le Fiandre e la Sciampagna, i mercanti fiorentini avevano un vero e proprio servizio postale con due corrieri al giorno, istituito dall'Arte di Calimala. Ma Datini, che aveva filiali e interessi anche in Spagna e nel Levante, ne usava anche di privati, e nella loro scelta era meticolosissimo. Il mestiere infatti era difficile. Occorrevano uomini nello stesso tempo audaci e prudenti, di grande resistenza fisica, abili e coscienziosi. Datini, a quanto pare, ebbe la mano felice nel selezionarli. Dall'archivio risulta che in tre giorni i suoi postini raggiungevano Genova e in sei Venezia. Tuttavia, per mettersi al riparo da disguidi e sorprese, egli usava spesso spedire le lettere in diverse copie affidate a corrieri differenti. Le scriveva da sé, non fidandosi di nessuno. E, data la moltiplicazione delle sue filiali e la vastità dei loro interessi, non doveva far altro dalla mattina alla sera, come del resto l'archivio dimostra. Da questa corrispondenza si possono ricostruire le vie del traffico, marittime e terrestri, dalla Spagna all'Oriente, le incidenze delle perdite, ch'erano frequenti e gravi, per via dei pirati sul mare e dei banditi in terraferma. Ai suoi svariati commerci, Datini ora ne aveva aggiunto un altro, sia pure in misura ridotta: quello degli schiavi, la cui centrale di approvvigionamento erano le Baleari. L'importazione era consentita anche a Firenze, purché si trattasse d'«infedeli», cioè Musulmani o Ebrei. Ecco una lettera che riguarda una schiava incinta: «Noi abbiam parlato al cappellano di cui fu la schiava che avete; e dice che lei e ciò che ha in corpo gettiate in mare, però che non è sua la creatura...» Piccoli lampi sul costume di quel tempo e di quel Clero.

Datini agiva per «compagnie». Un tempo esse erano state delle piccole aziende familiari limitate a padre, figli e fratelli, cioè a persone che mangiavano lo stesso «pane», donde appunto il nome di «compagnia». Poi esse cominciarono a inglobare anche degli estranei in veste di «soci». Quelle di Datini erano del secondo tipo, ma egli pretendeva e chiedeva che i soci considerassero il vincolo dell'interesse non meno stretto di quello del sangue. Naturalmente però il padre era sempre lui che, alla testa delle varie aziende, ne riuniva tutte le fila nel proprio pugno. Esigeva dai suoi collaboratori un'obbedienza filiale e la contraccambiava con sollecitudini paternalistiche. Ecco come parla di un suo garzone morto: «Checco mio è andato a Paradiso... Due buoni medici furono sempre a la sua malattia, e tutti quelli della casa, sempre, e dì e notte, al suo servigio... Bene, me ne duole; altro non posso. Era buono giovane e fedele». Ma di suo nipote Maso così scrive al direttore della filiale di Barcellona che se ne lamentava: «Gastigatelo per ogni via e modo e duràteci fatica...».

Sulla fine del secolo, ormai coi capelli bianchi, Datini sembrava aver raggiunto tutti i suoi obiettivi e poteva ritirarsi, ricco e felice, nella sua bella casa di Prato. Invece seguitò a tenerci, sola, la moglie cui scriveva una lettera al giorno. Ma lui rimase nel suo fondaco di Por Santa Maria a sviluppare vieppiù la sua vasta rete di affari e a seguirne le sorti con la consueta trepidazione. Era dei pochi che si sobbarcavano a spese ingenti per assicurare la sua mercanzia, ma nemmeno questo bastava a calmare le sue apprensioni perché i risarcimenti, in caso di perdita, erano difficili da incassare. Scriveva alla moglie: «Quando fanno dette sicurtà, è loro dolce cosa toccare il danaio; ma quando viene il disastro della perdita, ciascuno tira il culo indietro...». E sembrano parole scritte oggi. Però anche dal disastro egli sapeva trarre qualche vantaggio. Scriveva subito a Margherita di raccontarlo a tutti e di spargerlo, debitamente maggiorato, ai quattro venti, in modo che l'agente del fisco, sua costante ossessione, ne tenesse conto. E anche queste sembrano parole scritte oggi.

Sulla fine del secolo, forse per facilitare il proprio finanziamento, s'iscrisse anche all'Arte dei Cambiatori e mise su una banca. Gliene derivò un mare di guai non soltanto col fisco che lo colpì ancora più duramente, ma anche coi suoi amici più timorati che gli rimproverarono di esercitar l'usura. Datini aveva una specie di direttore di coscienza in Lapo Mazzei, esemplare galantuomo, le cui lettere affettuose, ma anche severe, rimangono a documento di un'amicizia devota ma senza servilismo, di dirittura morale e di umana comprensione. Mazzei era la sola persona che Datini temeva, la sola comunque da cui subiva anche i rabbuffi. Dalle lettere che ne ricevette in questa occasione risulta quale confusione regnasse allora intorno al concetto del denaro e dell'interesse, soprattutto per colpa della Chiesa. Nell'alto Medio Evo, quando aveva il quasi assoluto monopolio del denaro, essa lo aveva dato a prestito ai tassi più esosi. Ma dacché si era formato il capitalismo privato e laico, la Chiesa si era ricordata di Sant'Agostino e di San Girolamo che consideravano usura qualunque genere di utile ricavato dal denaro e la condannavano come peccato mortale. Ciò non aveva impedito ai preti di continuare a esercitarla. Ma consentiva loro di scagliare anatemi contro i laici che facevano altrettanto. San Tommaso aveva cercato di mettere un po' d'ordine in queste contraddizioni riconoscendo la legittimità di un «giusto prezzo» del denaro. Ma era una regola opinabile che consentiva tutto e il contrario di tutto. Una banca si era sottratta alla condanna sostenendo che il peccato presuppone un'anima, e quindi quello dell'usura è tale quando a esercitarla è una singola persona. Ma una banca, essendo qualcosa d'impersonale, l'anima non l'ha, e quindi il peccato non può commetterlo. Non sappiamo come fu accolta, nel caso specifico, l'obiezione. Sappiamo soltanto che nell'opinione corrente, «banchiere» e «usuraio» erano sinonimi. E lo erano anche in quella di Lapo Mazzei che metteva in guardia Datini dallo «strozzare» i suoi clienti. Alla fine questi ne fu talmente stufo che, alla morte del suo socio Cambioni, liquidò la banca sebbene fosse ormai una delle più forti e agguerrite d'Europa.

Come trovasse il modo, con gli anni e gli affari che gli pesavano sulle spalle, di dedicare ancora energie alle donne, Dio solo lo sa. Eppure, il viziaccio non gli era passato. Con Margherita non aveva da anni altri rapporti che le quasi quotidiane lettere, rivelatrici più di malintesi che di affetto. Margherita aveva disperatamente cercato di dargli un figlio. S'era perfino fatta mandare una cintola miracolosa da farsi allacciare alla vita – diceva la prescrizione – da un bambino vergine e dopo aver detto tre Paternostri e tre Avemarie a onore di Dio, della Santa Trinità e di Santa Caterina. Ma neanche questo ritrovato sortì effetto, e la povera donna ne rimase delusa e inasprita. Fu certo anche per sottrarsi alla sua petulanza che Francesco si trasferì da Prato a Firenze. Ogni mercoledì le mandava a dire che il sabato sarebbe tornato a passare la fine della settimana a casa, ma – si lamenta Margherita in una lettera – «parmi che ogni venerdì sera ti ripenti». E magari si fosse ripentito sempre. Qualche volta invece tornava, e l'occhio gli cascava su una servotta quindicenne di nome Ghirigora cui a un certo punto occorse procurare con una bella dote di centosessantcinque fiorini un marito che si accollasse la responsabilità di un bambino già concepito da sei mesi, e che ne sopravvisse altri sei. Datini lo fece seppellire nella sua cappella privata ai piedi dell'altare, posto riservato ai figli legittimi. Poi la Ghirigora rimase vedova e chiese al vecchio padrone di riprenderla in casa. Ma Datini rifiutò. Di lì a non molto, un'altra donna di casa, la schiava ventenne Lucia, subì il medesimo incidente. Margherita si prese la bimba che nacque, Ginevra, e l'allevò come figlia sua. Quindici anni dopo il Datini la diede in sposa a un giovanotto di Prato con una bella dote di mille fiorini. Ma quando, a nozze concluse, si trattò di versarli, ne detrasse ottocentoquaranta per le spese della cerimonia, ch'era stata sfarzosa, e con la clausola che, se Ginevra fosse morta entro due anni, il vedovo doveva restituirgli i mille fiorini. Questo era il mercante Datini. Le sole spese su cui non lesinava mai erano quelle per la casa e per i vestiti. Possedeva – lusso inaudito per quei tempi – sei camicie di lino, e ogni giorno ne voleva una di bucato; sei paia di brache; quattro farsetti foderati di bambagia, dieci «cioppe» o giacconi foderati di pelliccia o di panno rosso; e ben cinque mantelli lunghi fino ai piedi. Non aveva invece camicie da notte o pigiama. Sia lui che sua moglie dormivano insieme, ma nudi, solo con berrette da notte. La casa, che esiste ancora, più che di gran linea architettonica, era solida e comoda, con le stanze a volta, due cucine, e alcune camere per gli ospiti. Datini ne ricevette di famosi, dall'ambasciatore di Francia a Luigi II di Angiò, e li trattò da grande anfitrione considerandole spese di rappresentanza che contribuivano al prestigio della ditta. Anche la sua mensa era famosa per la varietà e la ricchezza dei piatti. Datini era ghiotto, specialmente di cacciagione.

Entrato nella sessantina, dovette un po' ridurre il suo forsennato ritmo di lavoro. Ma l'ansietà, da cui era stato sempre afflitto, invece di migliorare, peggiorò. A quella per l'andamento degli affari, si aggiunse quella per le «morìe», cioè per le pestilenze. Ne aveva già viste scoppiare sei, da quando era nato, e dalla prima, che gli aveva portato via genitori e fratelli, era rimasto traumatizzato. Nel 1399 ne scoppiò un'altra. Per immunizzarsene, Datini indossò il rozzo saio del monaco e scalzo e con una candela in mano, se ne andò in pellegrinaggio propiziatorio. Era un anticlericale e più volte si era fatto beffe dei preti. Però credeva in Dio, o almeno nell'inferno, si era sempre regolarmente confessato e aveva spesso allentato i cordoni della borsa per elemosine a chiese e conventi. Seguiva anche le prediche, e specialmente quelle di San Bernardino da Siena, che per procurarsi un pubblico si annunziava imitando il canto del gallo e delle rane, e per tenerne avvinta l'attenzione lardellava i suoi discorsi di aneddoti e battute.

Col cognato, i soci e altra gente di casa, ora Datini cercava di stornare il pericolo a piedi nudi e salmodiando:

> Misericordia, eterno Dio.
> Pace, pace, Signor pio,
> Non guardare il nostro errore.
> Misericordia andiam gridando
> Misericordia non sia in bando
> Misericordia Iddio pregando
> Misericordia al peccatore.

Ma misericordia non ci fu. Ancora una volta la peste nera si abbatté sull'Europa, e la sua mareggiata di morte investì anche Prato. Datini vi cercò scampo avviandosi a dorso di mulo attraverso gli Appennini verso Bologna. Lo seguivano Margherita, Ginevra, due impiegati e alcuni servitori. Era il 1400.

A Bologna rimase quattro mesi, e il fedele Mazzei non gli fece mancare le notizie. Erano agghiaccianti. «Ieri morirono qui duecentouno, senza gli spedali, preti, frati e monasteri, e gente che fanno senza beccamorto». Lapo stesso ne fu colpito nei figli: gliene morirono due uno sull'altro. Le sue descrizioni di Firenze non fanno rimpiangere quella di Boccaccio per la peste del 1348: le botteghe chiuse, le strade deserte, le campane a morto.

Datini tornò a Prato a flagello finito, e stavolta non se ne mosse più. Come in tutte le altre città italiane, un buon terzo della popolazione era stato falciato. Il vecchio mercante, sebbene ancora fisicamente valido, era scosso. Lapo, miracolosamente sopravvissuto al contagio, lo ammoniva: «Questo nostro vivere è un correre alla morte». E il predicatore fra' Giovanni Dominici lo esortava a consacrare a Dio il tempo che gli restava da vivere. Datini fece testamento. Al notaio rivelò che la sua fortuna ammontava a settantamila fiorini, quanti a quel tempo il Re di Francia non ne ricavava in un anno da tutti i suoi Stati. Li lasciò, su consiglio di Mazzei, al pio istituto della «Casa del Ceppo dei Poveri» di Prato, salvo una rendita di cento fiorini all'anno alla vedova e alcuni altri legati minori a Ginevra e ai famigli.

Fatto questo investimento in aree fabbricabili di paradiso, tornò a dirigere i propri affari e seguitò a farlo fino alla morte che lo sorprese nel 1410.

Non era stato un grande uomo. Ma aveva compiutamente incarnato il nuovo tipo di capitalista prodotto dalla società del Trecento e aveva avuto l'accortezza di lasciarcene nel suo archivio il preciso ritratto. A differenza del mercante o del banchiere del Duecento, ch'era sempre figlio dell'«Arte» o della «parte» o del «clan» di famiglia, Datini era, come oggi si dice, un *self made man*, un uomo che si era fatto da solo, quale non era stato nessun

Acciaioli o Bardi o Peruzzi o Cerchi o Frescobaldi: e questo dimostra quanto l'individuo si fosse ormai affrancato dal «gruppo». Inoltre, a differenza di quei suoi predecessori che avevano sempre considerato il denaro come strumento di potere e di prestigio, lo aveva preso come fine. Non se n'era mai servito per procurarsi un blasone nobiliare o per fare una carriera politica. L'unica carica pubblica che aveva rivestito fu, per poco tempo e di mala voglia, quella di Gonfaloniere di Giustizia a Prato. Era indifferente alla politica, anzi la disprezzava come un mestiere di «chiacchieroni» intesi solo a intralciare il lavoro della gente seria, cioè di quella che badava a produrre o ad accumulare palanche. E anche in questo atteggiamento «qualunquista» era buon precursore del capitalista moderno. Ma egli lo fu anche nella tecnica degli affari. I mercanti e i banchieri del Duecento erano stati dei pionieri, uomini d'arme e d'avventura, che da soli avevano tracciato e aperto le vie del traffico in terra e in mare. Avevano dovuto far tutto di persona, animati da uno spirito imprenditoriale pionieristico ed eroico. Datini non conosceva altre città che Avignone, Prato e Firenze, e non si era mai mosso dal suo «scrittoio». Era già inserito in un «sistema» che lo esentava dall'intervento personale. Aveva i suoi «direttori generali», le sue «filiali», i suoi corrispondenti, i suoi corrieri. Ma aveva soprattutto le sue «lettere di cambio» che gli consentivano di spostare con relativa facilità i suoi capitali.

Con lui s'inaugura un capitalismo nuovo, basato più sulla tecnica e l'efficienza che sulla fantasia, l'inventiva e il coraggio. Come dice il Sapori, con gli uomini alla Datini il volume degli affari nell'economia italiana non si contrasse; ma si contrasse lo spirito degli uomini d'affari.

E ora riprendiamo il filo del nostro racconto.

CAPITOLO TREDICESIMO

IL PAPATO TORNA A ROMA

Può darsi che anche le suppliche e le minacce di Caterina avessero influito sulla decisione di riportare la sede apostolica a Roma. Ma i motivi che più immediatamente vi contribuirono furono altri due. Il primo era che il Re di Francia in quel momento non aveva abbastanza forza per impedirlo. Si era lanciato contro l'Inghilterra in una guerra che doveva durare cent'anni e che allora volgeva decisamente in suo sfavore. Il paese era invaso dagli eserciti nemici e stremato dalle pestilenze e dalle carestie. E anche la succursale angioina di Napoli, sotto il dissennato regime di Giovanna, non era in grado di esercitare pressioni.

Il secondo motivo erano le allarmanti condizioni in cui versava l'Italia, e particolarmente gli Stati pontifici. L'anarchia nella penisola era endemica, ma ora raggiungeva una delle sue fasi critiche. Le Signorie proliferavano, si combattevano, si distruggevano e si riformavano. Ogni tanto scendeva in Italia uno di quei fatiscenti Imperatori che i Tedeschi seguitavano a eleggere, ma col sottinteso che non esercitassero il potere. Nel 1354 era stata la volta di Carlo IV di Boemia. A differenza di Ludovico, era d'accordo col Papa che lo fece coronare dal cardinale Bernardi. S'incontrò, lo abbiamo detto, con Petrarca. Eppoi anche lui risalì la penisola vendendo a varie città – fra cui Firenze, che lo comprò per centomila fiorini – il diritto di restare tranquille. Mai il prestigio della corona che aveva cinto la testa di Carlomagno, di Barbarossa e di Federico II era caduto così in basso. L'Imperatore ormai non era più che l'esoso agente di un fisco arbitrario. Però molti Signori italiani se n'erano serviti per farsi dare il titolo di Vicari, che bene o male serviva a legittimare il loro potere. In nome di quel fantomatico Impero, nell'intermezzo fra le spedizioni di Ludovico e Carlo, Cola di Rienzo aveva indossato la toga di Augusto e annunziato il ritorno delle aquile e dei fasci littori sui «colli fatali» dell'Urbe. Cola era matto. Ma molto meno matti erano quei Signori e signorotti che profittavano di tutto questo tramestìo per spartirsi l'Italia, compresa quella centrale che la Chiesa considerava sua esclusiva riserva di caccia. Malatesta, Ordelaffi, Montefeltro, Varano, Trinci si stavano mangiando gli Stati pontifici. E i Visconti di Milano cominciavano a sprigionare una pericolosa forza di attrazione su tutta la penisola. La stessa Genova era caduta in mano loro nel 1353. E Genova più Milano potevano benissimo, con cinque secoli di anticipo sul Piemonte, fare l'Italia, cioè la cosa che la Chiesa più paventava.

Fu questo pericolo che inquietò i Papi di Avignone, sebbene fossero francesi. Clemente VI aveva cercato di restaurare la sua autorità su Roma servendosi di Cola. E fu per questo che il tribuno, processato ad Avignone dopo la sua prima caduta, venne assolto e trattato più da ospite che da prigioniero. Subito dopo Clemente morì, e al suo posto venne eletto Innocenzo VI, uomo di ben diversa stoffa, tanto modesto e frugale quanto il suo predecessore era stato fastoso e spendaccione, ma altrettanto fermo nella difesa dei diritti della Chiesa. Fu lui che, ingannato dall'apparente saggezza che Cola sembrava aver acquistato dopo tre anni di esilio avignonese, lo rispedì a Roma come suo emissario. Ma al fianco gli mise un Cardinale, che avrebbe benissimo figurato fra i luogotenenti di San Domenico, dal cui Ordine d'altronde proveniva.

Gil Álvarez Carrillo de Albornoz discendeva da una famiglia di aristocratici spagnoli, e il suo seminario era stata la caserma. Per le sue imprese in guerra, lo avevano fatto Arcivescovo di Toledo. Ora che lo mandavano come Cardinale in Italia, si preparò a fare il Generale. E infatti, lasciando Cola proseguir da solo per Roma incontro a un nuovo accesso di demenza e al linciaggio, si fermò a Firenze e la persuase a dargli i fondi per organizzare un esercito. Non erano che un pugno di uomini, ma gli bastarono per giocare uno contro l'altro i vari signorotti che si erano divisi gli Stati della Chiesa. Invitava l'avversario a negoziare, e durante le trattative gli faceva demolire di sorpresa le piazzeforti. Così successe a Giovanni di Vico che venne da lui come Signore di Viterbo, Orvieto, Amelia, Narni e Terni; e alla fine dei colloqui si accorse di non avere più nulla, salvo il titolo di Vicario della Chiesa a Corneto. La sua tattica era quella di trattare coi piccoli potentati e di persuaderli che un patronato remoto come quello della Chiesa li avrebbe messi al sicuro dalla rapacità di quelli vicini e grandi. In questo modo riuscì a isolare i Malatesta e gli Ordelaffi contro cui non c'era che la guerra.

Il Malatesta, dopo una prima sconfitta, s'impaurì e trattò. Albornoz fu indulgente. Trascurando il fatto che il suo avversario era anche scomunicato, gli lasciò Rimini, Pesaro e Fano, ma da amministrare come Vicario della Chiesa. Con l'Ordelaffi fu più duro. Era un tiranno temuto dai suoi sudditi per la sua spietatezza, ma anche rispettato per le sue indubbie capacità. E per di più aveva al suo servizio un Generale d'eccezione: la moglie Cia degli Ubaldini, reincarnazione di Minerva. Per venire a capo di questa pericolosa coppia, Innocenzo la scomunicò, e l'Albornoz bandì addirittura una crociata promettendo la più larga indulgenza a chi vi partecipava, quali che fossero i suoi peccati, anche i più orrendi. Ladri e assassini accorsero da tutte le parti a ingrossare l'esercito papalino. Gli Ordelaffi risposero facendo bruciare sulla piazza di Forlì fantocci di paglia che raffiguravano il Papa e i Cardinali. «Ecco che sono scomunicato» gridò il tiranno «non pertanto la carne, lo pane, lo vino che bevemo ci fa buono.»

L'Albornoz ottenne alcuni successi iniziali fra cui la presa di Cesena che Cia difese strada per strada con maschio coraggio. Ma venne improvvisamente richiamato ad Avignone e non si è mai saputo per quale motivo, e il suo successore Androin de la Roche riperse tutto. Tornò l'Albornoz l'anno dopo (1357). E dopo venti mesi di aspra lotta gli Ordelaffi dovettero capitolare. Anche Bologna si consegnò al vincitore e consacrò la dedizione con un plebiscito in cui la scheda elettorale era rappresentata da una fava: 1644 furono quelle bianche e 5 sole le nere.

Ora che Emilia, Romagna, Marche, Umbria e Lazio erano ridiventati Stati della Chiesa (e Firenze era garante della fedeltà della Toscana al Papa), Albornoz scese a Roma per ripristinarvi l'ordine. Il governo fu affidato a un Senatore di nomina papale che doveva fornire soprattutto una garanzia: quella di non essere romano. Lo Spagnolo, evidentemente, aveva capito tutto. Egli era assecondato da sette riformatori della Repubblica, tutti di elezione popolare, con esclusione dei nobili. E Albornoz completò quest'opera riformatrice dettando le famose «Costituzioni egidiane» che praticamente regolarono lo Stato pontificio fino all'Ottocento.

La strada era libera per il ritorno del Papa nell'Urbe. Questo Papa non era più Innocenzo VI, morto da poco, ma Urbano V, che gli era succeduto nel 1362, e ne continuava l'opera moralizzatrice e risanatrice. Nel 1367 annunziò il ripristino della sede apostolica a Roma. È significativo che questa decisione coincidesse con una ennesima batosta della Francia che sembrava definitiva perché il suo Re era caduto prigioniero in mano agl'Inglesi. I Cardinali, quasi tutti francesi, inorridirono all'idea del trasloco e accusarono Urbano di essere succubo della retorica di Petrarca e delle minacce di Caterina. Ma Urbano rimase fermo nei suoi propositi.

Nell'aprile del 1367 s'imbarcò a Marsiglia, gioiosamente scortato da un codazzo di galee genovesi. Roma, che da sessantaquattro anni non vedeva più un Papa, lo accolse trionfalmente. I più grandi Signori italiani, da Amedeo di Savoia agli Este e ai Malatesta, vi si erano dati convegno. Alcuni di loro ressero il morso del bianco mulo su cui Urbano fece ingresso in città, e tutti, bardati nelle più belle armature, con séguiti in divise sgargianti, bandiere e baldacchini, lo scortarono fino a San Pietro. Mancava solo Albornoz, morto proprio alla vigilia di quel ritorno che rappresentava il suo personale trionfo. Questo Spagnolo è stato forse l'unico grande uomo politico italiano del Trecento.

Ma, finita la festa, il Papa fu colto dallo sgomento. Roma non era che un monumentale cimitero. La basilica di San Paolo era in rovine, quella di San Pietro tatuata di crepe, il Laterano semidistrutto da un recente incendio, palazzi cadenti, casupole ammucchiate alla rinfusa, selciati sconnessi e cariati di pantani, nessuna industria, plebi cenciose. Così aveva ridotto la città il malgoverno della più arrogante e inetta aristocrazia europea.

Incapace di acclimatarsi in quell'area depressa, Urbano stanziò cospicui fondi per opere pubbliche di emergenza che lasciò in appalto al governo; e si ritirò a Montefiascone. Ma anche lì la nostalgia della Francia seguitò a consumarlo. Il Petrarca, venuto a saperlo, gli mandò lettere su lettere per incitarlo a resistere. Santa Brigida di Svezia gli predisse che se lasciava l'Italia, sarebbe morto. Carlo IV fece solenne rinunzia ai diritti imperiali sull'Italia centrale, su cui l'Impero aveva sempre conservato una teorica sovranità, venne di persona a Roma, umilmente tenne il morso al cavallo di Urbano e gli servì messa in San Pietro.

Urbano resse fino al 1370. Poi, sentendo approssimarsi la fine, non volle chiudere gli occhi prima di aver rivisto la sua diletta Avignone, e lì, poco prima di Natale, morì rivestito nel suo saio di monaco benedettino sul paglericcio di una stanzetta che somigliava a una cella.

Il suo successore Gregorio XI era un nipote di Clemente VI, che lo aveva fatto cardinale a diciott'anni. E anche lui, come lo zio, preferiva Cicerone al Vangelo e il Carnevale alla Quaresima. Di ripetere l'esperienza di Urbano non aveva nessuna voglia, e per sette anni rimase sordo all'eloquenza di Petrarca e alla disperazione di Santa Caterina. Per mantenere in piedi l'opera di Albornoz, aveva affidato gli Stati della Chiesa ai suoi Cardinali francesi in veste di Legati pontifici, i quali si comportarono come proconsoli in terra di conquista. Gli effetti del loro malgoverno non tardarono a farsi sentire. A Perugia il nipote del Legato perseguitò con tale insistenza una signora che costei, per non cedergli, si buttò da una finestra e morì. Scoppiò un subbuglio. A una deputazione che chiedeva un castigo, il Legato rispose arrogantemente: «Cosa credete? Che noi Francesi siamo eunuchi?» La città si rivoltò, seguita da molte altre dell'Umbria delle Marche e della Romagna. Nel 1375, tutta l'opera di Albornoz era in rovine. Di sessantaquattro città che avevano riconosciuto la sovranità del Papa, una sola vi era rimasta fedele. E alla testa dell'insurrezione c'era quella che al pagliaio del Papa aveva sempre montato la più ringhiosa guardia: Firenze. Essa ora guidava, e naturalmente finanziava, la coalizione antipontificia sventolando una bandiera su cui era scritto «Libertas».

Gregorio cercò di resistere senza muoversi da Avignone. Scomunicò Firenze autorizzando così Francia e Inghilterra, che non se lo fecero dir due volte, a sequestrare gl'immensi patrimoni dei banchieri e mercanti fiorentini che operavano in quei due Paesi. Pur coi suoi commerci e finanze sull'orlo del collasso, Firenze rispose confiscando i beni della Chiesa sul suo territorio, chiudendo i tribunali ecclesiastici, distruggendo gli edifici dell'Inquisizione, incarcerando i preti che non si sottomettevano, avviando i più riottosi al patibolo e lanciando un appello a Roma perché si unisse alla rivolta. Gregorio dovette correre ai ripari. Mandò a dire ai Romani che, se rifiutavano l'invito, sarebbe tornato fra loro. E solo così si assicurò la fedeltà dell'Urbe.

Ora che aveva promesso, doveva mantenere. Ma prima di mantenere, doveva ristabilire l'autorità pontificia sugl'insorti, e per farlo non aveva più un Albornoz. Dovette affidarsi a quei capitani di ventura, di cui da qualche decennio l'Italia era diventata la mecca e su cui in seguito torneremo. Furono soprattutto due che in suo nome combatterono e si distinsero per ferocia e crudeltà. Uno era un avventuriero inglese, John Hawkwood, che gl'Italiani ribattezzarono Giovanni Acuto, ma anche «lo Scannatore». Comandava una banda di predoni che, per il fatto di servire il Papa, si chiamò «Compagnia Santa», e dimostrò quanto lo fosse a Faenza dove scannò trecento inermi non perché ribelli ma per semplice sospetto che lo diventassero, e scacciò tutta la popolazione fuor di città «ritenendo solamente quelle donne che piacquero a lui e ai suoi». Ma non migliore fu il suo collega e compare Roberto di Ginevra, sebbene fosse Cardinale. Alla testa di una masnada di Brétoni, s'impadronì con l'inganno di Cesena, vi massacrò quattromila persone, e deportò tutte le altre dopo il solito prelievo delle ragazze più giovani e avvenenti.

Fu allora che Firenze mandò a Gregorio come ambasciatrice Caterina e che costei pronunciò di fronte al Papa la famosa requisitoria per cui rischiò l'arresto e la scomunica. Quanto quel violento appello influisse su di lui, è impossibile dire. Ma fatto sta che subito dopo Gregorio, pur controvoglia, s'imbarcò a Marsiglia, e ai primi del 1377 raggiunse Roma. Non vi trovò l'accoglienza che vi aveva trovato il suo predecessore. Anzi, vi si sentì così poco sicuro che dopo poche settimane si ritirò ad Anagni e di lì cercò di riportare la pace nei suoi Stati non più con la forza, ma con la diplomazia. La fiducia nel Papato era talmente scossa che gli ci volle parecchio tempo per indurre le città a rovesciare i governi ribelli e a riconoscere la sua sovranità. L'ultima a cedere fu Firenze, per la quale si dovette ricorrere all'arbitrato di Bernabò Visconti. Questi se ne fece profumatamente ripagare rimettendo come parcella la metà della somma che avrebbe estorto ai Fiorentini come indennizzo della rimessa scomunica. Epperciò li condannò a versare ottocentomila fiorini. Ma il Papa li ridusse a duecentocinquantamila.

Gregorio non visse abbastanza per vedere la pace interamente ristabilita nei suoi Stati. Sulla fine del 1377 tornò a Roma, e pochi mesi dopo morì mormorando la parola: «Francia».

Così si era concluso il periodo del Papato avignonese, passato alla storia come la «cattività di Babilonia». E non c'è dubbio ch'esso abbia avuto un'influenza determinante sulla terribile crisi dello scisma che stava per aprirsi e che per poco condusse la Chiesa alla catastrofe: la quale del resto non venne evitata, ma solo dilazionata. Il Papato ad Avignone fu una jattura perché lo espose al sospetto di essere diventato uno strumento nelle mani del potere temporale francese, come la Chiesa ortodossa greco-orientale lo era nelle mani del potere temporale di Bisanzio. C'era insomma il pericolo che s'istaurasse anche in Occidente un cesaropapismo con un Papa ridotto a cappellano del Re di Francia come il Patriarca di Costantinopoli lo era nei confronti del suo Imperatore. E che il Re di Francia mirasse a questo, è probabile. Come è probabile che ci sarebbe riuscito, se non si fosse imbarcato nella disastrosa Guerra dei Cent'anni con l'Inghilterra.

Che su centotrentaquattro Cardinali nominati in tutto dai Papi di Avignone, ben centotredici fossero francesi, dimostra appunto che la Francia intendeva accaparrarsi il Papato e strumentalizzarlo a uso della sua politica nazionale. Ciò naturalmente fornì i migliori argomenti a tutti coloro che, specie in Inghilterra e in Germania, preparavano la rivolta contro il potere centrale della Chiesa e il suo monolitismo. Senza dubbio i germi della Riforma che doveva spaccare in due la Cristianità occidentale furono seminati da Avignone. E infatti è da questo momento che data il primo assalto contro la struttura teocratica e totalitaria della Chiesa: quello di Wycliff in Inghilterra.

Ma non anticipiamo. Per il momento, riportando la sua

sede nell'Urbe, la Chiesa si salvò. I fatti avevano dimostrato ch'essa non poteva accasarsi altrove. Non già perché, come dicono i retori, solo Roma è investita da Dio di una missione universale. Ma perché essa non era – e non è mai diventata – la capitale di una Nazione che su quelli della Chiesa possa far valere i suoi diritti temporali e laici. Dovunque altrove la Chiesa avrebbe dovuto vedersela con uno Stato. In Italia essa è riuscita a impedire che lo Stato si formasse; e quando si formò, lo tenne prigioniero. C'è una ragione per cui da tempo immemorabile i Papi vengono scelti solo fra i Cardinali italiani. Sono gli unici «apolidi». E quindi forniscono la garanzia di servire soltanto gl'interessi della Chiesa.

CAPITOLO QUATTORDICESIMO

LO SCISMA E IL CONCILIO

Appena riavuto il Papato, i Romani si affrettarono a mostrarsene indegni. Assediarono il Laterano dove si teneva il Conclave per l'elezione del successore di Gregorio, e minacciarono di morte i Cardinali se non sceglievano un Romano, o almeno un Italiano. I Cardinali erano sedici, di cui dodici stranieri, in maggioranza francesi. Si affrettarono ad eleggere l'Arcivescovo di Bari, Bartolomeo Prignano, e fuggirono atterriti rimpiangendo i bei tempi di Avignone.

Il nuovo Papa prese il nome di Urbano VI, e volle subito dimostrare che la Provvidenza può anche servirsi delle intimidazioni e dei ricatti per collocare l'uomo adatto nel posto adatto. Nominò Consoli e Senatori di sua fiducia, ma soprattutto organizzò una buona polizia per far capire ai Romani che il Carnevale era finito. Poi annunziò una riforma della Chiesa dicendo che l'avrebbe iniziata dal vertice cioè dall'alto Clero di cui, nelle sue pubbliche prediche, denunziò il malcostume in termini violenti. Abolì le parcelle e le «bustarelle» che i prelati di Curia si facevano pagare per qualunque «pratica». E quando il cardinale Orsini venne a protestare, lo scacciò dandogli dello «zuccone». Ma anche peggio capitò al Cardinale di Limoges che lo aveva contraddetto. Urbano gli si avventò addosso per schiaffeggiarlo. Santa Caterina gli scrisse per raccomandargli un po' di moderazione. Ma Urbano non le badò e, per aver mano libera nelle sue spicciative riforme, fece un'infornata di nuovi Cardinali in modo da ridare agl'italiani e a se stesso la maggioranza nel Conclave.

Quelli francesi, vedendo compromesso il loro primato, si riunirono ad Anagni e invalidarono l'elezione di Urbano, perché strappata a forza dalla popolazione. Molti altri prelati sottoscrissero la dichiarazione, e il 20 settembre (1378) coronarono ad Avignone Roberto di Ginevra col nome di Clemente VII. Costui fu immediatamente riconosciuto dal Re di Francia, che aveva sobillato sotto banco la rivolta, e da quelli di Napoli, Spagna e Scozia. Ma il resto d'Europa rimase fedele a Urbano. E così cominciò il grande scisma, che per decenni doveva fare della Chiesa un campo di battaglia.

Anche i Santi si divisero. Caterina cui, malgrado tutto, il caratteraccio e il severo moralismo di Urbano piacevano, diede di Giuda a Clemente. Vincenzo Ferreri ritorse la qualifica contro Urbano. Ognuna delle due parti ritenne nulli i sacramenti somministrati dall'altra. E una intera generazione europea visse senza sapere se era stata regolarmente battezzata e morì nel dubbio di aver ricevuto una valida assoluzione.

Alcuni storici hanno visto in Urbano una reincarnazione di Bonifacio. Entrambi, col loro autoritarismo, provocarono una catastrofe. Ma il miscredente e cinico Bonifacio non vedeva, nell'autorità della Chiesa, che una proiezione di quella sua. Urbano se ne considerava solo un soldato. L'uomo era frugale, devoto, senza esibizionismi né ambizioni personali. Sbagliò per eccesso di zelo, non per smania di potere. Ma come tutti i fanatici, fu anche crudele. Fece arrestare, torturare e uccidere sette Cardinali ribelli e ostinatamente rifiutò qualsiasi compromesso con la parte avversa.

D'altronde lo scisma, più che colpa degli uomini, era frutto di una certa situazione politica: e cioè della progressiva affermazione degli Stati nazionali, ognuno dei quali voleva un Papa suo. E lo si vide quando, morti i due protagonisti, lo scisma continuò. Al posto di Urbano, il Conclave di Roma elesse Pietro Tomacelli col nome di Bonifacio IX. Al posto di Clemente, il Conclave di Avignone elesse Pedro de Luna col nome di Benedetto XIII. Il Re di Francia propose che ambedue rinunziassero. Ma Benedetto rifiutò, e le cose rimasero come prima.

Così si era giunti alla fine del secolo, e Bonifacio indisse il Giubileo. Era la prova di forza fra i due Papi, e Bonifacio vi si mostrò del tutto degno del nome che portava. Lui sì che somigliava davvero al suo omonimo di un secolo prima. Non rinunziò a malizie, e nemmeno a bassezze, per assicurarsi un successo di prestigio e di denaro. Prevedendo che Francia, Napoli e Scozia avrebbero frapposto ostacoli alla partenza dei pellegrini, attraverso i suoi predicatori promise la remissione dei peccati a coloro che avessero pagato a lui le spese del viaggio, anche senza intraprenderlo. Molti di questi predicatori intascarono i soldi senza neanche esigere la confessione, e Bonifacio li rimproverò. Ma quelli che tentarono di appropriarsi dei fondi raccolti li fece torturare finché non ebbero risputato fin l'ultimo centesimo. Ce ne furono che, sottoposti a quel trattamento su semplice sospetto, ci rimisero del loro per sottrarvisi. Ed altri che vennero linciati dal popolino dell'Urbe perché avevano esentato i benintenzionati dal venire a Roma e dal farsi spogliare dai tavernieri di Trastevere.

Come «presenze», il Giubileo del 1400 fu meno trionfale di quello del 1300. Ma come introito, per le casse del Papa, lo equivalse. Bonifacio se ne servì per rafforzare il suo potere personale. I Colonna gli si ribellarono e, aiutati dai Francesi, reclutarono un esercito di ottomila uomini per rovesciarlo. Bonifacio si chiuse dentro il castello di Sant'Angelo, fin quando la folla si rivoltò contro gli assalitori. Una trentina dei loro capi vennero catturati. A uno di essi Bonifacio promise la salvezza purché facesse da boia agli altri. Lo sciagurato accettò e impiccò anche suo padre e un suo fratello.

Poco dopo Bonifacio morì, il suo posto fu preso da Innocenzo VII, e i Colonna tornarono all'offensiva. Il Papa fuggì a Viterbo, e la volubile plebe mise a sacco il Vaticano, cosparse di fango e di sterco le insegne pontificie, violò gli archivi gettando dalla finestra e sparpagliando per le strade registri e storici documenti. Poi rifece pace con Innocenzo e lo richiamò a Roma appena in tempo per vedervelo spirare.

Seguì un altro Conclave con l'elezione di Gregorio XII, che propose un accordo al suo rivale di Avignone, Benedetto. Costui si dichiarò pronto a dimettersi se Gregorio faceva altrettanto. Gregorio esitò, ma la sua famiglia intervenne con un perentorio divieto. Allora alcuni suoi cardinali indissero un Concilio per eleggere un Papa che ricucisse nel suo nome la Chiesa. Stavolta fu Benedetto a rifiutare. Ma fu abbandonato dal Re di Francia, e molti suoi Cardinali si unirono a quelli che a loro volta avevano abbandonato Gregorio. Tutti insieme indissero un Concilio risolutore e ne fissarono il luogo e la data: Pisa, 25 marzo 1409.

La decisione non era stata dettata soltanto dall'emergenza. Già da un secolo un «movimento conciliare» si era delineato in seno alla Chiesa, che intendeva metterne in discussione la struttura monolitica e autoritaria. Guglielmo di Occam aveva sostenuto che la Chiesa non è il Papa, e nemmeno il Clero, ma la comunità dei fedeli. Essa può delegare la propria volontà a un Concilio, ma rimane sempre la depositaria di ogni potere, compreso quello di eleggere, censurare e deporre il Papa. Marsilio da Padova aveva riecheggiato le medesime tesi. Il Concilio, diceva, è la Cristianità stessa. Come tale, non può essere monopolio dei preti. I laici hanno altrettanto diritto di parteciparvi. E il Papa non è che l'esecutore delle sue delibere.

Un teologo tedesco, Langenstein, aveva scritto su questo argomento un trattato, che aveva messo in subbuglio l'Università di Parigi. Quali che possano essere le nostre idee, aveva detto, i fatti sono più eloquenti. Essi ci dimostrano che Papi e Cardinali non riescono a superare lo scisma. Quindi è chiaro che il loro potere di decisione non basta a scongiurare le crisi e che, quando queste scoppiano, bisogna attingere a una volontà superiore o per lo meno al di fuori della gerarchia, quella del Concilio. Gerson aveva audacemente ribadito questi argomenti dinanzi allo stesso papa Benedetto.

Molto probabilmente erano stati questi concentrici attacchi alla tradizionale struttura della Chiesa che avevano spinto i Cardinali dell'una e dell'altra parte a indire il Concilio. Ma essi lo vedevano come un mezzo per trarre la Chiesa dal vicolo cieco in cui si era cacciata, non come un fine. Il loro scopo era di restituirle insieme con l'unità la sua fisionomia monolitica, non di smantellarla a beneficio di una specie di parlamento democratico, come volevano Occam e gli altri riformatori. Era il primo atto della drammatica rottura che sarebbe sopravvenuta un secolo dopo con Lutero.

Come tutti i Concili, anche quello di Pisa si aprì infatti all'insegna dell'equivoco. La vecchia città ghibellina, cui Genova aveva affondato la flotta e Firenze aveva tolto l'indipendenza, non aveva mai visto pioversi addosso tanti turisti, e non riusciamo a immaginare dove li alloggiasse. C'erano ventisei Cardinali, quattro Patriarchi, dodici Arcivescovi, ottanta Vescovi, ottantasette abati, i Generali dei grandi ordini monastici, i delegati di tutte le più grandi università, trecento dottori di diritto canonico, le missioni diplomatiche di quasi tutti i governi d'Europa, con uno stuolo di consiglieri, segretari, amanuensi, scribi, guardie e servitori.

Il Concilio si proclamò «canonico», cioè qualificato a promulgare leggi valevoli per tutta la Chiesa, ed «ecumenico», cioè interprete di tutta la Cristianità. Di fatto, mancavano i rappresentanti della Chiesa greco-ortodossa. Ma costoro ormai, da quasi quattro secoli, erano considerati non già «fratelli separati», come si chiamano oggi, ma «fratelli perduti». E all'appello mancavano anche i due Papi in carica, Benedetto e Gregorio. Il Concilio rivolse loro solenne invito a presentarsi. E siccome essi non comparvero, li depose, ed elesse Papa il Cardinale Arcivescovo di Milano col nome di Alessandro V dandogli mandato d'indire un altro Concilio.

L'unico risultato di questo primo round fu che, invece di due Papi, la Chiesa ne ebbe tre, perché Benedetto e Gregorio ignorarono Alessandro. Costui, per complicare maggiormente le cose, morì quasi subito. E al suo posto fu eletto il cardinale Baldassarre Cossa che prese il nome di Giovanni XXIII.

Cossa aveva tutte le qualità che un sacerdote non dovrebbe avere: era un politicante ambizioso e accorto, un amministratore abile e rapace, un Generale sagace e spietato. Perché avesse fatto il prete invece che il condottiero, non si sa. Ancora meno si sa perché lo elessero Papa, e in un momento come quello. Stando al suo segretario, egli aveva sedotto duecento fra ragazze, spose, vedove e suore. Né intendeva abbandonare questa piacevole attività, ora che aveva indossato la tiara. Aveva ereditato da Alessandro l'impegno d'indire il Concilio. Ma lo ritardò finché poté, cioè fin quando il nuovo imperatore Sigismondo ve lo costrinse.

Troviamo superfluo ricostruire l'ingarbugliata matassa delle successioni che avevano procurato la corona imperiale a questo Re vagabondo fra Polonia, Ungheria e Boemia. Il platonico titolo, lo abbiamo già detto, esisteva ancora, pomo di discordia fra le case regnanti soprattutto di Germania. E ogni tanto si trovava qualcuno come Arrigo VII che pretendeva ridargli un contenuto. Sigismondo era di questi. Credette che la crisi del Papato gli facilitasse l'impresa e ci si cacciò in mezzo atteggiandosi a supremo arbitro delle sue lotte interne col piglio di un Costantino. Forse proprio per richiamo di questo prestigioso nome, indisse il Concilio a Costanza per il novembre del 1414, se ne autoproclamò Presidente, e v'invitò tutto il gotha della Chiesa, dell'aristocrazia e della cultura.

Accorsero circa cinquemila persone di cui, stando a Creighton, millecinquecento prostitute. Era (meno, s'intende, le prostitute) la più imponente assise cristiana che si fosse vista dopo quella di Nicea del 325. Ma si trovò subito di fronte a un drammatico imprevisto: la fuga di papa Giovanni. Qualcuno lo aveva informato che il Concilio stava per incriminarlo di adulterio, delitto ed empietà; e che l'unico modo per lui di sottrarsi al processo era di fare atto di rinunzia alla tiara insieme a Benedetto e a Gregorio. Giovanni dapprincipio aveva aderito. Ma poi alla chetichella prese il largo per rifugiarsi a Sciaffusa, presso l'arciduca d'Austria Federico, nemico di Sigismondo. E di lì emanò un decreto, *Sacrosancta*, che qualcuno ha definito «il più rivoluzionario dei documenti ufficiali della Chiesa». Esso diceva che il Concilio rappresentava la Chiesa Militante, derivava la sua autorità direttamente da Dio, e quindi doveva essere considerato una specie di «costituente» della Cristianità. Le sue delibere erano vincolanti per tutti, compreso il Papa, per quanto riguardava sia l'interpretazione del dogma, sia la riforma e l'organizzazione della Chiesa, che d'ora in poi solo nel Concilio avrebbe avuto la sua unica e assoluta fonte d'ispirazione.

Il colpo era degno dell'uomo, della sua astuzia e spregiudicatezza. Giovanni cercava di riprendere il mestolo in mano mettendosi alla testa del movimento conciliare. La manovra, anche se non gli riusciva, era una bella vendetta contro i Cardinali che lo avevano estromesso. Essi erano naturalmente avversi all'onnipotenza del Concilio, che li avrebbe esautorati. E infatti si opposero con risolutezza riaffermando il loro esclusivo diritto a eleggere il Papa. Ma furono sopraffatti. E per un momento parve che la Chiesa imboccasse la strada di una volontaria riforma in senso democratico e antiautoritario.

Il Concilio invitò Giovanni ad abdicare. Non ottenendo una risposta soddisfacente, lo chiamò a rispondere di cinquantaquattro reati fra cui c'erano il tradimento, il furto e la simonìa. Ma lasciò cadere altre sedici accuse ancora più gravi. Il 29 maggio (1415) Giovanni fu deposto e confinato nel castello di Heidelberg, di dove uscì tre anni dopo grazie a un intervento di Cosimo de' Medici, che l'ospitò e mantenne per il resto dei suoi giorni.

Il Concilio solennizzò il proprio trionfo con un imponente corteo. Ma quando riprese i lavori, si trovò di fronte al solito dilemma. L'elezione di un altro Papa avrebbe ribadito la triplice divisione della Chiesa perché Benedetto e Gregorio si ostinavano a restare in carica, e ciascuno di loro aveva i propri fedeli. Gregorio però ebbe un lampo di magnanimità, che forse era solo accortezza. Accettò di abdicare purché il Concilio a sua volta accettasse di essere nuovamente indetto e consacrato da lui. Cioè disse: «Prima voi mi riconoscete Papa con tutti i diritti che ne conseguono, fra cui quello d'indire un Concilio. Io lo indico, e abdico nelle sue mani a tutti i *miei* poteri». Con questa sottile manovra, egli ribadì che la fonte dell'autorità era il Papa, e il Concilio poteva esercitarla solo per sua delega. Era il rovesciamento del *Sacrosancta.* I Cardinali gli restituirono il servigio nominandolo Legato e governatore di Ancona.

Restava da liquidare Benedetto che si ostinava a considerarsi Papa. Ma non aveva più seguaci. Il Concilio lo depose senza correre rischi di scissioni. E il pover'uomo si ritirò in una specie di fortezza di famiglia vicino a Valencia dove tutti lo chiamavano Santo Padre. Ci rimase fino a novant'anni, quando morì, senza mai uscirne forse per timore che qualcuno gli negasse quel titolo.

Ora la strada era aperta all'elezione di un Papa che fosse riconosciuto da tutti. Fu costui il cardinale Oddone Colonna che nel 1417 salì al Soglio col nome di Martino V. Lo scisma era finito.

CAPITOLO QUINDICESIMO

LA RIVINCITA DEL PAPATO

Da buon Papa romano, Martino pensò anzitutto a sistemare i parenti, facendone qualcuno Cardinale, qualche altro Senatore, qualche altro Generale. Ma vi era costretto anche dall'emergenza. L'Urbe era in un tale caos ch'egli stesso non poté insediarvisi e dovette vagabondare fra Ginevra, Mantova e Firenze. Aveva bisogno di uomini che rimettessero un po' d'ordine nell'Urbe, e naturalmente li scelse fra i suoi.

L'impresa non era facile. Gli Stati pontifici, lo abbiamo già detto, si erano decomposti in tante piccole Signorie gestite da dittatori che dicevano di amministrarle in nome del Papa. Ma lo dicevano soltanto, perché nei fatti si comportavano da sovrani assoluti. Tutte le strade che adducevano a Roma erano sotto il controllo di un capobrigante, Braccio da Montone, che intercettava i rifornimenti della città e a suo piacere l'affamava. Prima il trasferimento ad Avignone, poi lo scisma avevano deteriorato gli strumenti del governo papalino. Esso non aveva più un esercito, né un corpo di polizia, né un catasto, né un'annona. Non aveva più funzionari. E soprattutto non aveva più un Tesoro: le casse erano vuote. Non c'era neanche di che largire un po' di pane a quella popolazione immiserita e abituata al parassitismo.

Martino affrontò con coraggio e sagacia una situazione

che non era difficile soltanto a Roma. Egli doveva il potere a un Concilio che glielo aveva affidato con l'impegno di ridimensionarlo grazie a una riforma intesa a decentrare il comando unico. Era strano che avessero delegato questo compito a un Cardinale romano, erede di una tradizione autoritaria, anzi assolutista. Certamente avevano avuto da lui promesse e affidamenti. E Martino non vi contravvenne. Si limitò ad aggirarli.

Anzitutto, appena eletto, estromise l'imperatore Sigismondo dal Concilio dicendogli che la sua presidenza era plausibile solo finché mancava il Papa. Ma ora che il Papa c'era, la presidenza toccava a lui. Poi intavolò serie trattative coi Padri Conciliari, ma giuocando ogni gruppo nazionale contro l'altro. Così sbriciolò quella che avrebbe dovuto essere la grande riforma della Chiesa in una serie di contratti parziali, avvolti in oscure formule che ognuno poteva interpretare a modo suo. Questo metodo suscitò resistenze. Martino aspettò che si logorassero. Il Concilio durava già da tre anni: tre anni di fatiche, di spese, di lontananza dalla propria casa, dalla propria famiglia, dai propri affari. Alla fine tutti si arresero a quel Papa paziente e tergiversante che invece aveva tempo da sprecare per dare ai suoi fiduciari quello di rimettergli in sesto Roma, e che del resto aveva preso impegno d'indire un altro Concilio entro cinque anni.

Martino tornò nell'Urbe nel 1420, con un Tesoro ancora esangue, ma con una milizia già abbastanza efficiente per tenere in briglia i banditi che infestavano l'Agro. La cerimonia inaugurale del suo pontificato fu infatti la decapitazione di alcuni loro caporioni catturati a Morlupo. E i Romani assistettero soddisfatti al rito, vedendovi un ritorno ai buoni vecchi metodi. Poi il Papa si diede a rinsanguare le finanze, e anche per questa impresa tornò ai vecchi, se non buoni, metodi, della vendita delle cariche e degli uffici. Si rammaricava egli stesso di dovervi ricorrere; ma non aveva altre risorse, mentre i bisogni crescevano. Bisognava puntellare i monumenti in rovina, ricostruire ponti, riparare strade e fogne. Ci volevano fondi, e qualcuno rimproverò a Martino di non preoccuparsi che di questo invece di pensare un po' anche all'invocata riforma. «Ma senza riforme» rispondeva Martino con romano buon senso «la Chiesa va avanti da quattordici secoli. Senza denaro, rischia di non sopravvivere una settimana».

Ligio tuttavia agl'impegni, indisse il Concilio che si riunì a Pavia nel 1423. Ma non fu una oceanica adunata come quelle di Pisa e di Costanza. La peste, di nuovo scoppiata, trattenne molti dall'intervenire, consigliò un trasferimento di sede a Siena e infine un prematuro scioglimento. L'assemblea aveva reclamato ancora una volta il decentramento dei poteri. Martino la contentò ma soltanto in campo amministrativo. Quel Papa terrestre aveva altre cose a cui pensare. Più che della Chiesa, si preoccupava dello Stato della Chiesa e della sua capitale. Aveva chiamato a Roma Gentile da Fabriano, Pisanello e Masaccio per affrescare Santa Maria Maggiore e San Giovanni in Laterano. Si era preso come segretario Poggio Bracciolini, uno dei più famosi umanisti del tempo. E aveva rimpolpato il collegio dei Cardinali con uomini come Prospero Colonna, Giuliano Cesarini e Domenico Capranica che di teologia sapevano poco, ma di letteratura moltissimo. Insomma, quello che avrebbe dovuto essere il Papa del Concilio contro la Curia fu – sia pure con molto tatto e sagacia – il Papa della Curia contro il Concilio.

Forse egli sarebbe riuscito nel suo intento di addormentare e disossare il movimento riformista, se ne avesse avuto il tempo. Ma nel 1431 morì, e il Conclave elesse al suo posto uno degli uomini meno attrezzati a occuparlo. Gabriele Condulmer, che prese il nome di Eugenio IV, era un agostiniano di Venezia, nipote per parte materna di Benedetto XII. Sul suo zelo e rigore non c'era nulla da dire. Anche da porporato aveva vissuto asceticamente, facendo della semplicità e della preghiera la sua legge. Purtroppo, nemmeno la stretta dieta lo aveva salvato dalla gotta. Quel malanno gli procurava triboli che lo rendevano impaziente e poco socievole. Inoltre era cocciuto: uno di quei cocciuti pieni di umiltà, che parlano sempre a occhi bassi, ma senza mai ascoltare l'interlocutore.

I Cardinali che lo avevano eletto avevano imposto, come prezzo dei loro voti, alcuni «capitoli» per salvaguardare i loro privilegi specie in fatto di «posti» e di stipendi, istaurando così un metodo destinato a restare nei secoli. Soprattutto i Colonna avevano preteso che Eugenio garantisse loro le posizioni di favore ottenute sotto il pontificato del *loro* Martino. Ma Eugenio non mantenne gl'impegni, e trasformò i suoi elettori in nemici, proprio nel momento in cui il Concilio, già indetto dal suo predecessore, si riuniva a Basilea, più battagliero e più che mai deciso alla riforma.

Eugenio ne ordinò lo scioglimento. Esso rispose ordinando a lui di presentarsi. I Colonna colsero l'occasione per organizzare una rivolta a Roma. Il Papa fuggì in barca lungo il Tevere, inseguito a sassate dal popolino. Trovò rifugio a Firenze, poi a Bologna. E ancora una volta, per nove anni, Roma rimase senza Papa.

A Basilea si stava consumando un'autentica rivoluzione. I delegati erano in maggioranza francesi. E i loro propositi li riassunse nella maniera più franca e brutale l'Arcivescovo di Tours. «O strappiamo» egli disse «la Santa

Sede agl'Italiani, o riduciamola a tale impotenza che la scelta della sua capitale non abbia più nessuna importanza.» A quest'ultima alternativa si attennero. Decreto su decreto, una dopo l'altra, il Concilio assunse tutte le prerogative del Papa, comprese la distribuzione delle cariche e la riscossione delle decime.

Da Bologna, Eugenio invalidò le decisioni e rinnovò l'ordine di scioglimento. Il Concilio lo proclamò decaduto e gli contrappose un altro Papa, Amedeo di Savoia, che prese il nome di Felice V. Era un altro scisma che cominciava. Il Re di Francia, Carlo VII, ne approfittò come aveva tentato Sigismondo convocando a Bourges un'assemblea di prelati, principi e giuristi. Costoro emanarono una «prammatica sanzione» che rovesciava quella di Costantino: essa conferiva al Clero di ogni diocesi il diritto di eleggere alle cariche ecclesiastiche locali, ma tenendo conto delle «raccomandazioni» del Re, che così ne diventava l'arbitro come succedeva a Bisanzio. Era proibito ricorrere al Papa e versargli l'introito delle decime.

Il giuoco sembrava fatto. Il vecchio edificio monarchico della Chiesa andava in pezzi. La prammatica sanzione dava il via a una Chiesa indipendente gallicana, di cui il vero Papa era il Re, mentre un'altra ne nasceva a Praga, dove il Cardinale tuonava dal pulpito contro il Papa chiamandolo «la bestia dell'Apocalisse». Pareva che la Riforma avesse vinto prima che Lutero fosse nato.

Il Papa fu salvo (per il momento) grazie al suo peggiore nemico: i «fratelli perduti» della Chiesa greco-ortodossa. Costantinopoli era minacciata dai Turchi che ormai avevano assunto, grazie alle loro superiori qualità militari, la *leadership* del mondo islamico. L'imperatore Giovanni e il suo Patriarca pensarono che solo l'Occidente cattolico poteva salvarli. Avevano già mandato un messaggio a Martino, poco prima che questi morisse, proponendo un Concilio per la riunificazione delle due Chiese cristiane. Eugenio prese la palla al balzo. Un simile Concilio avrebbe relegato in secondo piano, data l'importanza della posta, quello di Basilea, che se ne rese conto e corse ai ripari.

Così Giovanni si vide arrivare due offerte: quella di Eugenio che s'impegnava a indire immediatamente il Concilio a Ferrara sottintendendo che sarebbe stato lui a presiederlo e dirigerlo in modo da riaffermare la propria sovranità; e quella di Basilea, che si proclamava unico valido interlocutore anche perché aveva la protezione dell'imperatore Sigismondo, mentre il Papa non godeva di nessun appoggio temporale e non contava più nulla. Giovanni soppesò, da bravo mercante gréculo, le due proposte e decise di accettare quella di Eugenio, che gli parve più sicura.

Fu la fine di Basilea. I suoi uomini migliori, cioè quelli a cui la riunificazione del mondo cristiano sembrava un traguardo più alto della lotta contro il Papato, accorsero a Ferrara, dove si puntava lo sguardo di tutta l'Europa cristiana che aveva sempre considerato lo scisma del 1054 una jattura per la vera Fede. Eugenio fece eccezione alla sua solita scontrosità e al suo proverbiale ascetismo predisponendo solenni e festose accoglienze all'imperatore Giovanni, al patriarca Giuseppe e ai diciassette Metropoliti, che arrivarono nel 1438 con un folto seguito di Vescovi, monaci e teologi. Aveva vinto. Nessuno si occupò più del Concilio di Basilea, che poco alla volta perse tutti i suoi delegati, finché si sciolse.

Quello di Ferrara si presentava irto di difficoltà, che vennero per così dire appaltate a speciali commissioni. Il grosso ostacolo era sempre quello dello Spirito Santo che i cattolici facevano *procedere* dal Padre *e* dal Figlio, mentre i Greci s'intestardivano a farlo procedere dal Padre *attraverso* il Figlio. A complicare le cose, dopo alcuni mesi di puntigliose diatribe, scoppiò lì a Ferrara un'altra epidemia di peste. Cosimo de' Medici offrì l'ospitalità di Firenze al Concilio, che si affrettò ad accettarla. Le discussioni ripresero in riva all'Arno, e nel 1439 un primo accordo fu raggiunto. Le due parti convennero che fra i rispettivi punti di vista non c'era in fondo nessuna differenza. *Ex Patre Filioque procedit*, come dicevano i cattolici, ed *Ex Patre per Filium procedit*, come dicevano gli ortodossi, significavano la stessa cosa, e quindi erano entrambe valide. Restava da spiegare come mai ci se n'accorgeva solo dopo quattrocent'anni di divorzio. Ma lo si capì quando si vide la barca del Concilio sbattere sullo scoglio del primato del Papa. Altro che il dogma! La vera posta del giuoco era quella. E su quella infatti le due parti s'irrigidirono. Il Papa fu irremovibile, e l'imperatore Giovanni aveva già impartito ai suoi Metropoliti l'ordine di far fagotto, quando l'arcivescovo Bessarione di Nicea escogitò un compromesso che riconosceva al Papa un'autorità ecumenica cioè universale, ma confermava i privilegi ormai acquisiti dalle Chiese orientali.

La formula fu accettata sebbene nessuno capisse con esattezza cosa significava, o forse proprio per questo. Il 6 luglio (1439) il decreto che proclamava la riunione delle due grandi Chiese cristiane venne solennemente letto nella maestosa cattedrale su cui da appena tre anni svettava la stupenda cupola del Brunelleschi, in greco da Bessarione, e in latino dal cardinale Cesarini. I due prelati si scambiarono il bacio della pace. Poi tutti, sull'esempio dell'Imperatore, piegarono il ginocchio davanti al Papa che sino a pochi mesi prima era sembrato il rottame di un naufragio.

La gioia per la ristabilita concordia cristiana durò poco. Il popolo e il Clero di Costantinopoli accolsero il loro Imperatore e i suoi preti con fischi, insulti e pallòttole di sterco. Il patriarca Gregorio, che aveva avallato il «tradimento», dovette darsi alla fuga, e solo nel 1452 riuscì a dare lettura del decreto nella cattedrale di Santa Sofia. In segno di protesta, i fedeli smisero di frequentare quella ch'era stata la loro chiesa favorita. I Patriarchi di Alessandria, Antiochia e Gerusalemme ripudiarono «il sinodo dei ladroni», come venne chiamato quello di Firenze. I partigiani dell'unità, o «Uniati», si accorsero di essere una minoranza, e non fecero adepti nemmeno quando il Papa, fedele agl'impegni presi, spedì al soccorso di Costantinopoli un esercito che, insieme a quello del Re d'Ungheria, batté i Turchi a Nish, riconquistò Sofia, ma poi si fece sbaragliare a Varna.

Uniati e ortodossi seguitarono a scomunicarsi a vicenda sul problema del *Filioque* fino all'anno dopo (1453), quando a tagliar corto sopraggiunse Maometto II. Egli trasformò la capitale dell'Impero d'Oriente in quella dell'Islam, ma riconobbe ai Cristiani piena libertà di pregare come volevano e di scannarsi quanto volevano.

Il Papa era tornato a Roma in trionfo. Ve lo aveva preceduto il cardinale Vitelleschi, che aveva represso le turbolenze con metodi non molto diversi da quelli di Alarico e di Genserico. Del Concilio di Basilea e della sua pretesa di sostituire la propria direzione collegiale all'autocrazia del Papa, non si ricordava più nessuno. Per il momento.

E ora vediamo cos'era successo, in tutto questo periodo di trambusti ecclesiastici, nel resto d'Italia dove, da tempo, l'istituto comunale era entrato in crisi, e una nuova forma di governo – la Signoria – si stava sviluppando.

PARTE TERZA

LA CIVILTÀ DEI SECOLI D'ORO

CAPITOLO SEDICESIMO

FRA COMUNE E SIGNORIA

Come abbiamo raccontato nell'*Italia dei Comuni*, la cellula della democrazia comunale fu l'«adunanza dei vicini», o «vicinanza», un rudimentale parlamento popolare che si riuniva sul sagrato della chiesa e aveva per simbolo l'olmo che vi sorgeva in mezzo. I partecipanti vi dibattevano i temi dei loro rapporti col feudatario del luogo che, per investitura imperiale, esercitava poteri quasi assoluti sulle terre di suo appannaggio e sui loro abitanti. Era appunto per definire e sempre più limitare questi poteri che le «vicinanze» si riunivano.

Ognuna di esse formava un «popolo» che eleggeva i suoi rappresentanti presso il Signore. Si chiamavano «Buoniuomini» o «Rettori», e in nome della collettività trattavano con lui o col suo rappresentante, o «gastaldo», le questioni di comune interesse: l'esazione delle tasse, la riscossione dei dazi, l'allestimento delle *corvées*, l'arruolamento delle milizie.

Nelle città più popolose, ogni quartiere aveva la sua «vicinanza». A Firenze, ad esempio, ce n'erano quattro che prendevano il nome dalle sue quattro porte (Duomo, San Pancrazio, Santa Maria e San Pietro), con quattro ben distinti «popoli». Ciascuno faceva capo alla propria chiesa, e in un certo senso vi sovrintendeva affiancando al parroco un rettore laico, cui era affidata la raccolta delle imposte. Lo stesso accadeva per i pubblici servizi. Ogni popolo provvedeva alla manutenzione dei suoi ponti e delle sue strade e al drenaggio dei suoi canali di scolo. A una «pianificazione» generale non si riuscì ad arrivare quasi mai.

Fu solo molto più tardi, e non senza gravi opposizioni, che si formarono dei poteri centrali. Essi tuttavia non riuscirono a sovrapporsi a quelli periferici riducendoli all'obbedienza; vi si giustapposero soltanto. Questa fu una delle cause dell'endemica debolezza dell'istituto comunale e della sua inefficienza. L'unificazione fu raggiunta solo al vertice quando i Rettori si trasformarono in Consoli. Ma questa nuova magistratura non fu mai in grado di funzionare perché venne regolarmente tenuta in scacco dagli altri poteri che non accettarono di subordinarsi a essa. L'interesse collettivo, insomma, non riuscì mai ad avere la meglio su quelli particolari.

Questo però non impedì lo sviluppo del Comune, favorito anche dalla lontananza del Signore. Il suo potere, agli albori del Mille, non era più quello d'un tempo, quando i Re longobardi e franchi, in cambio dei servigi ch'egli aveva reso sui campi di battaglia, gli avevano dato in appalto una provincia, sulla quale egli s'era affermato padrone assoluto, disponendo a suo piacimento del territorio ch'essa inglobava e dei suoi abitanti.

Le ascendenze quasi sempre «barbare», cioè germaniche, e l'origine guerriera lo portavano a disprezzare la vita cittadina e a isolarsi nei turriti castelli del contado con le sue donne, i suoi armigeri e i suoi cavalli. E così accadde che, finché la società rurale prevalse su quella urbana e la terra fu l'unica fonte di ricchezza, la sua supremazia fu incontrastata. Ma quando le città si svegliarono dal loro letargo, il castello entrò in crisi e il Signore si trovò di fronte a una realtà nuova, che non aveva previsto e che finirà con lo schiacciarlo. Fu allora che i Consoli presero il sopravvento su di lui e i suoi funzionari e diventarono di fatto i padroni della città.

Fin dapprincipio essi vennero scelti in base al censo. Erano i cittadini più ragguardevoli e intraprendenti e di solito appartenevano a quella classe dei mercanti che, dopo il Mille, avevano dato vita a una nuova economia, aperta, dinamica e competitiva che s'affacciava al di là dei confini cittadini. La sua forza poggiava sulle corporazioni mercantili, o «Arti», che furono non soltanto le organizzazioni di categoria di quei tempi, ma il pilastro dell'organizzazione politica e sociale.

All'inizio dell'undicesimo secolo, a Firenze, i banchieri, i medici, gli speziali, i mercanti della lana e quelli della seta, i giudici, i notai avevano già le loro Arti. Dapprincipio, queste erano limitate ai datori di lavoro e condizionavano l'intera economia cittadina. Determinavano i salari e i prezzi, fissavano gli orari di lavoro e sostenevano i propri prodotti tassando quelli forestieri o addirittura impedendone l'importazione. Col tempo, le loro competenze s'estesero al vettovagliamento della città, alla costruzione di opere pubbliche, alla vigilanza urbana. Diventarono insomma degli Stati nello Stato, contro i quali le organizzazioni sindacali operaie, che esistevano appena allo stadio embrionale e si chiamavano «capitudini», non avevano alcun potere, né di diritto né di fatto.

Ogni corporazione aveva il suo palazzo con tanto d'uffici, archivi, cancellieri, tesorieri, e il suo tribunale che giudicava in prima istanza perché per gli «appelli» si faceva ricorso alla magistratura ordinaria. Gli associati dovevano, in caso di bisogno, soccorrersi vicendevolmente, pagare il riscatto se un membro veniva rapito dai briganti, versare la cauzione se finiva in prigione, risarcire i creditori se falliva. La corporazione aveva un codice morale assai rigoroso che non si limitava a dettare le norme di condotta ma stabiliva perfino come i suoi aderenti dovevano vestirsi; aveva il suo Santo patrono che festeggiava una volta l'anno con processioni e luminarie, e cui quasi sempre era dedicata una chiesa, che spesso ne custodiva una reliquia e in taluni casi le spoglie. Tutte le corporazioni contribuivano alla costruzione della cattedrale o al suo abbellimento, e versavano puntualmente il loro obolo al Vescovo. Facevano anche del mecenatismo finanziando spettacoli teatrali e rappresentazioni sacre, e sovvenzionavano ospedali, brefotrofi, lazzaretti, ospizi per vecchi. Ai capi di ogni Arte erano tributati onori pari a quelli riservati ai Consoli, di cui nei cortei municipali essi formavano il seguito issando bandiere e labari con lo stemma e il motto della corporazione a cui appartenevano.

L'egemonia dei mercanti durò fino al dodicesimo secolo quando anche i lavoratori indipendenti costituirono proprie associazioni di categoria: dei sellai, dei macellai, dei conciatori, dei falegnami, dei bottai, dei cordari eccetera. In opposizione a quelle dei mercanti, dette Arti maggiori, queste si chiamarono minori, o dei mestieri. Avevano anch'esse il loro Santo protettore, la loro chiesa, i loro uffici, il loro stemma, il loro statuto, il quale fissava i prezzi, i salari e l'orario di lavoro, che non doveva protrarsi oltre le sei del pomeriggio e vietava l'impiego di donne e bambini. Ogni corporazione, maggiore o minore, contrassegnava i propri prodotti con un «marchio di fabbrica» e comminava severissime ammende ai falsificatori. I suoi membri erano inquadrati gerarchicamente. Gli avventizi non avevano in media più di dodici-tredici anni, lavoravano dieci ore al giorno e per tutto l'apprendistato, che durava dai tre ai tredici anni, non venivano pagati, o riscuotevano un salario minimo. In cambio, ricevevano vitto, alloggio e vestiario. Alla fine del tirocinio venivano nominati lavoratori a giornata e diventavano padroni dei loro attrezzi. Se avevano un po' di denaro potevano allora aprire una bottega, diventare «maestri» e iscriversi alle corporazioni dei mestieri.

Era inevitabile che col tempo le Arti maggiori, che formavano il popolo grasso, e quelle minori, che costituivano il popolo minuto, venissero in urto. Violenti moti sociali scoppiarono nel corso del tredicesimo secolo in numerosi Comuni. Nella lotta s'inserì anche la classe dei nobili che la borghesia mercantile aveva cercato d'escludere dal governo della città, e in molti casi c'era riuscita.

Erano gli antichi abitatori dei castelli che, divisi fra guelfi e ghibellini e sempre in lotta tra loro per ragioni di prestigio e di primato, non avevano saputo mai organizzare una resistenza collettiva alle forze cittadine. Queste, dopo essersi emancipate da loro, s'erano lanciate alla conquista del contado obbligando i Signori a inurbarsi almeno per quattro mesi all'anno. Fra costoro ci fu chi scese a un compromesso con la città, giurandole fedeltà e ottenendo in cambio il riconoscimento di una parte delle proprie terre. Quelli che preferirono la resistenza a oltranza ebbero i castelli distrutti, e in città furono obbligati a istallarsi per sempre. Naturalmente, non si contentarono della casetta di legno e di paglia. Si costruirono palazzotti di pietra simili a piccole fortezze con torri quadrate alte fino a centoquaranta braccia, cioè un'ottantina di metri. Attorno a essi si addossavano le case dei parenti e clienti sottolineando la solidarietà che univa questi gruppi e li rendeva ostili alla classe borghese dominante.

Con un'accorta e demagogica propaganda questi nobili seppero manovrare contro di essa il popolo minuto, col quale s'allearono per dare la scalata al potere. Ciò provocò lo scatenamento delle fazioni che misero in crisi gl'istituti municipali e scavarono la fossa al Comune dove, verso la metà del dodicesimo secolo, il potere esecutivo era passato dalle mani dei «Consoli» in quelle del «Podestà» e del «Capitano del Popolo». Questi aveva in guerra il comando supremo dell'esercito, che veniva reclutato in città e nel contado; quello era in pratica il Capo dello Stato, ma i suoi poteri erano limitati dai «consigli cittadini», che l'avevano eletto ma che spesso, dilaniati dalle discordie interne, gl'impedivano di governare. Inoltre, era lui stesso un uomo di partito, e ciò lo rendeva inviso alle opposizioni che di conseguenza miravano a paralizzarne l'attività.

Per ovviare a questo inconveniente molti Comuni pensarono di ricorrere a Podestà forestieri, estranei alle fazioni e alle beghe cittadine. Costoro vennero scelti fra i magistrati e i funzionari di un Comune vicino o lontano, ma più spesso lontano: Firenze ne reclutò parecchi a Milano e a Roma, l'Emilia ne fece venire dalla Toscana, la Lombardia dal Veneto e dalla Liguria. Il prescelto, prima d'accettare, doveva ottenere il consenso della propria città, che di rado glielo negava. Con un anticipo di cinque-sei giorni annunciava la data del suo arrivo per consentire al Consiglio cittadino di organizzare i festeggiamenti in suo onore. Il Podestà uscente e il Vescovo gli andavano incontro a cavallo fuori delle mura con una scorta di dignitari. Il popolo faceva ala al suo passaggio, agitando fiori e ramoscelli d'ulivo, ma se il nuovo arrivato non era di suo gradimento brandiva bastoni e minacciosi cartelli.

All'atto dell'insediamento, egli doveva giurare lo statuto davanti al Consiglio e al popolo e la domenica successiva pronunciare il «discorso programmatico». La costituzione gli vietava di intrattenere relazioni con privati cittadini per timore che si facesse corrompere, di uscire di casa dopo cena, di fare o accettare inviti, di lasciare la città senza uno speciale permesso. Allo spirare del mandato doveva presentare al Consiglio un dettagliato rendiconto del suo operato, e solo se questo veniva approvato egli era libero di andarsene.

Teoricamente, questo espediente costituzionale doveva salvaguardare i principi democratici, ma da un pezzo essi avevano cessato d'essere tali, o lo erano rimasti solo sulla carta. Né poteva essere altrimenti perché il Comune italiano fu oligarchico, corporativo e gerarchico. Qua e là ci furono tentativi per renderlo democratico e popolare, ma quasi tutti abortirono sul nascere o ebbero vita breve.

Il più duraturo fu quello compiuto nel 1292 a Firenze da Giano della Bella, un ricco aristocratico. Ricopriva la carica di «Priore», era cioè uno dei tredici magistrati eletti ogni due mesi con l'incarico di vigilare sull'esecutivo. Facendo leva sulla piazza riuscì a imporre ai colleghi i cosidetti «Ordinamenti di giustizia», coi quali tutte le Arti venivano parificate e riunite in una federazione unica a difesa del Comune. Ma dai posti direttivi Giano radiò tutti i grandi, o magnati, cioè i capi delle Arti maggiori: in tutto circa tremila cittadini furono ostracizzati. Esclusi da ogni carica politica, essi diventarono dei «sorvegliati speciali». Su denuncia di qualunque popolano, potevano venire arrestati e gettati in una torre accanto al Bargello, che d'allora in poi si chiamò infatti «Pagliazza dei Magnati». Entro cinque giorni dalla denuncia, il Podestà doveva procedere. Se non lo faceva, le Arti dovevano proclamare lo sciopero generale chiudendo botteghe e laboratori.

La prima reazione dei magnati agli Ordinamenti fu

anarchica e scomposta. Non osando rifarsela sui popolani, ormai protetti da quelle leggi di ferro, sfogarono i propri malumori fra loro. Ma alla fine s'accorsero che quell'anarchia non conduceva a nulla, e riuscirono alla bell'e meglio a trovare fra loro un accordo in vista di un'azione comune contro il comune nemico.

Sul finire del 1294 scoppiò una sommossa, ci scappò il morto, e Giano fu accusato d'averla fomentata per impadronirsi del potere. Fu il segnale della riscossa dei grandi che di lì a poco torneranno a spadroneggiare. Giano riuscì a lasciare la città, che lo condannò a morte in contumacia.

Una delle cause che avevano reso possibile il piccolo colpo di Stato era stata la lotta delle fazioni in cui i magnati erano divisi e che paralizzavano l'attività dell'esecutivo. Questo non succedeva solo a Firenze, ma un po' in tutti i Comuni, dove i Podestà erano praticamente esautorati dai capi-partito. E fu proprio in questo clima settario e turbolento che germogliò il seme da cui nacque la Signoria, allorquando il Podestà o il Capitano del popolo, giocando le fazioni una contro l'altra, riuscirono a farsi rinnovare il mandato, a ottenere i pieni poteri e a diventare di fatto gli arbitri della situazione. Le popolazioni non si ribellarono. Stanche di una libertà che si confondeva con l'anarchia, le preferirono l'ordine, anche se si confondeva con l'arbitrio.

Dai documenti dell'epoca risulta che già verso la metà del Duecento in alcuni Comuni il Podestà era designato come *dominus civitatis*, cioè Signore della città, e la sua carica da temporanea era diventata permanente. Ferrara, a esempio, fra il 1230 e il 1240, fu ininterrottamente governata dal ghibellino Salinguerra. A Treviso, Ezzelino da Romano, aizzando il popolo minuto contro quello grasso, riuscì a farsi proclamare Signore, e cose analoghe accaddero a Milano, a Como, ad Arezzo.

Non siamo ancora alla grande Signoria del Rinascimento che s'instaurerà solo con l'introduzione del principio dell'ereditarietà quando il *dominus civitatis*, in punto di morte, trasmetterà titolo e carica al figlio primogenito, ma già s'intravedono quelle che saranno le linee maestre e i presupposti giuridico-costituzionali del nuovo ordinamento.

Seguiamone l'evoluzione nelle più importanti città.

CAPITOLO DICIASSETTESIMO

MILANO DAI VISCONTI AGLI SFORZA

A Milano, l'arcivescovo Ottone aveva designato suo successore il nipote Matteo, a cui Arrigo VII, dietro pagamento di cinquantamila fiorini, aveva conferito il titolo di Vicario imperiale: un titolo che lo qualificava a esercitare il dominio non solo su Milano e sul suo territorio ma anche su quelle città che, dilaniate dalle discordie interne e dalle lotte di fazione, s'erano poste sotto l'egida milanese.

A Matteo successe il figlio Galeazzo e poi il nipote Azzone. Ma a gettare le basi della Signoria vera e propria, concepita in senso rinascimentale come Stato monolitico e patrimonio privato di una dinastia, fu Luchino. Infatti, quando costui morì per lasciare il posto al fratello Giovanni, il Consiglio generale di Milano proclamò l'ereditarietà del supremo potere nella famiglia Visconti. Era l'atto di decesso della democrazia, la fine del Comune e la svalutazione dei suoi istituti.

Secondo il malaugurato sistema visconteo, che ignorava il maggiorascato, Giovanni spartì l'eredità fra i suoi due nipoti Bernabò e Galeazzo II. Al primo toccarono Cremona, Bergamo, Brescia e il distretto a Est dell'Adda, Lodi, Piacenza e Parma. Galeazzo II ebbe Como, Pavia, Asti, Tortona, Alessandria, Novara, Vigevano e Bobbio. Milano fu tagliata in due: a Bernabò andarono i quartieri di Porta Romana, Tosa e Orientale; a Galeazzo quelli di

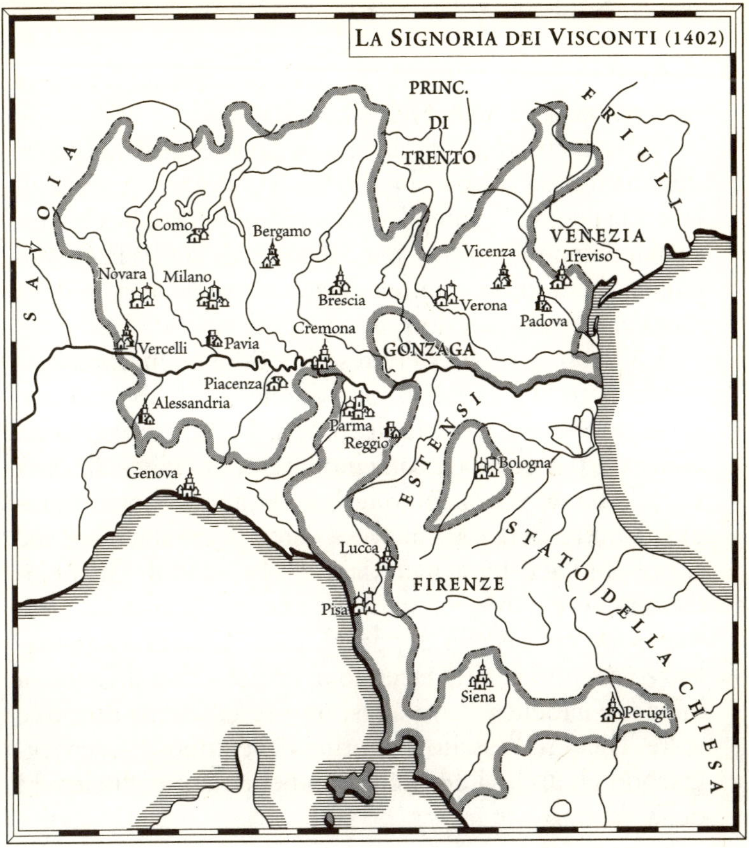
La Signoria dei Visconti (1402)
PRINC. DI TRENTO
FRIULI
SAVOIA
VENEZIA
Como
Bergamo
Vicenza
Treviso
Novara
Milano
Brescia
Verona
Padova
Cremona
Vercelli
Pavia
GONZAGA
Piacenza
Alessandria
ESTENSI
Parma
Reggio
Bologna
Genova
STATO DELLA CHIESA
Lucca
FIRENZE
Pisa
Siena
Perugia

Porta Comasina, Vercellina e Ticinese. Bernabò fissò la sua capitale a Milano, Galeazzo a Pavia.

Galeazzo morì all'età di cinquantanove anni, nel 1378, designando successore il figlio Gian Galeazzo, passato alla storia come il Conte di Virtù, non perché di virtù avesse mai dato molte prove, ma dal nome di Vertus in Champagne, il cui titolo comitale faceva parte della dote della moglie, Isabella di Valois.

A Milano Bernabò s'era reso impopolare inasprendo i vecchi balzelli e inventandone di nuovi. Gli abitanti erano scontenti e c'era aria di fronda. Ne approfittò Gian Galeazzo per marciare con cinquecento uomini sulla città in cui penetrò senza colpo ferire. Davanti a Sant'Ambrogio incontrò Bernabò cui aveva dato appuntamento e che si presentò accompagnato dai figli. I soldati di Gian Galeazzo s'avventarono su di loro, l'immobilizzarono e li trascinarono nel castello di porta Giovia. Quindi, Gian Galeazzo occupò la città, accolto al grido: «Viva il Conte, a morte le gabelle». I Milanesi non se lo fecero dire due volte. Diedero l'assalto agli uffici delle imposte, saccheggiarono gli archivi e bruciarono nelle piazze gli elenchi della Vanoni.

Risparmiamo al lettore le guerricciole combattute da Gian Galeazzo per ingrandire il Ducato, i cui confini alla fine del secolo racchiudevano Milano, Pavia, Bergamo, Brescia, Como, Lodi, Cremona, Novara, Vercelli, Alessandria, Valenza, Tortona, Piacenza, Parma, Reggio, Borgo San Donnino, Pontremoli, Verona, Vicenza, Feltre, Belluno fino a Pieve di Cadore e le valli del Boite.

Era, a parte il Regno di Napoli, la più potente e vasta Signoria italiana. Gian Galeazzo la governò da despota sagace e illuminato. L'ideale che incarnò non era ancora quello del Rinascimento, ma non era più nemmeno quello del Medio Evo. Gian Galeazzo intuì che i Comuni avevano esaurito la loro funzione e che le barriere municipali non erano più adeguate alla realtà del nuovo mondo, in cui si formavano le grandi unità nazionali. Vagheggiò uno Stato unitario sotto lo stemma visconteo, ma lo concepì come un patrimonio privato, da amministrare come un bene di famiglia e a suo esclusivo beneficio. Istituì il Consiglio segreto e quello di Giustizia. Il primo era al tempo stesso una specie di Ministero degli Esteri e della Difesa, designava i propri ambasciatori e accreditava quelli forestieri, compilava il cerimoniale e dettava il protocollo. Funzionava anche come alta Corte di giustizia, ma solo in materia penale, perché le cause civili rientravano nella giurisdizione del Consiglio di giustizia. Una giustizia, s'intende, a uso e consumo del Signore.

Per punire un oppositore politico, se non c'erano prove, s'inventavano. Le torture più raffinate venivano impiegate per estorcere le confessioni. La più orribile era quella della Quaresima: il condannato subiva successivamente la mutilazione di un arto, della lingua, del naso, degli orecchi. Era chiamata Quaresima perché, nelle intenzioni dei carnefici, doveva durare quaranta giorni, ma era raro che la vittima sopravvivesse ai primi dieci.

Un supplizio non meno atroce fu quello applicato al cancelliere Pasquino Capelli accusato di tradimento: Gian Galeazzo lo fece avvolgere nudo in una pelle di bue e poi lo murò vivo in una cella del castello di Pavia. Analoghi sistemi adottò contro i feudatari del contado che non volevano riconoscere la sua signoria. Fece imprigionare i più indocili, abbattere i loro castelli, mozzare le torri. Revocò in parte i privilegi e le immunità di cui godevano e vietò ai feudatari suoi vassalli di tenere nei loro manieri carceri private.

Non visse abbastanza per liquidare il feudalesimo, le cui radici affondavano nei secoli bui e non erano facilmente estirpabili, ma gl'inflisse un colpo mortale. Lottò anche contro i privilegi e le franchigie del Clero, ma non soppresse i tribunali ecclesiastici e non interferì negli affari della Chiesa se questi non ledevano gli interessi dello Stato. Anzi, incoraggiò le manifestazioni religiose, dopo ogni vittoria faceva celebrare *Te Deum* di ringraziamento, finanziò pellegrinaggi, inasprì le pene contro gli eretici, comminò multe severe ai bestemmiatori, protesse i monaci e sovvenzionò la costruzione di numerose chiese, tra cui la Certosa di Pavia, cui pose personalmente la prima pietra (l'ultima vi sarebbe stata collocata un secolo più tardi). Nel 1383 diede il primo contributo alla fabbrica del Duomo di Milano. In tredici anni erogò 12.416 fiorini, senza contare la concessione di gratuito sfruttamento delle cave di Candoglia, e il suo esempio fu imitato da tutti i Milanesi che versarono il loro obolo per l'erezione del grande tempio gotico.

Era sempre stato fragile e delicato, ma con l'età erano aumentati gli acciacchi, propiziati da un'acuta ipocondria. Viveva chiuso giornate intere in una delle stanze interne del castello di porta Giovia o di Pavia, immerso nei suoi pensieri, sprofondato nella lettura dei classici. Quando morì, nel 1402, ucciso dalla peste, lasciò per testamento il cuore a San Michele a Pavia e il resto dei visceri al convento di Sant'Antonio a Vienne. Da buon Visconti, aveva voluto spartire anche le frattaglie. Era stato un uomo difficile, cupo e sgradevole. Ma, nonostante le bizzarrie, le crudeltà e i soprusi, era grazie a lui che Milano era diventata una metropoli di rango e dimensioni europee.

La città, che due secoli e mezzo prima era stata letteralmente spianata al suolo dal Barbarossa, era rinata più fastosa e opulenta. A ricostruirla erano stati chiamati i più rinomati architetti. Un autentico boom edilizio aveva moltiplicato i suoi quartieri. Le case erano circa quattordicimila, le chiese oltre duecento, centotrenta i campanili, una quindicina i conventi e altrettanti gli ospedali. La popolazione s'aggirava sulle duecentocinquantamila anime. C'erano una quarantina di medici e oltre centocinquanta chirurghi. I notai erano circa millecinquecento mentre i maestri elementari non arrivavano a cento. La città pullulava di macellerie – più di quattrocento – e di panetterie – oltre trecento – a cui bisognava aggiungere un migliaio di altre botteghe di generi vari. C'era lavoro e pane per tutti e lo spettro della carestia non faceva più paura come un tempo, quando un cattivo raccolto o una calamità naturale affamavano la città per mesi.

Milano aveva già scelto il suo destino di grande emporio commerciale. Vi affluivano mercanti non solo dalle altre città della Penisola ma dall'intero continente. Era un via vai di uomini d'affari inglesi, francesi, tedeschi, veneziani, fiorentini. Vi si potevano acquistare le merci più disparate: dalle spezie ai broccati, dalle sete ai tappeti, agli animali esotici. La periferia era costellata di botteghe di fabbri, di fucine, d'armerie, da cui uscivano spade, lance, scudi, celate, elmi che venivano venduti in tutt'Europa.

Ma la città sapeva anche divertirsi. Feste, tornei, balli pubblici allietavano la vita dei suoi abitanti, che vi dovevano rinunciare solo in tempo di guerra, di pestilenze o di gravi torbidi, come quelli che seguirono alla morte di Gian Galeazzo.

Questi, come al solito, aveva diviso lo Stato fra i vari figli, legittimi e bastardi. A Giovanni Maria aveva assegnato, col titolo di Duca di Milano, Milano, Como, Lodi, Cremona, Piacenza, Parma, Reggio, Bergamo, Brescia,

Siena e Perugia. A Filippo Maria, nuovo Conte di Pavia, aveva lasciato Pavia, Novara, Vercelli, Tortona, Alessandria, Verona, Vicenza, Feltre, Belluno, Bassano e la riviera di Trento. Al figlio illegittimo Gabriele, Pisa e Crema.

La moglie Caterina fu nominata reggente e tutrice dei figli. Era una donna ancora giovane e piacente, ma assolutamente incapace di governare. I maligni le attribuivano una relazione col primo camerario di Gian Galeazzo, Francesco Barbavara, a cui essa affidò lo Stato. La Corte si divise in due fazioni: una favorevole a Giovanni Maria, l'altra alla madre, che ebbe la peggio, dovette abbandonare Milano e rifugiarsi nel castello di Pavia dove nel 1404 morì, pare avvelenata. Ma sorte migliore non toccò a Giovanni che il 16 maggio 1412 fu assassinato mentre s'avviava al tempio di San Gottardo, per assistere alla messa.

Filippo Maria, rimasto unico Signore, aveva ereditato l'ambizione e l'astuzia del padre, ma anche il suo carattere cupo, sospettoso e bigotto. Figlio di cugini primi, era cresciuto gracile e mingherlino, e fino all'età di dieci anni era stato nutrito con pappe. Quando diventò Conte di Pavia si seppellì nel castello avito, dove trascorreva le sue giornate a leggere Tito Livio e Petrarca. Parlava correntemente il francese e s'entusiasmava alle *chansons de geste*.

I suoi passatempi preferiti erano il gioco della palla e le passeggiate lungo il Ticino, durante le quali raccoglieva fiori e virgulti, che poi donava agli efebici paggi che egli stesso reclutava e alla cui educazione personalmente presiedeva. Erano i soli che potessero avvicinarlo in qualunque ora del giorno e della notte e gli unici di cui egli si fidasse. Ma dal momento in cui passavano al suo servizio dovevano troncare ogni rapporto con la famiglia. Guai se venivano scoperti a parlare con qualche cortigiano senza

1. Giuseppe Sabatelli, *Farinata degli Uberti alla battaglia di Montaperti*, XIX secolo, Galleria d'Arte Moderna, Firenze.

Il 4 settembre 1260 i ghibellini senesi, con l'appoggio dei fuoriusciti fiorentini e delle truppe accordate dal re di Sicilia Manfredi di Svevia, sconfissero le forze guelfe fiorentine nella battaglia di Montaperti. Nei seguenti sei anni i ghibellini ebbero il sopravvento nell'Italia centrale fino alla battaglia di Tagliacozzo (1266), quando la loro fortuna e quella degli Svevi tramontò definitivamente a beneficio della fazione guelfa appoggiata dagli Angioini. Per Firenze, l'esito della battaglia di Montaperti significò il rientro delle famiglie ghibelline allontanate dalla città verso il 1250, all'indomani della morte dell'imperatore Federico II. A guidare il loro ritorno vi era Farinata degli Uberti, che si oppose risolutamente alla proposta avanzata dagli altri esponenti ghibellini di distruggere Firenze per vendicarsi dei torti subiti durante l'esilio. Una difesa ricordata da Dante nel X canto dell'*Inferno*, dove incontrò Farinata tra le anime degli eretici epicurei.

2. *Battaglia di Campaldino*, stampa del XIX secolo da miniatura della *Cronica* di Giovanni Villani.

La battaglia, che contrappose l'11 giugno 1289 l'esercito guelfo fiorentino, da una parte, e quello aretino, dall'altra, appoggiato dalle forze ghibelline provenienti da tutta la Toscana centromeridionale, fu uno dei pochi scontri campali avvenuti in Italia centrale durante il Medio Evo. La decisiva vittoria conseguita dai Fiorentini, guidati da Aymeric de Narbonne, Guglielmo di Durfort e Corso Donati, decretò la fine delle speranze dei fuoriusciti ghibellini di assicurarsi il ritorno sulla scena politica toscana. Il netto trionfo della fazione guelfa permise inoltre a Firenze, che già «capeggiava la Lega Guelfa delle città toscane su cui aveva affermato la sua leadership», di poter esercitare un ruolo egemone nell'ambito di tutta la regione, mentre a partire dal secolo seguente si impose quale centro europeo di primo piano, grazie alla crescita economica e culturale che la caratterizzò.

3. *Filippo IV il Bello brucia la bolla pontificia*, 1890 ca., Francia.

A causa dei problemi di natura politica ed economica che investivano il Regno di Francia, Filippo IV il Bello impose una tassa sul Clero francese. Una decisione che tuttavia suscitò la ferma reazione di Bonifacio VIII, che rispose al provvedimento regio con la bolla *Clericis laicos* del 1296, con la quale scomunicava chiunque avesse riscosso imposte dal Clero. Si apriva in questo modo un lungo braccio di ferro tra il Re di Francia e il Papa, che si collocava nel quadro del processo di rafforzamento del potere monarchico, inteso come indipendente da ogni altra autorità, anche quella pontificia, cui faceva eco la posizione di Bonifacio VIII, tendente invece a esaltare la supremazia papale a cui i sovrani dovevano sottostare e contenuta nella bolla *Unam Sanctam*, emanata nel 1302.

4. *Battaglia della Meloria*, miniatura dalla *Cronica* di Giovanni Villani, XIV secolo.

La battaglia navale, combattuta nel 1284 tra Pisani e Genovesi, arrise a Genova che si impose come potenza marittima di primo piano nel Mediterraneo occidentale e come temibile rivale per Venezia. Lo scontro fu il risultato di una scaltra decisione adottata dai Genovesi. Dopo diverse schermaglie tra le due flotte che non avevano portato a nessuna concreta conseguenza, l'ammiraglio Oberto Doria decise di affrontare i Pisani presentandosi a Porto Pisano, l'antico porto di Pisa situato a Nord dell'attuale città di Livorno, tenendo delle galee celate dietro gli scogli della Meloria. I Pisani, guidati da Andrea Saraceno sul fianco destro, dal conte Ugolino della Gherardesca su quello sinistro, e al centro dal veneziano Alberto Morosini, ingaggiarono senza esitazione la lotta che si protrasse per diverse ore, fino a quando il Doria reputò giunto il momento di chiamare in causa la riserva, che ebbe facilmente ragione dei Pisani. Il bilancio finale della battaglia fu pesante per Pisa: la città non solo perse quasi una quarantina di galee ma soprattutto vide del tutto compromesso il suo ruolo egemone sul mare.

5. *Bonifacio VIII apre il primo Giubileo dalla Loggia delle Benedizioni del Palazzo Laterano*, Biblioteca Ambrosiana, Milano.

Tra il 16 o il 17 febbraio 1300 dal Laterano venne promulgata la bolla del Giubileo; il 22 dello stesso mese, sull'ambone marmoreo nella basilica di San Pietro, Bonifacio VIII si rivolse ai fedeli, annunziando loro che nell'anno appena iniziato (allora ritenuto l'ultimo del secolo) sarebbe stata proclamata l'indulgenza plenaria per la remissione dei peccati. Il «lancio pubblicitario fu perfetto. Per mesi e mesi, dai pulpiti di tutta Europa, i predicatori bandirono il pellegrinaggio vantando i benefici che c'era da aspettarsene: la salvezza dell'anima e i diletti turistici». L'afflusso di un altissimo numero di pellegrini ebbe un impatto positivo su Roma, che «finalmente [...] tornò a sentirsi *caput mundi*, la capitale del mondo, e ad assaporare il gusto delle folle poliglotte e multicolori, dell'abbondanza e della gozzoviglia».

6. *Il palazzo dei Papi ad Avignone*, miniatura da un codice del XIV secolo.

La città di Avignone, scelta da Clemente V «col fatto che Roma non forniva garanzie di sicurezza e moralità», era situata a ridosso del Contado Venassino, di proprietà della Chiesa dal 1274, e in un feudo appartenente agli Angiò, in quel momento alleati della Chiesa. Il borgo era difeso da una cinta muraria lunga cinque chilometri circa, e dal momento che divenne sede della Curia pontificia vide aumentare la propria prosperità, divenendo un florido centro culturale e finanziario. All'interno della cinta si trovava il Palazzo dei Papi, costituito da un corpo di fabbrica che presentava un Palazzo Vecchio, fatto edificare da Benedetto XII sul precedente palazzo vescovile all'architetto Pierre Poisson, dal carattere austero e ispirato a concetti architettonici romanici. Con Clemente VI, l'architetto Jean de Loubière fu incaricato di edificare un secondo edificio, caratterizzato dalle ampie stanze della Corte pontificia che si aprono sui cortili, dando vita al Palazzo Nuovo, dal carattere gotico e riccamente decorato da Matteo Giovannetti da Viterbo.

7. *Cola di Rienzo proclama la Repubblica romana dal Campidoglio*, stampa del XIX secolo.

Fallito ogni tentativo per far tornare i papi a Roma, un colto popolano imbevuto di letture classiche, Cola di Rienzo, attuò d'accordo con Clemente VI il piano per liberare l'Urbe dalle diverse consorterie nobiliari che vi spadroneggiavano. Il 21 maggio 1347, il lunedì di Pentecoste, egli riunì il popolo in Campidoglio e alla presenza del Vicario pontificio proclamò la Repubblica romana, facendosi eleggere «tribuno delle libertà, della pace e della giustizia e liberatore della sacra Repubblica romana» e quindi cacciò i nobili dalla città, costringendoli nei loro castelli. Cola ristabilì l'ordine in Roma e nel territorio circostante, sempre con l'approvazione di Clemente VI, ma il suo progetto di unire l'Italia in uno Stato con Roma capitale, proposta che fu accolta in modo favorevole da molte città italiane che inviarono nell'agosto 1347 i loro rappresentanti in Laterano, suscitò l'inquietudine del Pontefice che «si rese conto [...] che si trattava di uno squilibrato» e lo lasciò al suo destino.

8. *Raffigurazione della peste*, metà del XIV secolo.

Dalla regione del Kazakistan, seguendo la via carovaniera della seta fino a Samarcanda, e da qui in Crimea, la peste fece la sua comparsa nella colonia genovese di Caffa, assediata nel 1345 dai Tartari che vi catapultarono dei cadaveri appestati. Dal fondaco genovese, la peste apparve poi a Costantinopoli, nel quartiere genovese, e quindi a Messina, sempre al seguito delle galee genovesi. Nel 1348 si diffuse gradualmente in tutta l'Europa, dalla Spagna alla Scandinavia, restando in forma endemica fino a Settecento inoltrato, e causando vuoti tremendi tra le fila delle popolazioni europee, in particolare quelle dei ceti medio-bassi urbani. È proprio sugli abitanti della città, indeboliti dalle carestie dovute ai cattivi raccolti verificatisi all'inizio del secolo, nonché dalle condizioni igieniche precarie conseguenti all'alto flusso di contadini che cercavano sostentamento nei borghi, che incise maggiormente l'epidemia.

9. Giorgio Vasari e aiuti, *Ritorno di Gregorio XI da Avignone*, XVI secolo, Sala Regia, Città del Vaticano.

Nonostante l'opposizione del Re di Francia e della maggior parte dei Cardinali, Gregorio XI si decise a riportare la sede pontificia a Roma dopo più di sessant'anni di assenza dei Pontefici dall'Urbe. La decisione del Papa scaturiva dalla rivolta che interessava gli Stati della Chiesa contro le angherie commesse dai Legati francesi, lo scontro con Firenze che guidava la rivolta e che Gregorio XI scomunicò, e infine per gli appelli insistenti di Santa Caterina da Siena e del Petrarca. Il rientro a Roma, avvenuto il 17 gennaio 1377, non fu però trionfale e gioioso, «anzi [il Papa] vi si sentì così poco sicuro che dopo poche settimane si ritirò ad Anagni e di lì cercò di riportare la pace nei suoi Stati».

10. *Martino V eletto Papa*, xilografia tratta da *Cronaca del Concilio*, 1483, Sorg, Augusta.

Oddone Colonna, uomo pio e colto oltre che estraneo a ogni intrigo, durante le sessioni del Concilio di Costanza, indetto dall'imperatore Sigismondo e finalizzato a porre fine al grande scisma che dilaniava l'Europa cristiana, aderì in un primo tempo alla linea conciliare, che rivendicava la centralità del Concilio nell'ambito della Chiesa e la sua supremazia rispetto al Papa. Appena eletto al Soglio pontificio assunse un atteggiamento del tutto opposto: ribadì con fermezza la superiorità del Pontefice sul Concilio. Tenne testa quindi abilmente alle teorie conciliari, «giuocando ogni gruppo nazionale [di Padri Conciliari] contro l'altro. Così sbriciolò quella che avrebbe dovuto essere la grande riforma della Chiesa».

11. Pontormo (1494-1556), *Ritratto di Cosimo il Vecchio*, Galleria degli Uffizi, Firenze.

Abile banchiere, incrementò le notevoli fortune ereditate dal padre con oculati investimenti; nel contempo si rivelò un altrettanto accorto politico, che senza esporsi in prima persona, ma con un fare discreto, manovrò sapientemente le magistrature fiorentine, ponendovi uomini di provata fedeltà. Diresse così la vita politica di Firenze da «dittatore moderato e benevolo», rispettando formalmente le istituzioni repubblicane. Con le sue ricchezze contribuì inoltre ad abbellire Firenze al punto d'essere chiamato «Padre della Patria» dal popolo che lo rispettava e lo amava. Chiamò artisti di primo piano del panorama culturale, come Brunelleschi, Michelozzo, Donatello e Filippo Lippi, mentre da buon mecenate chiamò alla sua Corte umanisti del calibro di Marsilio Ficino, Bruni e Pico della Mirandola, facendo di Firenze il principale centro rinascimentale della Penisola.

12. Giorgio Vasari (1511-1574), *Ritratto di Lorenzo il Magnifico*, Galleria degli Uffizi, Firenze.

Incarnazione ideale del Principe rinascimentale, Lorenzo protesse gli uomini di cultura, di cui amò circondarsi. Prudente e lungimirante, non diversamente dal padre operò in politica estera cercando innanzitutto di creare un sistema di equilibrio tra gli Stati italiani, e per questo motivo diede vita alla Lega italica finalizzata a preservare la pace nella Penisola, alla quale aderirono Napoli, il Papa, Milano, e Venezia. L'altra sua grande fonte di attenzione «erano le arti, le lettere e la vita sociale di Firenze, cui dettava il costume. E fu questo a valergli il titolo con cui la Storia doveva adottarlo. Di Magnifico, a quei tempi, si dava a ogni Signore. Ma Lorenzo lo fu per eccellenza e antonomasia».

13. Bonifacio Bembo (1420-1482), *Francesco Sforza Duca di Milano*, Pinacoteca di Brera, Milano.

Francesco Sforza fu «il più grande generale del suo tempo. Era alto, possente, bello e coraggioso [...] era sempre il primo a cacciarsi nelle mischie e l'ultimo ad uscirne». Nel 1450 divenne Signore di Milano, facendone «una splendida metropoli», e del Ducato, che consolidò attraverso un sistema di alleanze con Firenze e Napoli in funzione antiveneziana, divenendo in breve l'arbitro delle vicende politiche italiane.

14. *L'assedio di Costantinopoli ad opera dei turchi ottomani di Maometto II*, miniatura tratta dal manoscritto *Passages d'Outremer* di Jean Mielot, XV secolo.

Rimasta ormai una città-stato, isolata in un territorio controllato da tempo dai Turchi, Costantinopoli subì l'assalto decisivo ottomano con Maometto II, senza che l'Europa intervenisse in suo soccorso. Le esigue difese, dirette dal genovese Giovanni Giustiniani, dovettero misurarsi con un avversario numericamente soverchiante, dotato di una potente artiglieria e appoggiato da una flotta di quattrocento galee. Dopo un bombardamento durato diverse settimane, che mise a dura prova la resistenza delle possenti mura difensive, l'apertura di una breccia presso porta San Romano permise a un contingente di giannizzeri di dilagare verso il centro di Costantinopoli e sopraffare così ogni resistenza. All'ingresso di Maometto «i massacri e le rapine cessarono, anche perché da uccidere e da svaligiare c'era rimasto ben poco e le strade e le piazze della città erano lastricate di cadaveri». La perdita di Costantinopoli e quindi delle vie di comunicazione verso l'Estremo Oriente spinsero gli europei a cercare una rotta alternativa a Ovest, che permettesse loro di poter raggiungere l'Oriente.

15. Melozzo da Forlì, *Inaugurazione della Biblioteca Vaticana*, 1477, Pinacoteca Vaticana, Città del Vaticano.

L'idea di costituire una biblioteca dove raccogliere i codici e i testi antichi posseduti sino ad allora dai Papi fu di Niccolò V e risaliva al 1451; Sisto IV ne ufficializzò l'esistenza nel 1475 con la bolla *Ad decorem militantis Ecclesiae*. In essa confluirono manoscritti e codici il cui numero ammontava, al momento della sua istituzione, a oltre duemila pezzi, che sarebbero andati via via aumentando nei secoli seguenti, e la cui consistenza è stata poi ulteriormente incrementata dall'affluire in tempi diversi di numerose collezioni bibliografiche (dalla Palatina, 1622, alla Borghesiana, 1891, dalla Barberiniana, 1902, alla De Luca, 1975). Le stanze che accoglievano la Biblioteca furono riccamente decorate da pittori quali Antoniazzo Romano, Domenico e Davide Ghirlandaio e Melozzo da Forlì. Quest'ultimo ebbe anche l'incarico di rappresentare l'inaugurazione della Biblioteca e la nomina del suo primo Prefetto, l'umanista Bartolomeo Sacchi, detto il Plàtina, che è riconoscibile al centro dell'affresco inginocchiato ai piedi di Sisto IV.

16. Theodor de Bry (1528-1598), *Re Ferdinando e la regina Isabella di Spagna salutano Cristoforo Colombo che salpa per le Indie*, stampa da *Americae*, Kunstbibliothek, Berlino.

La caduta di Costantinopoli e la chiusura delle vie per l'Estremo Oriente spinsero gli europei a cercare a Ovest, al di là della superficie marina che si distendeva a perdita d'occhio dalle Colonne d'Ercole, la via per raggiungere l'Oriente e assicurare i rifornimenti di spezie e seta. Un genovese, Cristoforo Colombo, dopo otto lunghi anni di attese e tentativi riuscì a convincere la regina Isabella di Castiglia della bontà del suo progetto di navigare verso Ovest e raggiungere le Indie. Con l'approvazione dei sovrani di Spagna approntò tre caravelle e dopo oltre sessanta giorni di navigazione toccò terra il 12 ottobre 1492 all'isola Guanahani; poi scoprì Cuba e Haiti. Una scoperta, quella compiuta dal genovese, che rese consapevoli gli europei dell'esistenza di altre popolazioni che esulavano del tutto dai valori e dalle mentalità comuni, così come esulavano dal professare la religione cristiana, e dunque andavano educate ed evangelizzate. L'incontro con il nuovo si trasformò ben presto in un processo di assoggettamento e conversione forzata; lo stesso Colombo, colpito dalla «docilità degli indigeni» annotava che «"Devono essere buoni servi. [...] Se i sovrani lo desiderano possono farli venire in Castiglia o chiuderli prigionieri nell'isola, perché con cinquanta uomini armati li tengono tutti in loro dominio." Come esempio di carità cristiana non c'era male».

l'autorizzazione del Signore che li impiegava come segretari, consiglieri e talvolta come ministri e ambasciatori. Non l'abbandonavano mai. La mattina l'aiutavano a vestirsi, consumavano con lui i pasti, con lui cavalcavano e andavano a caccia. Quando Filippo Maria si ritirava nei suoi appartamenti lo seguivano.

Il Duca viveva nel terrore d'essere avvelenato o assassinato nel sonno. Non toccava cibo senza prima averlo fatto assaggiare ai suoi maggiordomi. Con l'età s'appesantì; mise su pancia e acquistò un aspetto greve e ripugnante. La sera, prima di coricarsi, chiudeva ermeticamente porte e finestre, e faceva disporre a corona intorno alla sua alcova una barriera di letti per le guardie del corpo. Per paura del buio, dormiva con le candele accese. Vedeva dovunque fantasmi e spesso, in piena notte, si svegliava di soprassalto, brandiva la spada che teneva a portata di mano sotto il cuscino e cominciava a menare fendenti nell'aria, schiumando bava dalla bocca e pronunciando frasi sconnesse. Talvolta cambiava addirittura camera, e solo la luce dell'alba riusciva a placare le sue angosce.

Se durante la notte aveva avuto un incubo, la mattina s'inginocchiava volgendosi prima a Oriente e poi a Occidente, si batteva il petto e recitava le orazioni. Faceva spesso voti ma non sempre li manteneva. Parlava poco e non guardava mai in faccia l'interlocutore. I suoi argomenti preferiti erano la guerra, i cani e i cavalli. Quand'era di buon umore – ma lo era di rado – raccontava barzellette scurrili, ma poi si pentiva e ricominciava a pregare.

Gli piaceva la buona tavola, era un bevitore accanito, ma scontava regolarmente i suoi peccati di gola con violente coliche di fegato, e alla fine ne morì, nel 1447, senza aver fatto in tempo a scrivere il testamento e a designare un successore. Il giorno dopo, un gruppo di nobili, al grido di «Viva la libertà», dichiarò decaduto il Ducato e fondò la Repubblica ambrosiana. Il popolino chiese la diminuzione delle tasse e smantellò il castello di porta Giovia. Molte città suddite approfittarono di quel caos per riacquistare la libertà. Venezia, acerrima nemica di Milano, occupò Piacenza e Lodi.

I governanti ambrosiani affidarono allora l'esercito al genero di Filippo Maria, Francesco Sforza, signore di Cremona. Era figlio del condottiero Muzio Attendolo e aveva fatto carriera come capitano di ventura, al soldo di Venezia, Milano e Firenze. Fu il più grande Generale del suo tempo. Era alto, possente, bello e coraggioso. Imbattibile nel maneggiare la spada e nel tirare d'arco, dormiva sotto la tenda coi suoi soldati, mangiava alla loro mensa, era sempre il primo a cacciarsi nelle mischie e l'ultimo a uscirne. Era uno stratega nato e con le sue bande sgominò interi eserciti. Talvolta bastava la sua presenza a volgere in fuga il nemico.

È quasi incredibile che la Repubblica ambrosiana affidasse la propria difesa proprio a lui che, come marito dell'unica figlia del Duca, ne era il naturale erede. Egli riconquistò Piacenza e Lodi, battendo i Veneziani. Ma poi si accordò in segreto con loro cedendogli il Bresciano, la Ghiara d'Adda e Crema, e ottenendo in cambio il riconoscimento dei suoi titoli alla successione del suocero. Quindi puntò su Milano e la cinse d'assedio. Dopo una breve resistenza, la città, vinta dalla fame, gli spalancò le porte e lo incoronò Duca. Correva l'anno 1450.

Governò fino al 1466 con una magnificenza allergica a ogni preoccupazione di contabilità. Portò il Ducato sull'orlo del fallimento e solo i prestiti bancari fiorentini lo salvarono. Favorì l'immigrazione, proibì l'esodo della manodopera locale, premiò i cittadini più prolifici, bandì campagne demografiche contribuendovi con uno stuolo di figli, di cui una ventina bastardi e otto legittimi. Dissanguò l'erario. Ma fece di Milano ciò ch'essa ancora non era: una splendida metropoli, di cui il Castello Sforzesco e l'Ospedale Maggiore rappresentarono i gioielli.

Ebbe un debole per il sesso debole e riempì di corna la moglie, che da buona Visconti si vendicò uccidendogli l'amante. L'età gli ridestò i reumatismi, che l'affliggevano fin dagli anni giovanili. Ogni estate passava le acque in quel di Bormio, adottava diete rigorose, si sottoponeva a salassi. Sebbene le guerre e gli affari di Stato gli impedissero di coltivare gli studi, seppe incoraggiare quelli altrui. Invitò a Milano l'umanista Filelfo, protesse le lettere e le arti, stimolò le scienze, finanziò una scuola di pittura e chiamò a dirigerla Vincenzo Foppa da Brescia. Morì nel 1466 d'idropisia, lasciandosi dietro un coro di rimpianti e una montagna di debiti.

Nel figlio Galeazzo Maria che gli successe, il sangue «caliente» dei Visconti aveva avuto il sopravvento su quello paterno, e aveva lasciato il segno. Secondo il Corio, che lo definì «sozzo e libidinoso», il giovane duca teneva un harem, si circondava di prostitute e prosseneti, partecipava a orge e s'abbandonava alla crapula più sfrenata. Affetto da mania di grandezza sperperò tesori immensi per abbellire la sua Corte, arruolò battaglioni di nani, buffoni, comici, musici, organizzò feste da mille e una notte. Quando viaggiava si faceva scortare da una moltitudine di nobili e cortigiani che indossavano vesti sontuose e montavano cavalli superbamente ingualdrappati e irti di pennacchi. Nel 1471 andò a Firenze con un seguito di duemila cavalieri, duecento muli, cinquecento coppie di cani, centinaia di falconi e sparvieri. Spese, in quella sola volta, la bellezza di duecentomila ducati d'oro. Quando era al verde – e con quel treno di vita lo era spesso – aumentava le imposte e puniva col carcere e talvolta con la morte chi non le pagava.

I sudditi l'odiavano ed era inviso anche ai nobili. La mattina del 26 dicembre 1476, mentre ascoltava la messa nella chiesa di Santo Stefano, tre giovani patrizi, Gerolamo Olgiati, Andrea Lampugnani e Carlo Visconti, lo aggredirono e lo massacrarono a colpi di pugnale. Il Lampugnani fu a sua volta assalito dalle guardie del corpo del Duca e linciato. Il Visconti e l'Olgiati riuscirono a darsi alla fuga, ma dopo un lungo inseguimento furono acciuffati, processati «per direttissima» e squartati vivi.

Galeazzo Maria lasciava un figlio di sette anni, Gian Galeazzo, sotto la tutela della madre, Bona di Savoia, che affidò il Consiglio di reggenza al sagace e intraprendente ministro Cicco Simonetta, assistito da due fratelli del marito: Sforza Maria, duca di Bari, e Ludovico Mauro, conte di Mortara.

Ludovico era il quarto figlio di Francesco Sforza. I Milanesi lo chiamavano «il Moro» per il colorito bruno, i capelli e gli occhi neri. Ludovico, lungi dall'offendersi, s'era compiaciuto di quel nomignolo e per renderlo più pertinente aveva adottato costumi ed emblemi moreschi e s'era circondato di schiavi mauritani. Non poteva dirsi un bell'uomo. Era prestante, di statura superiore alla media, ma aveva lineamenti aspri e irregolari: il naso lungo e falcato, il mento prominente, le labbra sottili e tirate, l'espressione imperiosa e accigliata di chi è abituato a comandare. Amava le belle donne e la buona tavola, ma detestava gli eccessi. Era ambizioso e spavaldo, scettico e superstizioso, magnanimo e diffidente. Grazie al Filelfo che l'aveva avviato allo studio dei classici, conosceva il latino e il francese, discuteva di filosofia ed era sensibile alle arti.

Cicco Simonetta tentò di sbarazzarsene, ma Ludovico gli sobillò contro la Corte, dove aveva molti amici, tra cui un certo Antonio Tassino, che godeva i favori della reggente. Questa riuscì a indurre il suo Ministro a scendere a patti col cognato, che per tutta ricompensa decapitò il Simonetta, esiliò la Duchessa, e assunse la tutela del nipote, con quali propositi è facile immaginare.

Gian Galeazzo, che il Guicciardini definì «incapacissimo», non aveva ancora nove anni. Debole, malaticcio, timido e scontroso, viveva in un'ala del palazzo circondato da precettori, e compariva in pubblico solo nelle cerimonie ufficiali, con indosso lo scettro e la spada e al dito il sigillo, simboli dell'autorità ducale. Morì, non si sa bene di che, nel 1494 liberando dalla sua remissiva, ma incomoda presenza lo zio sotto il quale Milano toccherà l'apogeo del suo splendore.

Ma lasciamo questa storia che esula da quella nostra e puntiamo il cannocchiale al di là dei confini sforzeschi in direzione di Venezia.

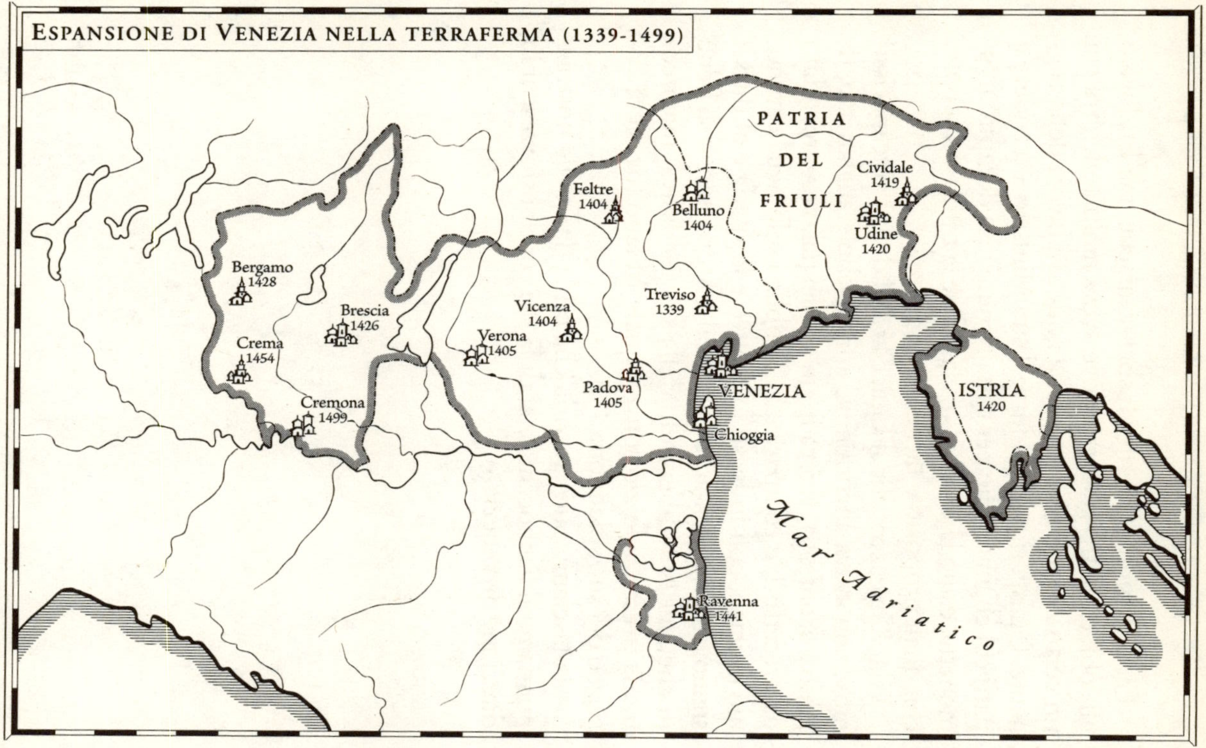
ESPANSIONE DI VENEZIA NELLA TERRAFERMA (1339-1499)
PATRIA
DEL
FRIULI
Cividale
1419
Udine
1420
Feltre
1404
Belluno
1404
Treviso
1339
Vicenza
1404
Verona
1405
Padova
1405
VENEZIA
Chioggia
Bergamo
1428
Brescia
1426
Crema
1454
Cremona
1499
ISTRIA
1420
Ravenna
1441
Mar Adriatico

CAPITOLO DICIOTTESIMO

VENEZIA DOGALE

Alla fine del Trecento la Repubblica di Venezia era lo Stato più potente della Penisola.

Le lagune sulle quali era sorta ne avevano fatto un allevamento di navigatori e di mercanti. Già ai primi del Mille le sue navi solcavano trionfalmente l'Adriatico e il Mediterraneo, trasportando da un capo all'altro merci e passeggeri. Venezia diventò il principale emporio europeo. Sui suoi moli venivano ogni giorno scaricati tappeti, spezie, damaschi, schiavi provenienti dall'Oriente; e ne ripartivano lane e manufatti. L'astuzia dei suoi armatori, la spregiudicatezza dei suoi ammiragli, l'abilità dei suoi diplomatici le conquistarono i mercati della Balcania e dell'Asia Minore. Dovunque spuntarono «fondachi» veneziani, piccole città coi loro depositi, alberghi, ospedali e chiese. Godevano d'immunità e privilegi e lo Stato che li ospitava preferiva non ficcarci il naso. Il «Balivo» che li governava, una specie di magistrato nominato dal Doge, aveva poteri di vita e di morte sugli abitanti, amministrava la giustizia, e svolgeva anche funzioni di Console. Questi avamposti commerciali fecero la fortuna di Venezia e gettarono le basi della sua supremazia economica.

Ma la supremazia sarebbe stata assai effimera se non fosse stata sostenuta all'interno da quella solida costituzione, di cui abbiamo già fornito i lineamenti ne *L'Italia dei comuni*. Formalmente essa era incarnata nel Doge, ma di fatto chi comandava era un'oligarchia aristocratica. Dalla metà del dodicesimo secolo il Doge fu assistito da un Consiglio dei Sapienti, o Maggior Consiglio, formato all'inizio da trentacinque membri, al quale si aggiunse ben presto un ristretto Minor Consiglio (sei membri). Il numero degli appartenenti al Maggior Consiglio aumentò poi gradualmente. Essi decidevano su tutte le questioni non solo legislative ma anche politiche e militari. Il Doge, assistito da un comitato ristretto di sei saggi, si limitava a ratificare gli atti di coloro che l'avevano eletto e che potevano in qualunque momento deporlo. Egli non era che un altissimo simbolo cui venivano tributati onori quasi divini anche per tenerlo al riparo da tentazioni e ambizioni terrestri.

Al Doge spettava la nomina del Patriarca di Venezia e dei canonici di San Marco, e fra i suoi titoli aveva anche quello di «Serenissimo Principe». Abitava il Palazzo Ducale, sfavillante di ori, marmi e mosaici, foderato di sete e tappeti e che superava in sfarzo e monumentalità la reggia del *Basileus* bizantino, di cui ricalcava il puntiglioso cerimoniale. Ogni suo gesto era un rito. Indossava vesti sontuose. La sua uscita era annunciata da squilli di tromba, dal suono delle campane, dai bandi degli araldi. Si faceva precedere da un corteo di trombettieri, di portabandiera e di dignitari. Compariva issato su un seggio, ricoperto di un drappo dorato, sotto un pesante e sgargiante parasole. Lo seguivano i membri del Maggior Consiglio, le alte cariche dello Stato, gli ambasciatori stranieri e il Capitolo di San Marco.

Un siffatto apparato era destinato a colpire la fantasia del popolino e a consolarlo della perdita di quelle prerogative di cui un tempo aveva goduto quando, nel settimo secolo, gl'isolotti della laguna si erano confederati per difendersi dagli assalti delle orde barbariche. I primi Dogi, infatti, quando cessarono di essere dei funzionari di Bisanzio e diventarono elettivi, erano designati dalla *concio publica* o assemblea del popolo. Ma quando il popolo cominciò a crescere e a differenziarsi in classi, il cosidetto «potere decisionale» passò nelle mani di quelle più ricche e ogni ombra di democrazia scomparve.

Sulla fine del Duecento, la costituzione veneziana subì una nuova spinta in senso oligarchico. Fin allora, almeno sulla carta, tutti i cittadini potevano essere eletti al Maggior Consiglio. Di fatto vi accedevano solo i componenti di quelle due o trecento famiglie nelle cui mani era concentrata la ricchezza della Repubblica: banchieri, armatori, grandi mercanti. Essi costituivano l'aristocrazia del denaro, ch'era a Venezia un titolo di nobiltà superiore a quello del sangue. Ma questo monopolio, appunto perché tale, poteva suscitare invidia in coloro che ne erano esclusi. Bisognava legittimarlo.

Nel 1297 il doge Pietro Gradenigo fece votare dal Maggior Consiglio una legge che dichiarava praticamente eleggibili soltanto coloro che dell'alto consesso, il quale veniva rinnovato annualmente, già avessero fatto parte o i cui antenati ne fossero stati membri. I loro nomi furono trascritti nel Libro d'Oro della Serenissima, una specie di gotha veneziano. Un altro giro di vite si ebbe nel 1319 quando fu abolito il rinnovo annuale dell'assemblea e aumentato il numero dei seggi. Il Maggior Consiglio diventò pletorico, si appesantì e dovette delegare a organi più ristretti molte delle sue funzioni.

Il Senato dei Pregadi venne istituito verso la metà del tredicesimo secolo con funzioni dapprima soltanto amministrative. I suoi poteri aumentarono durante tutto il tredicesimo secolo, finché nel quattordicesimo ebbe anche la direzione degli affari politici per delega del Maggior Consiglio. Regolamentava tutto ciò che concerneva navigazione e commercio, esercito e flotta, nominava gli ambasciatori, eccetto quello a Costantinopoli; ma il suo compito preminente era la direzione della politica estera. Era il Senato che decideva la pace e la guerra, che negoziava i trattati e le alleanze, che dava istruzioni agli ambasciatori, che ne riceveva i rapporti settimanali. Davanti a esso venivano lette le note degli agenti diplomatici, le famose «relazioni» che davano un quadro completo delle varie Corti d'Europa e dei rapporti che con esse Venezia intratteneva. Insomma, tutta l'autorità della Repubblica risiedeva nel Senato.

Un organo nuovo fu invece istituito nel 1310. In quell'anno un patrizio, Baiamonte Tiepolo, ordì una congiura per impadronirsi del potere e instaurare a Venezia una dittatura personale. Facendo leva sul malcontento suscitato in mezzo alla plebe dal colpo di Stato oligarchico di Pietro Gradenigo riuscì a guadagnare alla sua causa un certo numero di popolani. Quando fu scoperto si consegnò spontaneamente al Doge. Gli fu risparmiata la vita, ma dovette emigrare in Dalmazia.

Fu allora che il Maggior Consiglio, per impedire che simili incidenti avessero a ripetersi, nominò un comitato di salute pubblica, o Consiglio dei Dieci. I suoi membri furono dotati di poteri pressoché illimitati e di un'assoluta indipendenza. Vigilavano su ogni aspetto della vita pubblica e privata dei cittadini, indagavano su quelli sospetti, ne spiavano le mosse, vagliavano le denunce anonime, davano corso a quelle fondate, raccoglievano testimonianze, incoraggiavano le delazioni. Dapprincipio i consiglieri venivano eletti ogni due mesi, in seguito ogni due anni. La loro scelta era assai accurata e passava attraverso rigorosi test. La loro lealtà verso la Repubblica doveva essere a prova di bomba e altrettanto sperimentata la loro incorruttibilità.

Appena designati, i Dieci s'ammantavano d'un alone di mistero, diventavano inaccessibili, misuravano gesti e parole, disertavano feste e cerimonie pubbliche, si riunivano ogni giorno a porte chiuse, e nulla trapelava dei loro convegni. Non potevano lasciare Venezia se non in casi eccezionali, e tre volte la settimana concedevano udienze alle spie e ai confidenti. Era insomma una vera e propria polizia segreta, una Ghepeù avanti lettera.

Il Consiglio dei Dieci salvaguardò la costituzione oligarchica, ma instaurò nella Repubblica un regime di terrore. Nel 1355 sventò la congiura di Marin Faliero, esponente di una delle più cospicue famiglie veneziane che l'anno prima era successo al doge Andrea Dandolo. Spavaldo e ambizioso, non s'accontentava di fare il simbolo. Voleva il potere, e come Baiamonte Tiepolo tentò di realizzare il suo disegno aizzando il popolino contro la nobiltà, cui per ceto e censo egli stesso apparteneva. Arruolò alcune centinaia di marinai e scaricatori di porto che nella notte fra il 15 e il 16 aprile avrebbero dovuto spargere per le calli della città la voce che la flotta genovese muoveva in assetto di guerra alla volta di Venezia. L'annuncio avrebbe seminato il panico fra la popolazione e richiamato i nobili in piazza San Marco. Dalle viuzze adiacenti i congiurati avrebbero fatto irruzione nella piazza e li avrebbero trucidati. Ogni cosa era stata predisposta con cura quando, poco prima dell'ora fissata, uno dei congiurati denunciò il complotto, senza tuttavia fare apertamente il nome del Faliero, a un membro del Consiglio dei Dieci, che si precipitò dal Doge. Questi cadde in gravi contraddizioni, prima negando i fatti e poi dicendo di esserne già stato messo al corrente. Ma quando i cospiratori furono arrestati e interrogati, il Faliero dovette gettare la maschera e ammettere la sua colpevolezza. Il giorno dopo comparve davanti a un tribunale straordinario formato dai Dieci e da uno speciale collegio di venti giudici. Condannato a morte, venne decapitato la mattina del 17 aprile sulla Scala dei Giganti, nello stesso luogo dove aveva ricevuto il «corno» ducale.

Ai Dieci facevano capo anche le spie della Repubblica. Erano sguinzagliate dappertutto, ma specialmente pullulavano a Genova, la più temibile concorrente di Venezia a cui per secoli contese il dominio sui mari. La posta in gioco era immensa: i mercati dell'intero bacino mediterraneo. Entrambe le Repubbliche avevano fondato colonie nei principali porti del *Mare nostrum*. Gl'incidenti fra Genovesi e Veneziani erano all'ordine del giorno, e a provocarli era il monopolio del traffico marittimo. La lotta ebbe alterne vicende. Nel 1298, nelle acque di Curzola, la flotta veneziana fu sgominata da quella genovese. Ma nel 1380 le galere genovesi, temerariamente spintesi fino nelle lagune di Chioggia, vi furono imbottigliate dai dromoni della Serenissima e colate quasi tutte a picco. L'anno successivo veniva stipulato il trattato di Torino che riconosceva a Venezia la supremazia marinara, condizione del primato navale ed economico.

Nel quindicesimo secolo Venezia era la città più prospera della Penisola, la più fastosa e festosa. I suoi favolosi palazzi sul Canal Grande, dimore di mercanti assurti con la ricchezza al rango patrizio, davano alla città un fascino inimitabile. Una architettura magica li aveva ispirati. Le sottili colonne tortili, gli esili balconi a rosoni, le finestrelle binate conferivano a questi edifici la preziosa levità di un merletto e li facevano somigliare alle cesellate miniature di un orefice. Erano il compendio di due stili raffinatissimi: il bizantino e il gotico, perfettamente fusi.

Gli interni non erano meno sontuosi delle facciate. Rigurgitavano di suppellettili squisite e di mobili di gran pregio. Le pareti erano foderate di mosaici, di arazzi, di tele, le volte decorate di affreschi, gli zoccoli sfavillanti di monocromi dorati. Per erigere le loro magioni e per decorarle, i Contarini, i Gritti, i Foscari, i Tiepolo, i Loredan avevano arruolato il fior fiore degli artisti veneziani, imitati dai Dogi e dai Patriarchi in una gara di magnificenza e di sfarzo.

La scuola dei Bellini contribuì a fare di Venezia uno dei massimi templi dell'arte del Quattrocento. Il fondatore, Jacopo, dopo un tirocinio presso Gentile da Fabriano, dipinse a Verona, a Ferrara e a Padova, dove conobbe il grande Andrea Mantegna, e gli diede in sposa la figlia. Tornato a Venezia, aprì una «bottega» dove i figli Gentile e Giovanni appresero i primi rudimenti dell'arte paterna.

Furono i due più geniali pittori del tempo. Gentile subì l'influsso del cognato nel disegno delle figure e nell'arditezza degli scorci, ma col passare degli anni il suo stile acquistò un'impronta del tutto personale. A rivelarlo furono i pannelli che eseguì nella Sala del Gran Consiglio, andati purtroppo distrutti nel 1577 in seguito a un incendio. Fortunatamente ne conserviamo gli schizzi di una squisita linea narrativa. Abile anche come ritrattista, fu invitato a Costantinopoli dal sultano Maometto II, di cui in un bellissimo «olio» tramandò ai posteri l'effige.

Quando tornò in patria, fu sommerso da una valanga di ordinazioni. La Scuola di San Giovanni Evangelista gli commissionò tre pannelli che dovevano raffigurare una guarigione miracolosa, una processione del *Corpus Domini* e il ritrovamento di un frammento della croce. Gentile diede ai temi un ampio svolgimento e ambientò le scene nella Venezia contemporanea. I pannelli sono popolati di folle devote, sfilanti in processione per piazza San Marco o di gruppi di fedeli che si accalcano nelle calli in attesa degli eventi soprannaturali. Il tocco dell'artista è intenso, la tavolozza smagliante e variegata, i dettagli sono colti con fedeltà e saporoso realismo. L'ultima fatica di Gentile fu un *San Marco* che predica ad Alessandria. La morte non gli lasciò il tempo di condurlo a termine. Lo finì il fratello Giovanni.

Di due anni più giovane di Gentile, cui sopravvisse di otto, Giovanni aveva assimilato la tecnica del Mantegna che mise al servizio del colore. Il suo genio fu soprattutto cromatico ma al suo meglio dimostrò di possedere anche straordinarie qualità psicologiche e un autentico magistero narrativo. Diventò l'idolo dei Veneziani e il pittore più ricercato della Serenissima. Dipinse decine di Madonne che disseminò in chiese, palazzi, conventi. Non c'è museo al mondo che non ne possegga una.

Fu il pittore ufficiale e aulico della Repubblica, ed ebbe in appalto la ritrattistica dei Dogi. A lungo andare quei vecchioni solenni e ingualdrappati dovettero venirgli a noia, perché a un certo punto mutò ispirazione e cercò nuovi temi nel *pantheon* della mitologia classica, che interpretò in chiave allegorica. Nella *Festa degli dei* raffigurò un vero e proprio pic nic di donne avvenenti e discinte e di uomini ebbri e seminudi. Nel dipinto, conservato alla National Gallery di Washington, c'è un senso della vita pagano e sensuale, specchio fedele di quella Venezia quattrocentesca di cui i Bellini furono i mirabili interpreti.

Ma anche le arti cosiddette minori contribuirono ai fasti della Serenissima. Dai laboratori dei mosaicisti nel quindicesimo secolo uscivano composizioni di squisita fattura, destinate a decorare le pareti delle chiese e dei palazzi. Capolavori di cristallo – vasi, tazze, calici – venivano forgiati nelle vetrerie di Murano, sottoposte alla stretta vigilanza dello Stato, geloso custode dei segreti di lavorazione. Un'altra fiorente industria era quella delle armi che riforniva le corti di mezz'Europa di elmi, corazze, scudi, pugnali abilmente cesellati e stupendamente intarsiati d'oro e d'argento.

Questo rigoglio non si limitò alle arti figurative. Investì anche le lettere, sebbene a Venezia l'Umanesimo abbia attecchito più tardi che altrove. Se nella Serenissima non ci fu quel pullulìo di scuole e di accademie che seguì al movimento umanista a Firenze, non mancò una viva adesione alle idee che esso propugnava. La cultura era tenuta in grande onore. Non c'era patrizio che non possedesse una biblioteca o non spalancasse le porte del suo palazzo a letterati e poeti. La dame dell'alta società accoglievano nei loro salotti teologi e filosofi. Le scuole non erano aperte solo ai rampolli dell'aristocrazia e della ricca borghesia. Anche i figli del popolo potevano accedervi.

L'invenzione della stampa aveva allargato le maglie della cultura, divulgando imparzialmente gli autori classici e quelli moderni. Venezia diventò una delle capitali dell'editoria. I libri che nella seconda metà del Quattrocento uscivano dai suoi torchi erano per eleganza di caratteri, qualità di carta e perfezione di stampa degli autentici gioielli. Alla fine del quindicesimo secolo solo a Venezia erano stati editi 2835 volumi.

La maggior parte recavano la firma di un geniale tipografo: Aldo Manuzio. Era nato a Bassiano vicino a Velletri nel 1449, ma si era trasferito giovanissimo a Roma, dove s'era sprofondato nello studio dei classici latini. Poi aveva soggiornato a Ferrara, e qui aveva tradotto quelli greci e tenuto dotte conferenze su Platone, Tucidide e Cicerone. Per un certo tempo aveva anche insegnato, e fra i suoi allievi ci fu Pico della Mirandola che, colpito dal suo sapere, lo volle precettore dei nipoti Lionello e Alberto, che poi diventarono i primi finanziatori delle sue straordinarie imprese editoriali.

Manuzio si propose di stampare i classici greci in edizioni economiche, alla portata di tutti. Ma quella del costo non era l'unica difficoltà. Bisognava anche reperire i testi e collazionarli. Le innumerevoli trascrizioni li avevano contaminati e fatti oggetto di interminabili contestazioni. Poi occorreva – come si direbbe oggi – lanciare il prodotto, creare cioè un mercato. E fu per questo che Manuzio si trasferì a Venezia, arruolò uno stuolo di filologi e di dotti, e affidò loro la scelta e il commento dei testi. Fece affari d'oro, e quando morì la sua opera fu continuata dai figli.

Forse solo nella Firenze dei Medici l'iniziativa del tipografo avrebbe riscosso un successo altrettanto strepitoso e immediato. Nel quindicesimo secolo era infatti l'unica città che potesse competere con Venezia nella cultura e nell'arte.

CAPITOLO DICIANNOVESIMO

IL PADRE DELLA PATRIA

Nessuno è mai riuscito a spiegare in maniera convincente i motivi del primato di Firenze non solo in Italia, ma in tutta Europa, fra il Tre e il Cinquecento. Dire che fu dovuto alla ricchezza non ha senso perché anche la ricchezza di Firenze aspetta una convincente spiegazione. La città non godeva di nessun vantaggio naturale. Era al centro di un contado povero, o meno ricco di tanti altri. Non aveva materie prime. Non aveva una posizione geografica privilegiata. Non aveva nemmeno un grande fiume navigabile poiché l'Arno è in secca per buona parte dell'anno.

Anche la sua vita politica garantiva tutto, fuorché l'ordine e la pace. La Signoria, come si chiamava il Governo, era tutt'altro che stabile. Le varie magistrature, lungi da dividersi razionalmente il potere, se lo contendevano paralizzandosi a vicenda. C'era un Gonfaloniere di giustizia cui era affidata l'esecuzione delle leggi e delle sentenze giudiziarie; c'erano otto Priori che formavano una specie di Ministero; c'era un Parlamento rappresentato dal Consiglio del Popolo.

Sulla carta, una simile organizzazione potrebbe sembrare democratica e funzionale. Ma solo per effetto della nomenclatura. La parola «popolo», a Firenze, non aveva il significato che noi le diamo. Era riservata solo agl'iscritti alle Arti, cioè alle corporazioni di mestiere. Queste erano divise in maggiori e minori. Le maggiori erano sette e comprendevano le professioni più nobili e ricche: i giudici e notai, gl'industriali della lana, della seta e dell'abbigliamento, i mercanti, i banchieri, i medici e speziali eccetera. Le minori erano quattordici e comprendevano i mestieri più poveri: i fabbri, i beccai, i falegnami, i vinai, i muratori eccetera.

Queste due categorie avevano insieme lungamente lottato per strappare il potere alla vecchia aristocrazia terriera, e sulla fine del Duecento c'erano riuscite. Gran parte dei turriti manieri che dall'alto dei colli tenevano in soggezione la città e ne minacciavano le comunicazioni e i rifornimenti erano stati demoliti dai popolani fiorentini. Altri erano rimasti orfani perché il governo borghese di Firenze ne aveva obbligato i proprietari a trasferirsi in città per poterli meglio controllare. Il municipio insomma aveva vinto la sua secolare battaglia contro il castello, e i ceti urbani con le loro industrie avevano preso il sopravvento su quelli rurali con la loro agricoltura.

Ma, una volta raggiunto questo traguardo, la solidarietà delle Arti, cioè delle categorie produttive, si era rotta. Solo gl'iscritti nei loro elenchi erano cittadini di pieno diritto; e questa era già una discriminazione abbastanza grave, come risulta dalle liste elettorali: a metà del Trecento, su novantamila abitanti – se è esatta la cifra che fornisce Villani – solo poco più di tremila potevano votare. Ma, anche dentro questa privilegiata minoranza, c'erano grosse sperequazioni testimoniate anche dai nomi: il popolo grasso delle Arti maggiori e il popolo minuto delle Arti minori.

Il popolo grasso aveva già in mano tutto il potere economico poiché a esso facevano capo l'industria, la banca e il commercio. Ma deteneva anche le leve di quello politico perché almeno quattro degli otto Priori e la metà del Consiglio del Popolo dovevano appartenere alle Arti maggiori. Quelle minori, molto più numerose, non avevano quindi una rappresentanza adeguata alla loro vera forza.

La Costituzione fiorentina era dunque ben lontana da quel modello di democrazia che alcuni storici hanno creduto di ravvisarvi. Si trattava di uno Stato corporativo in cui le masse non si erano affatto integrate. E lo dimostrano i torbidi che ogni poco scoppiavano. Nel 1345 Cinto Bandini e nove altri agitatori furono messi a morte per un tentativo di rivolta. Nel 1368 ci furono altre teste mozzate per lo stesso motivo. E dieci anni dopo divampò il «tumulto dei Ciompi», cioè dei salariati dell'Arte della Lana che, guidati da Michele di Lando, s'impadronirono del potere. Lo tennero per poco perché lo esercitarono malissimo. Ma il disagio rimase, anzi fu acuito dalla reazione che ne seguì.

Eppure, nonostante queste inquietudini politiche e sociali, il «miracolo economico» di Firenze non aveva equivalenti in tutt'Europa. Questa piccola città, da sola, aveva un reddito superiore a quello di tutta l'Inghilterra ai tempi della grande Elisabetta. Il re Edoardo III era indebitato con alcune delle ottanta grandi banche fiorentine per un milione e mezzo di fiorini, che corrispondevano – all'ingrosso – a oltre venti miliardi di lire attuali. Sebbene dichiarasse bancarotta come un mercante qualsiasi, la finanza fiorentina non crollò. Essa si rifece sugli altri mercati grazie alla sua superiore organizzazione. Aveva inventato le polizze, cioè gli *chéques*, le lettere di credito, i buoni del Tesoro, e il sistema della doppia contabilità. Ma soprattutto si era stabilmente legata con l'industria attraverso le partecipazioni azionarie.

L'industria tessile fiorentina aveva sgominato qualsiasi concorrenza specie da quando si era impadronita dei segreti chimici della tintoria. Federico Oricellari prese il nome appunto dalla «orchella», un lichene da lui scoperto in Oriente che forniva un pregiato pigmento violetto, con cui fece miliardi. Coi capitali forniti dalle banche di cui erano azionisti, i tintori attrezzarono i loro stabilimenti in modo che le loro lane subivano fino a trenta processi di lavorazioni successive, ognuno sovrinteso da maestranze specializzate. La fase artigianale aveva ceduto il passo a quella industriale vera e propria.

Il nascente capitalismo s'incarnava in una nuova aristocrazia del denaro. Già al tempo di Dante essa aveva conteso il primato cittadino a quella del blasone: l'una era rappresentata dai banchieri Cerchi, l'altra dal «barone» Donati. E la lotta fra i due aveva insanguinato Firenze per decenni. Ora questi protagonisti erano scomparsi, e al loro posto ce n'erano altri, ma tutti di origine borghese e mercantile: i Bardi, i Peruzzi, gli Strozzi, i Pitti, i Rucellai, i Ricci, i Ridolfi, i Valori, i Capponi, i Soderini, gli Albizzi.

Questi ultimi, per un pezzo, tennero il mestolo in mano, ma quasi sempre per interposta persona e senza farsene accorgere. Erano troppo avveduti per mettersi in mostra e rovesciare gl'istituti popolari. Si contentavano di manovrarli sotto banco in modo da non stuzzicare la suscettibilità dei Fiorentini, attaccatissimi a una democrazia che da un pezzo non era più tale, e anzi non lo era mai stata. Fra gli ultimi decenni del Trecento e i primi del Quattrocento, gli Albizzi furono i grandi maestri del sottogoverno. E lo usarono per tenere al riparo i ricchi dalle riforme giustizialiste dei poveri.

Ma Firenze non sarebbe stata Firenze se la concordia

delle classi capitaliste fosse durata all'infinito. Nel 1421 esse videro con compiacimento la nomina di Giovanni de' Medici a Gonfaloniere di Giustizia. Aveva una grossa banca, e quindi era dei loro. Ma il compiacimento si trasformò in sbigottimento e poi in furore, quando Giovanni impose sul capitale una tassa del sette per cento che si chiamò «catasto». Oggi vien da sorriderne: il fisco ci ha abituato a ben altro. Ma allora parve un ladrocinio, un insopportabile sopruso. E Giovanni fu considerato un «traditore della Confindustria».

Veniva da una famiglia di recente potenza. Non si è mai saputo con esattezza né l'origine del nome, forse dovuto a qualche antenato medico, né quella dello stemma: sei palle – poi ridotte a tre – in campo d'oro. All'inizio del Duecento c'era stato un Medici consigliere comunale. Ma il vero fondatore della dinastia e del patrimonio era stato, ai primi del Trecento, Averardo, grazie a un'industria che non gli fa molto onore: l'epurazione. Era accaduto al tempo di Dante, quando i Neri avevano preso il sopravvento sui Bianchi. Averardo, che si era schierato dalla parte dei vincitori, aveva redatto un elenco aggiornatissimo dei «collaborazionisti» ricchi, e si era fatto dare in appalto il saccheggio delle loro case. È vero che la politica in Italia non è mai servita ad altro. Ma Averardo ne fu un brillante pioniere. E dalle sue imprese casa Medici prese l'aìre. Sulla preda bellica fu fondata la banca. La banca procurò i miliardi. I miliardi fruttarono il potere. E il potere moltiplicò i miliardi.

Quando Giovanni morì nel 1428, suo figlio Cosimo si trovò a essere insieme il più forte capitalista della Toscana con un patrimonio di quasi duecentomila fiorini, oltre tre miliardi di lire, e il più popolare portabandiera del proletariato fiorentino per via del catasto applicato da suo padre contro i ricchi. Aveva una quarantina d'anni, e li aveva impiegati non soltanto a investire, ma anche a spendere bene il proprio denaro, e a dominare le proprie impazienze e ambizioni. Anche lui infatti si astenne dal far pesare il proprio potere. Lo esercitò attraverso una delle magistrature meno appariscenti, come semplice membro del Consiglio dei Dieci, una specie di gabinetto militare che funzionava solo in tempo di guerra.

Ma di guerra appunto era tempo in quel momento, poiché si trattava di ridurre alla ragione Lucca, ribelle alla *leadership* fiorentina. Cosimo non solo assunse la direzione delle operazioni, ma le finanziò di tasca propria quasi si fosse trattato di un'impresa privata. E vinse senza appesantire di una lira il bilancio dello Stato. Così il figlio di colui che aveva inventato la tassa contro i ricchi diventò anche il creditore della Signoria. E la sua popolarità salì a picco.

Il popolo grasso capì che, se non lo fermava in tempo, il gioco era fatto. E la controffensiva partì naturalmente dalla famiglia cui il successo dei Medici più bruciava la pelle. Rinaldo degli Albizzi accusò Cosimo di ambizioni dittatoriali, e riuscì a strappare al gonfaloniere Guadagni un mandato d'arresto contro di lui. Cosimo non tentò né la resistenza né la fuga, che gli sarebbero state ugualmente facili. Docilmente si costituì, e lasciò anche che un parlamento adunato in piazza della Signoria decretasse, sotto la minaccia degli armigeri di Rinaldo, la sua condanna a morte. Si limitò a mandare sotto banco una «bustarella» al Guadagni. E questi si rimangiò la sentenza, trasformandola in un bando al confino di dieci anni.

Cosimo si trasferì a Venezia, dove aveva già depositato gran parte della sua fortuna. E anche lì dovette investirla molto bene, perché poco dopo il Doge in persona sollecitò a Firenze il richiamo dell'esule. Ma non ce n'era bisogno perché la nuova Signoria l'aveva già deciso per suo conto. Cosimo rientrò in trionfo, ma mostrandosi dolorosamente stupito della fuga degli Albizzi. Disse che non si sarebbe mai sognato di vendicarsi contro di loro, e probabilmente era sincero nel senso che non lo avrebbe mai fatto di persona. Lo avrebbe solo lasciato fare dai suoi seguaci, frattanto moltiplicatisi. L'uomo aveva il sangue ghiaccio, ma la memoria lunga.

Nemmeno stavolta, pur potendolo facilmente, sovvertì le magistrature democratiche. Anzi, dopo averne esercitata qualcuna, si ritirò dicendo che il potere corrompe l'anima e il corpo. Ma tutte le cariche erano occupate da uomini suoi, le masse erano con lui, e buona parte della plutocrazia era indebitata con la sua banca.

Fu un dittatore moderato e benevolo. Ma quando qualcuno andò da lui a protestare perché i suoi amici Priori, avendo scoperto un complotto, ne avevano precipitato da una torre il capo, Bernardo d'Anghiari, Cosimo rispose sospirando: «Gli Stati non si governano coi paternostri». Tuttavia aveva capito una cosa fondamentale: e cioè che si poteva compiere una rivoluzione sociale senza spargere una goccia di sangue, solo servendosi del fisco. Fu, crediamo, il primo uomo di Stato che abbia applicato in Europa la «scala mobile» e l'imposta progressiva sul reddito. Questa fruttò al bilancio, in vent'anni, quasi cinque milioni di fiorini, qualcosa come ottanta miliardi di lire. Molti ricchi, e specialmente quelli terrieri, non potendo o non volendo pagare le loro quote, lasciarono la città per tornare nei loro castelli di campagna. Erano quelli della vecchia aristocrazia che formavano la «Società delle Torri» e davano un tono signorile alla vita fiorentina. Ma Cosimo non si mostrò desolato di questo esodo. «Provvederemo» disse «a sostituirli. Oggi, per fare un nobile, basta qualche metro di panno rosso».

Come banchiere, non sbagliava un affare, e soprattutto non sbagliava un investimento. Un giorno un suo socio gli rimproverò di aver prestato una forte somma al Vescovo di Bologna che non offriva nessuna garanzia. Ma di lì a poco quel Vescovo diventò papa Niccolò V, e diede in appalto a Cosimo le finanze del Vaticano. Per tener dietro a tutti i suoi impegni, si alzava all'alba, andava a letto coi polli, mangiava e beveva con moderazione e questa regola lo tenne giovane e attivo fino ai settantacinque anni. Anche la sua vita di famiglia era ordinata. Solo una volta si concesse qualche libertà con una serva e n'ebbe un figlio illegittimo. Per sé, era sparagnino. Ma per contribuire agli abbellimenti della città, non lesinava. Spese di tasca propria quattrocentomila fiorini, più di sei miliardi di lire, per finanziare architetti come il Brunelleschi, scultori come Donatello e il Ghiberti, pittori come Botticelli, Gozzoli, Filippo Lippi e l'Angelico, filosofi e letterati come Pico della Mirandola, Marsilio Ficino, l'Alberti. Quando il più grande bibliofilo del tempo, Niccolò de' Niccoli, si fu completamente rovinato per acquistare manoscritti greci, Cosimo gli aprì un credito illimitato presso la propria banca, e quando morì rilevò per seimila fiorini gli ottocento testi che il bibliofilo aveva raccolto, per regalarli quasi tutti alla libreria di San Marco.

Era l'idolo di tutta l'*intellighenzia* fiorentina. Botticelli, Pontormo e Gozzoli ce ne hanno lasciato coi loro pennelli un ritratto probabilmente abbellito dall'ammirazione e dalla gratitudine raffigurandolo come un uomo di media statura, dal volto olivastro e marcato, con due occhi fondi e penetranti, e un naso in rilievo e a tutto sbalzo. Ma anche gli storici di parte democratica riconobbero in lui il più illuminato dei dittatori, e Varchi ne fa addirittura il più grande protagonista della rinascita culturale italiana ed europea.

Fu anche un abile diplomatico. Capì che il destino dell'Italia era condizionato dall'equilibrio fra le quattro grandi potenze che vi si erano formate: Milano, Venezia, Firenze e Napoli. E cercò con ogni mezzo di rafforzarlo. Quando Milano entrò in crisi dopo la morte di Filippo Maria Visconti e Venezia tentò di approfittarne, Cosimo aprì immediatamente la borsa a Francesco Sforza per metterlo in condizione di resistere. Venezia volle vendicarsene facendo lega con Napoli contro Firenze. Cosimo si sottrasse alla minaccia semplicemente richiamando tutti i crediti che aveva nelle due città, dove le più importanti ditte si trovarono di colpo sull'orlo del fallimento.

Lo chiamarono «Padre della Patria», certamente alludendo a una patria fiorentina. Ma Cosimo lo fu di tutta l'Italia. Forse egli carezzò un sogno di unità nazionale. Ma capì ch'era irrealizzabile, e quindi si contentò dell'unico traguardo che un uomo di Stato italiano, a quei tempi, poteva proporsi: un Direttorio dei «quattro grandi» solidali nel proposito di mantenere la Penisola al riparo da intrusioni straniere.

Questa fu la politica dei Medici sino alla fine del Quattrocento. A essa l'Italia è debitrice di quei decenni di relativa pace e di meravigliosa prosperità che consentirono il miracolo del Rinascimento.

ESPANSIONE DEL COMUNE FIORENTINO FINO AL 1494

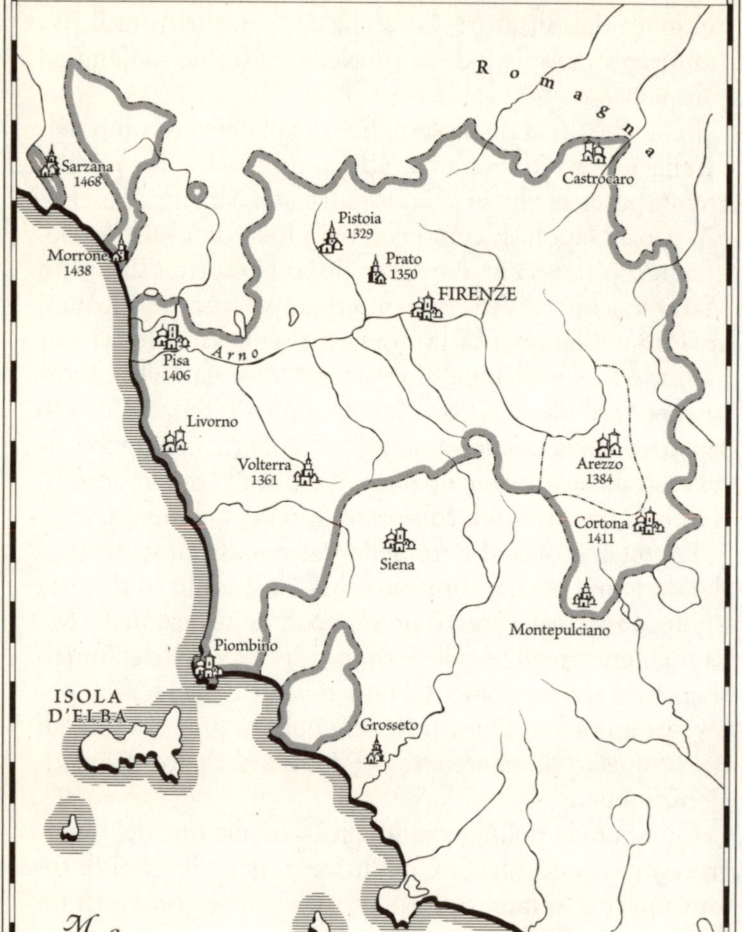

CAPITOLO VENTESIMO

LORENZO E GIROLAMO

Quando Cosimo morì, nel 1464, gli successe il figlio Piero, che da lui aveva ereditato la ricchezza, il potere ma soprattutto la gotta cui dovette il soprannome di «Gottoso» e una fine precoce. Di Cosimo aveva anche la laboriosità, il mecenatismo e l'ordinatezza, ma non certo l'intuito e il tatto. Di ritorno dai funerali del padre, richiamò subito i prestiti che questi aveva abilmente fatto alle potenti casate fiorentine per legarle al proprio carro. Minacciati dal fallimento, i debitori tentarono una rivoluzione in nome di una libertà che, disse poi Machiavelli, faceva soltanto da copertura delle loro cambiali in protesto. Ma queste erano tante che Piero a fatica riuscì a riconquistare il potere e a mantenerlo fino alla morte che lo colse nel 1469.

Accortosi della cattiva salute di suo figlio e prevedendone la breve durata, Cosimo aveva particolarmente curato l'educazione del nipote Lorenzo, un ragazzo che prometteva bene. Gli aveva dato i migliori istruttori: Argiropulo per il greco, Ficino per la filosofia, e se stesso per la politica e il commercio. Lorenzo aveva solo vent'anni quando suo padre morì; e suo fratello Giuliano, sedici. Il partito mediceo temette di esser rimasto senza un capo responsabile, specie quando Lorenzo dichiarò che non intendeva occuparsi di politica perché i suoi affari privati non gliene lasciavano il tempo. Una deputazione di cittadini andò a supplicarlo di rinunziare a questi propositi di ritiro: erano tutte persone che dovevano ai Medici la loro fortuna e i loro posti. Dopo molte esitazioni, Lorenzo si lasciò convincere. E da come in seguito si comportò, è chiaro che non chiedeva di meglio ma da buon nipote di Cosimo non volle mostrarlo. Egli offrì tuttavia a Giuliano di partecipare al potere. Ma Giuliano, che aveva per lui una sottomessa adorazione e preferiva la poesia, la musica, le giostre e le donne, rifiutò.

Fisicamente, Lorenzo non aveva nulla d'attraente. Era alto e robusto, di colorito olivastro come il nonno; ma il volto aveva qualcosa di volgare per via della mascella pesante e delle narici larghe, schiacciate come quelle di un pugile e con una distorsione del setto che dava alla sua voce un tono sgradevolmente nasale.

Ma tutti i testimoni sono concordi nel riconoscere che bastava parlare cinque minuti con lui per essere immediatamente conquistati dalla sua cortesia e dalla sua straordinaria capacità d'aderire all'interlocutore. Col poeta, era poeta, con l'ambasciatore, uomo di Stato, con la canaglia, canaglia e mezzo.

A vent'anni la madre, Lucrezia Tornabuoni, che Cosimo chiamava «l'unico uomo della famiglia», lo aveva sposato d'autorità con una principessa romana, Clarice Orsini, scelta soprattutto perché era di «ricipiente grandezza e bianca». Lucrezia, preoccupata di migliorare il sangue dei Medici tarato dalla gotta ereditaria, andò a scegliersi quella sposa come si va a scegliere una giovenca al mercato: le donne romane avevano fama di essere più grossolanotte ma anche più «baliose» delle fiorentine. «Giudichiamo la fanciulla assai più del comunale» scrisse al marito dopo il sopralluogo. «Lorenzo l'ha veduta: intendi da lui se la li piace.»

A Lorenzo non piacque molto, ma la sposò ugualmente; un po' per far contenta la madre, un po' perché anche lui si preoccupava di rinfrescare il sangue della dinastia, un po' perché il matrimonio, specie a quei tempi, non implicava nessuna rinuncia. Dopo le nozze continuò ad amare Lucrezia Donati, ma senza trascurare i suoi doveri con Clarice, come dimostrano i sei figli ch'essa gli diede: Lucrezia, Piero, Maddalena, Giovanni, Luisa e Giuliano.

Come il nonno, Lorenzo preferì restare ufficialmente un privato cittadino, rifiutando ogni carica. Ma per dare ai suoi uomini il modo di governare un po' meglio fece nominare una «balia» che da temporanea si trasformò in organo permanente di direzione collegiale: il Consiglio dei Settanta, eletti a vita. I suoi inizi non furono tutti fortunati. Quando Volterra pretese delle *royalties* sulle proprie miniere che Lorenzo aveva nazionalizzato a beneficio di Firenze, egli le inflisse un sanguinoso castigo da cui Cosimo si sarebbe certamente guardato. Ma subito se ne avvide e cercò di rimediare.

Forse un altro errore di diplomazia, che per poco non costò a lui il potere e a Firenze l'indipendenza, lo commise cercando di annettere Imola alla Signoria fiorentina. L'impulsivo e prepotente Sisto IV, avido di terre da distribuire ai suoi nipoti, reagì togliendo ai Medici la supervisione sulle finanze pontificie per darla ai loro più irriducibili avversari: i Pazzi. Non solo, ma incoraggiò questi ultimi a ordire una congiura contro Lorenzo.

Il «colpo» fu tentato in Santa Maria del Fiore durante la messa del Sabato Santo del 1478. Lorenzo vi era intervenuto da solo, disarmato e senza seguito. Giuliano, ch'era rimasto a casa, fu indotto dai cospiratori a raggiungerlo. Al momento dell'elevazione, mentre il prete benediva gli astanti con l'ostia consacrata, i congiurati, fra i quali c'era anche l'arcivescovo Salviati, s'avventarono sui due fratelli. Giuliano, trafitto dal Bandini, venne finito a pugnalate da Francesco de' Pazzi. Lorenzo riuscì a proteggersi col braccio e, leggermente ferito, venne circondato dagli amici che lo spinsero dentro la sacrestia sbarrandone le porte. Il Salviati, Francesco e Jacopo Pazzi e altri capoccioni si precipitarono in piazza della Signoria e tentarono di sollevare il popolo al solito grido di «Libertà! Libertà!» Ma il popolo rispose: «Le palle! Le palle!», ch'erano l'emblema dei Medici.

Il castigo fu duro. Un'ottantina di teste caddero. L'Arcivescovo che aveva brandito il pugnale in chiesa, e proprio nel momento culminante della messa, fu impiccato insieme con Francesco de' Pazzi (e un giovane pittore di ventisei anni, Leonardo da Vinci, si mise a ritrarlo dal di sotto della piazza, in tutt'i suoi particolari, pencolante nel vuoto). Il corpo di Jacopo, capo della casata, fu disseppellito due volte, trascinato per le strade e gettato in Arno. Lorenzo compose gli epitaffi in versi per le vittime e ordinò a Botticelli di eternarle in un affresco per Palazzo Vecchio.

Sembra che papa Sisto, pur approvando il complotto, non avesse autorizzato l'attentato. Tuttavia l'impiccagione di un Arcivescovo gli fornì il pretesto per scomunicare Lorenzo con tutti i magistrati della città, sospendere i servizi religiosi e bandire una specie di guerra santa contro Firenze. Re Ferdinando di Napoli vi aderì e lanciò un ultimatum alla Signoria: o essa consegnava Lorenzo al Papa, o il suo esercito avrebbe invaso la Toscana.

Con medicea abilità, Lorenzo consigliò ai Priori di piegarsi all'ingiunzione e si offrì come capro espiatorio. Ma la Signoria rifiutò sdegnosamente, e fu la guerra. L'esercito fiorentino fu battuto a Poggibonsi, occorse appesantire le tasse per reclutarne un altro, e Lorenzo comprese che a lungo andare il popolo avrebbe mal sopportato di sacrificarsi per lui. Allora, con una magnanimità condita di astuzia, ma anche di coraggio, partì in segreto e da solo, a Pisa s'imbarcò su una nave che lo condusse a Napoli, per presentarsi al Re suo nemico.

Ferdinando godeva di una pessima reputazione. Poco prima aveva invitato come ospite il condottiero Jacopo Piccinino, e poi lo aveva fatto proditoriamente assassinare. Se questo era il suo contegno verso gli ospiti, c'era da chiedersi come avrebbe trattato un nemico con cui era in stato di guerra dichiarata e già mezza vinta. L'esercito napoletano infatti continuava a mietere successi, e il Papa reclamava con insistenza la consegna di Lorenzo. Ma questi in pochi giorni aveva già annodato, un po' grazie al suo fascino personale, un po' grazie al suo conto in banca, solide amicizie. Soprattutto il potente conte Carafa, Ministro degli Esteri, si era schierato dalla sua parte. Lorenzo l'aveva convinto che l'indebolimento di Firenze significava il rafforzamento degli Stati pontifici che pesavano sui confini di quelli napoletani, e che lo stato di guerra metteva tutta l'Italia alla mercé dei Turchi ora che costoro, padroni di Costantinopoli, lanciavano le loro flotte alla conquista del Mediterraneo.

Ferdinando, che già era rimasto impressionato dall'audacia di quel suo avversario e ne aveva subito l'ascendente, finì per arrendersi a questi argomenti. E invece di consegnarlo al Papa, firmò con lui un trattato di pace e di alleanza, e lo rimandò a godersi il trionfo a Firenze. Sisto fu colto da una crisi di furore. Ma anch'egli dovette arrendersi agli avvenimenti: un esercito turco era sbarcato a Otranto e minacciava di travolgere la Penisola, se questa restava divisa dalle guerre intestine. Lorenzo mandò ambasciatori al Pontefice con un messaggio ispirato a devozione e umiltà. Sisto li accolse malissimo, li colmò di vituperi. Poi, recitata la sua parte, li perdonò, ricambiò a Lorenzo il messaggio d'amicizia, e gli chiese di equipaggiare quindici galere per la spedizione contro i Turchi.

Da allora, il potere di Lorenzo non fu più seriamente minacciato da nessuno, fino al Savonarola.

Girolamo Savonarola era nato a Ferrara nel 1452 e giovanissimo aveva abbandonato la famiglia per il convento. Era piuttosto brutto e, quel che è peggio, sgraziato, in un'epoca in cui la grazia rappresentava una specie di undicesimo comandamento. Aveva la fronte schiacciata e fin da ragazzo aggrondata, il volto olivastro e rincagnato, il naso grosso e deformato, la bocca larga, le labbra carnose e renitenti al sorriso. In quel volto rozzo, temporalesco e chiuso come un pugno chiuso, solo gli occhi erano belli: grigioscuri, intensi, ora fiammeggianti d'ira, ora delicatamente malinconici. Forse quello sguardo chiedeva simpatia, ma Girolamo non ne ispirava. La timidezza e l'orgoglio, che vanno sempre in coppia, lo rendevano malaccorto e refrattario agli abbandoni.

Dopo un periodo di tirocinio come novizio nel convento di San Domenico a Bologna, nel 1481 era stato trasferito in quello di San Marco a Firenze, una delle istituzioni cittadine che più dovevano al mecenatismo dei Medici. Cosimo l'aveva fatto restaurare dal Michelozzi, profondendovi di tasca sua trentaseimila fiorini, ne aveva fatto affrescare le mura dal Beato Angelico, e lo aveva dotato di una ricchissima biblioteca, trasformandolo in un centro d'arte e di cultura.

Lorenzo aveva seguito l'esempio del nonno, aggiungendovi uno stupendo giardino dove aveva raccolto centinaia di statue antiche, che tutti gli scultori fiorentini potevano studiare e copiare. Fra coloro che vennero a scoprirvi i segreti dello scalpello c'era già, ai tempi di Savonarola, un ragazzetto di nome Michelangelo Buonarroti.

Il Priore di San Marco assegnò a Girolamo il compito di lettore, cioè d'istruttore dei novizi. Era un compito importante cui probabilmente il Savonarola si era qualificato poco tempo prima, a un Capitolo dell'ordine domenicano, che si era tenuto a Reggio Emilia. Egli c'era andato da Padova, e vi aveva trovato radunati, a discutere di dogma, non solo dei religiosi ma anche dei laici di gran dottrina, fra cui faceva spicco Pico della Mirandola, appena diciottenne, ma già riconosciuto «Fenice degli ingegni». Fu lì, probabilmente, che i due si conobbero.

Finché la discussione rimase su un piano puramente accademico, fra' Girolamo se ne stette muto e rinsaccato nel suo saio, e nessuno si accorse di lui. Ma quando il dibattito scantonò nei rapporti fra la Chiesa e il mondo, egli balzò in piedi come azionato da una molla e pronunciò una feroce requisitoria contro la mondanizzazione e corruzione del Clero. L'uditorio ne rimase fulminato e sconvolto, ma più di ogni altro lo fu Pico che, allenato dagli studi umanistici a ben altra eloquenza, non doveva mai più scordare quella del frate.

Arrivato a Firenze sulle ali di quel successo, e forse sul suo contraccolpo, era fatale che il frate, dopo un po' di cattedra, fosse rimesso anche sul pergamo. Ma quello che gli assegnarono dimostra in che poco credito lo tenessero come predicatore. I grandi teatri che facevano i grandi tenori dell'oratoria sacra fiorentina erano il Duomo, cioè Santa Maria del Fiore, e San Lorenzo. Su un gradino più basso erano Santa Maria Novella e Santa Croce.

Savonarola fu relegato nella chiesetta delle monache

benedettine delle Murate, e in quella di Orsanmichele. Eppure, per quanto di bocca buona, neanche quel pubblico di periferia apprezzò quel predicatore che teneva i suoi sermoni «all'apostolesca, senza dividerli», come scrisse un cronista, e diceva «mi» e «ti».

Col tempo e l'esperienza dovette tuttavia far qualche progresso, anche perché risulta che si sottopose a intensi esercizi fonetici per migliorare la voce e guarirla dal rozzo accento ferrarese: il che dimostra quanto forte fosse il suo impegno e diciamo pure la sua ambizione oratoria. Fra' Girolamo voleva il successo, e il Priore gliene fornì l'occasione offrendogli il pulpito di San Lorenzo.

Ma fu un disastro. Qui l'uditorio era composto d'intellettuali scettici e smaliziati, che in poche settimane si ridussero a una ventina, che forse gli rimasero intorno solo per il gusto, tipicamente toscano, di metterlo in imbarazzo col loro sguardo ironico e il sorriso beffardo.

Fu forse anche in seguito a questi fiaschi che il Priore di San Marco, nel 1486, ne ottenne il trasferimento in Lombardia dove il frate abbandonò lo stile arcigno e didattico che tanto impopolare l'aveva reso a Firenze e acquistò quello appassionato, immediato, requisitorio e apocalittico, che ne avrebbe fatto un campione della grande oratoria religiosa.

Dopo quattro anni di «esilio», Girolamo tornò a Firenze. A richiamarlo fu il Magnifico, che probabilmente neppure lo conosceva, su richiesta di Pico. Il Priore di San Marco gli affidò nuovamente l'insegnamento ai novizi. Ma la voce, subito sparsasi in giro, ch'egli era tornato per interessamento personale di Lorenzo, e le cose meravigliose che di lui aveva raccontato Pico nei salotti e nei circoli intellettuali, avevano suscitato gran curiosità e attirato alle sue lezioni anche molti laici, come il Poliziano e il

Ficino. In pochi giorni anzi la ressa fu tale che Savonarola dovette trasferire la sua cattedra in giardino, all'ombra di un boschetto di rose damaschine, perché non c'era aula capace di tanta scolaresca.

Ma non erano lezioni, anche se cominciavano come tali. Ora che il pubblico aveva smesso d'intimorirlo, fra' Girolamo ricreava subito quel clima di magia di cui ormai era insieme artefice e vittima ogni volta che prendeva la parola. E la lezione si trasformava in una predica che suscitava le reazioni più diverse e contraddittorie, ma che comunque non mancava mai di suscitarne, ed era questo che sempre più infoltiva l'uditorio. Molti lo trovavano grossolano ed elementare, altri retorico e melodrammatico. Ma tutti erano dominati dall'empito, dal calore dalla sincerità di quell'eloquio che non prendeva a prestito da niente se non dalla Bibbia, e in cui non trapelava nulla di studiato e letterario. Firenze non era più abituata da decenni, forse da secoli, a un'oratoria così rozza, ma anche così genuina. Essa scandalizzava, seduceva e fomentava discussioni che richiamavano altro pubblico intorno al controverso predicatore. Finché alcuni suoi ascoltatori gli fecero premura di risalire sul pergamo.

La *rentrée* fu salutata da una folla strabocchevole che prese letteralmente d'assalto la chiesa di San Marco. Il Savonarola dovette sentirsene subito rinfrancato: quelle atmosfere di tensione erano le più congeniali al suo temperamento. Salì sul pulpito con passo sicuro, spalancò le braccia, e attaccò subito quell'uditorio frontalmente e con veemenza. Aveva scelto il tema che meglio si prestava alle sue corde: l'Apocalisse. Forse non fece che ripetere ciò che per quattro anni era andato proclamando dai pergami lombardi. Ma agl'ignari Fiorentini parve un'improvvisazione, tale fu l'impeto con cui quel procelloso frate flagellò la Chiesa per la sua corruzione e i suoi vizi, le annunziò il castigo e le promise la «rinnovazione».

A quanto pare l'uditorio, avvezzo a essere blandito e sedotto più che aggredito e intimorito, dapprima resisté a quel forsennato urlante e gesticolante. Ma poi gli s'abbandonò, come ipnotizzato. E alla fine della predica, non potendolo con gli applausi, manifestò la propria commozione con un mormorio che valeva più di un'ovazione.

Ma ora, per il frate, veniva il momento più difficile. Il successo aveva fatto di lui una ghiotta preda per gl'intellettuali fiorentini. Anche quelli fra loro che lo consideravano un grosso istrione, che copriva con le sue urla e minacce un vuoto di dottrina, pensarono ch'era meglio averlo dalla propria parte, e non lesinarono in seduzioni. Uno dopo l'altro, quasi tutti vennero a trovarlo in convento, sicuri che quel soggiogatore di folle fosse uno sprovveduto interlocutore nel colloquio a tu per tu, dove le suggestioni sono più difficili da esercitare. Ma le conversazioni col Savonarola li sedussero più di quanto non li avessero sedotti le prediche. Capirono che quell'uomo non disprezzava la cultura per ignoranza, ma perché la considerava pervertitrice dei costumi. Ma soprattutto capirono ch'egli non era corrompibile col successo mondano. Quel frate non aspirava a diventare, in quel secolo cortigiano, un cortigiano, né un favorito dei salotti e delle accademie. La sua sfiducia nella filosofia non era che un riflesso della sua sfiducia negli uomini e nella ragione.

Fra' Girolamo seguitò a predicare in San Marco per circa un anno e mezzo, sino alla fine del 1490. Poi quella chiesa non bastò a contenere tanta folla e il suo entusiasmo. E quasi a furor di popolo, per la Quaresima del 1491, egli venne issato sul pergamo del Duomo. Alcuni suoi *aficionados* furono compiaciuti ma anche preoccupati di quella promozione: il pergamo del Duomo era una tribuna impegnativa, da essa si parlava a tutta Firenze, bisognava misurare le parole e Girolamo non si era mai mostrato molto esperto nell'arte delle reticenze e delle sfumature. Cercarono di metterlo in guardia, gli dissero che quel continuo annunciare guai e flagelli, che già gli era valso il nomignolo di «predicatore dei disperati», rischiava di farlo passare per un menagramo bell'e buono; lo ammonirono che i riferimenti alle sue «visioni» potevano metterlo nei pasticci con la stessa Chiesa, la quale considera di frodo tutte quelle che non sono da essa autorizzate. Ma soprattutto gli raccomandarono la prudenza e di non sconfinare dal campo della religione e della morale in quello della politica.

Il frate accettò quei consigli trovandoli del tutto giustificati, e promise di seguirli. Grande dovett'essere quindi lo sconcerto dei suoi amici che lo attendevano alla prova nel grande Duomo gremito di gente e vibrante di attesa, quando lo sentirono invece avventarsi in una requisitoria più feroce del solito e più chiaramente del solito rivolta anche contro il potere temporale, cioè contro i Medici: «Ormai non v'è grazia, non v'è dono dello Spirito Santo che non si venda e non si compri, mentre i poveri sono oppressi dalle tasse, e con cinquanta di rendita devono pagare cento d'imposta... Pensateci bene, o ricchi, perché su di voi ricadrà il castigo. Questa città non si chiamerà più Firenze, ma turpitudine, sangue, covo di ladroni... Io non volevo più parlare in tuo nome, o Signore. Ma tu sei stato più forte di me, la tua parola è diventata fuoco che brucia le midolla delle mie ossa nelle quali s'è chiuso.»

Più tardi, nel *Compendio delle rivelazioni*, egli stesso spiegò il perché di quel brusco voltafaccia: «Ricordo che prima di predicare in Duomo l'anno 1491 quando già avevo composto un sermone sulle mie visioni, decisi di sopprimerle e di non farvi mai più ricorso nemmeno in futuro. Dio mi è testimone che tutto il giorno di sabato e l'intera notte mi logorai nella ricerca di un'altra ispirazione. Ma non ne trovai nessuna. Sul far dell'alba, esausto dalla lunga vigilia, udii mentre pregavo una voce che diceva: "Stolto, non vedi che il Signore vuole che tu seguiti per la medesima strada?" Per il che feci quel giorno stesso una terribile predica».

Gli amici rimasero costernati, ma il successo popolare fu immenso. Era la prima volta da oltre mezzo secolo che qualcuno osava alzar la voce in pubblico contro i governanti. Ma costoro, certo su suggerimento di Lorenzo, o almeno col suo consenso, risposero alla provocazione del frate invitandolo cortesemente a tenere un sermone addirittura in Palazzo Vecchio agli stessi esponenti e funzionari della Signoria.

La «trovata» era degna del Magnifico, della sua eleganza e accortezza. Infatti, colse un po' in contropiede il Savonarola, che cominciò il suo discorso con queste imbarazzate parole: «Davanti ai Signori non mi sento padrone di me come in chiesa. Mi conviene essere più urbano e misurato come Cristo in casa del Fariseo. Ma vi dirò che il bene e il male della città dipendono dai suoi capi, e perciò in essi grande è la responsabilità dei peccati anche piccoli». E fin qui il discorso era davvero urbano e misurato, come Girolamo se l'era ripromesso. Ma poi, come trascinato da una misteriosa forza, aggiunse: «I tiranni sono incorreggibili perché superbi: amano le adulazioni e si rifiutano di restituire il maltolto. Non ascoltano i miseri, non condannano i ricchi, pretendono che i poveri e i contadini lavorino gratis per loro, comprano i voti e vendono le gabelle per opprimere il popolo».

Quello che riferiamo non è il testo dell'allocuzione, ma solo il sunto che n'è pervenuto. Tuttavia esso risponde certamente alla sostanza dell'apostrofe, che dovette lasciare gli ascoltatori piuttosto perplessi. Savonarola aveva detto fra l'altro: «Voi dovete eliminare le discordie, fare giustizia, ripristinare l'onestà». E forse quei professionisti della politica, cresciuti alla scuola medicea del buon senso senza illusioni, avranno sorriso di quelle parole e considerato chi le pronunziava uno sprovveduto visionario.

Più scettico di loro, ma anche più lungimirante, Lorenzo dovette invece preoccuparsene perché incaricò cinque cittadini di gran nome e prestigio di rinnovare al frate, come se venisse da loro, l'ammonimento che, continuando di quel passo, poteva anche essere bandito da Firenze. Ma il frate capì subito da chi partiva l'iniziativa, e rispose: «Io non me ne curo, faccia lui. Ma sappia questo: che io sono forestiero, lui cittadino, e il primo della città. Eppure io ho da stare e lui se n'ha a andare, *io* a stare, e non *lui*».

Forse, più che dalla minaccia, Lorenzo fu disturbato dall'inurbanità del frate. Ma col suo abituale tatto, nemmeno stavolta volle replicare direttamente. Preferì affidarne l'incarico a un altro celebre frate di nome Mariano commissionandogli un sermone polemico contro il Savonarola. Impasto di cortigianeria e d'invidia, Mariano accettò con entusiasmo la proposta che gli permetteva nello stesso tempo di compiacere al Signore e di rintuzzare un pericoloso rivale.

Informata del retroscena, Firenze accorse in massa alla chiesa di San Gallo per assistere al duello. C'erano tutti, da Lorenzo stesso a Pico a Poliziano. Fosse un eccesso di zelo a tradirlo, o fossero quella folla e quell'atmosfera di attesa a dargli le vertigini, fatto sta che Mariano perse il senso della misura e delle proporzioni. Si lanciò in una requisitoria contro Girolamo, più da taverna che da chiesa, lardellata di basse accuse, volgari insinuazioni e grossolani vituperi, che disgustarono l'uditorio. Lorenzo fu il primo a esserne nauseato, ma più ancora preoccupato. Egli comprese che quell'insuccesso di Mariano era il più grande successo del Savonarola che, anche se non era un gigante, dopo quel confronto lo sarebbe a tutti sembrato.

Passò un mese, si era di luglio, e il posto di Priore di San Marco si rese vacante. Non esiste nessuna prova che l'Ordine interpellasse Lorenzo per la nomina del titolare. Ma ci sembra poco verosimile che potesse restar sordo a un suo veto, se il Magnifico l'avesse pronunciato. Noi crediamo che se non fu Lorenzo a provocare la nomina di Girolamo a Priore, certamente si astenne dall'impedirla, come avrebbe potuto. E Savonarola gli dimostrò la sua gratitudine, rifiutandosi di andare a rendergli la visita di cortesia che tutti i nuovi Priori di San Marco avevano sempre reso ai Medici a riconoscimento del loro alto patronato sul convento. A chi gli ricordava l'uso e gli faceva notare che la questione era solo di buona creanza, rispose asciutto: «Chi mi ha eletto Priore? Dio o Lorenzo? E Dio mio Signore voglio ringraziare, non Lorenzo». Ma Lorenzo, quando queste parole gli vennero riferite, scosse la testa e commentò con una punta di rassegnato rammarico: «Vedete? Un frate forestiero è venuto ad abitare in casa mia, e non s'è degnato di venirmi a visitare». È il Burlamacchi, grande apologeta del Savonarola, a riferire questo episodio, credendo che faccia onore al frate. E invece fa onore al Signore, e dimostra quanto il frate avesse torto a qualificarlo tiranno.

I sentimenti del Magnifico verso quell'intrattabile personaggio rimarranno sempre un gran mistero. Il fascino che il predicatore esercitava dal pergamo sulla folla non era certo da sottovalutare. Ma il regime dei Medici in quel momento era solido, e Lorenzo godeva di un'autorità e di un prestigio che gli avrebbero consentito di eliminare con tutta facilità qualsiasi oppositore, anche se coperto dalla tonaca. All'occorrenza, avrebbe avuto dalla sua anche il Papa, che considerava Lorenzo «l'ago della bilancia» cioè il puntello di quella coalizione fra i grandi Stati italiani che aveva fruttato alla Penisola decenni di pace e di prosperità. Firenze era la città che più ne aveva goduto: ciò che aveva perso in libertà lo aveva guadagnato in ordine e anche in giustizia sociale perché, qualunque cosa dicesse il Savonarola, il fisco mediceo era per quei tempi un modello, e i poveri di Firenze erano i meno poveri d'Italia. L'opposizione insomma aveva pochi pretesti e si riduceva a una fronda ispirata alla nostalgia di una libertà che di fatto non c'era mai stata o era stata solo quella delle fazioni.

È probabile che questa sicurezza di sé e del suo regime abbia contribuito alla tolleranza del Magnifico verso il frate turbolento e screanzato. Ma ci doveva essere anche dell'altro, perché egli non si limitò a sopportarlo. A più riprese venne da semplice privato in San Marco ad ascoltare gli apocalittici sermoni del predicatore. Non sappiamo se Girolamo lo vedeva e lo riconosceva nella folla in mezzo a cui se ne stava confuso. Comunque, non se ne sentì mai intimidito né frenato, perché mai smise di tuonare contro il governo corrotto, contro le feste, i giochi, il Carnevale (questa era la sua bestia nera), insomma contro tutto ciò di cui Lorenzo era l'incarnazione.

Eppure, malgrado questi continui sgarbi, il Magnifico seguitava a frequentare San Marco, e mai ne usciva senza depositare qualche offerta nella cassetta delle elemosine.

Una volta i frati ci trovarono addirittura un sacchetto di monete d'oro. Il Priore, comprendendo immediatamente da chi veniva, mandò il donativo ai Buonomini di San Martino per i loro «poveri vergognosi», e a mo' d'indiretto ringraziamento pronunziò dal pergamo un apologo: «Il cane fedele non smette d'abbaiare a difesa del padrone, quando gli si getta un osso».

Ma sembrava che queste insolenze incuriosissero Lorenzo più di quanto lo ferissero. Un giorno venne a passeggiare nello splendido giardino del convento, apparentemente per ammirare le statue ch'egli stesso aveva donato e che facevano di quel parco un museo. In realtà sperava d'incontrare il frate, che mai gli si era presentato. Era convinto che una chiacchierata fra loro avrebbe appianato tutto: nessuno aveva mai resistito al calore di simpatia che il Magnifico irraggiava, al suo tatto, al suo bonario umorismo, alla sua contagiosa cordialità. Ma forse c'era in lui anche l'ansia di vedere in faccia l'uomo che sembrava incarnare la smentita a tutte le sue convinzioni sugli uomini. Nonno Cosimo gli aveva insegnato con la parola e con l'esempio che amicizia e inimicizia non erano che un problema di tariffe. Era chiaro che con l'oro il frate non si comprava. Ma una moneta, anche per la sua anima, ci doveva essere. Quale?

Per ore e ore, Lorenzo trascinò lungo i viali la sua gamba gonfia e dolente, che ogni tanto l'obbligava a sedersi. I novizi addetti al giardinaggio, incontrandolo e riconoscendolo, correvano dal Priore a informarlo e a chiedergli se non era il caso che venisse a dargli il benvenuto «Ha chiesto di me?» domandava il Priore. «No.» «E allora che seguiti a girare.»

Il Magnifico seguitò per tutta la mattinata. Poi s'avviò rassegnatamente all'uscita. Aveva capito che il frate sapeva della sua presenza e di proposito non si mostrava. Ma sapeva anche che il loro incontro sarebbe ugualmente avvenuto, e presto.

Negli ultimi tempi la sua salute era peggiorata ed egli non si faceva illusioni perché il male che lo consumava era quello stesso che aveva distrutto suo padre, e ne conosceva il decorso a memoria. In aprile del 1492 si fece portare in lettiga nella sua fastosa villa di Careggi dove uomini politici e letterati venivano a fargli compagnia. Da essi seppe che fra' Girolamo l'aveva già dato per spacciato profetando la sua morte entro l'anno, insieme con quella di papa Innocenzo e del Re di Napoli. Per costoro, data l'età, il pronostico era facile. Ma Lorenzo non aveva che quarantatré anni.

A mezzanotte del 7 aprile, racconta Poliziano, gli annunziarono il prete che recava il viatico. «Non sia detto che Gesù» rispose Lorenzo «venga in questa stanza. Toglietemi di qui, vi prego, che gli vada incontro.» Aveva già il blocco renale e alzarsi era per lui un grosso repentaglio, oltre che un terribile sforzo. Ma se non la pietà, certo l'abituale cortesia gl'imponeva di ricevere il Signore da signore. Si fece portare a braccia nel salotto, si prosternò ai piedi del sacerdote, e ricevette la Comunione.

Subito dopo, un medico di gran fama, Ticino Logario, volle sperimentare un suo rimedio: una specie di «frullato» di pietre preziose e triturate. L'effetto fu quale ognuno può immaginare. Ma il morente ormai aveva riposto ogni speranza, sembrava turbato da ben altri affanni. A un tratto, di punto in bianco, chiese di Savonarola, e pregò di mandarlo a chiamare.

I suoi biografi raccontano che, quando ricevette il messaggio, il Priore di San Marco esitò e mosse obiezioni. Comunque, andò. E su quell'estremo colloquio ci sono due versioni.

Il Poliziano, unico testimone della scena, racconta che Lorenzo, dopo aver detto addio e impartito le ultime raccomandazioni al figlio Piero, stava affettuosamente congedandosi anche da Pico della Mirandola, quando Savonarola entrò. Non ci furono convenevoli; la situazione li rendeva superflui. Il frate esortò il morente a mantenersi fermo nella fede; a vivere d'allora in poi senza peccato, se Dio gli concedeva di vivere; e ad accettare la morte con serenità, se Dio gli comminava la morte. Lorenzo rispose che la sua fede era salda, la sua rinunzia al peccato irrevocabile, il suo coraggio senza tentennamenti. Il frate accennò allora a ritirarsi, ma Lorenzo lo fermò chiedendogli la benedizione, abbassando la testa e gli occhi in atteggiamento devoto, e rispondendo «secondo il rito e a memoria alle parole e alle preghiere» di fra' Girolamo. Uscito costui, ricevette l'estrema unzione, e attese la fine baciando e palpando un crocifisso. Era un crocifisso d'argento ornato di perle e di gemme che doveva dare, al tatto del Magnifico, una gradevole sensazione.

Ma gli apologeti di Savonarola non si contentarono di un «finale» così semplice, e ne descrissero un altro, molto più drammatico.

Essi dicono che il frate esigette la piena confessione del morente e per impartirgli l'assoluzione gli pose tre condizioni. Anzitutto un atto di fede nella misericordia di Dio, che Lorenzo subito pronunziò. Poi un impegno a restituire tutto il maltolto e a farlo restituire dagli eredi; e il Magnifico acconsentì, ma dopo una lunga esitazione e con visibile sforzo. Dopodiché Savonarola si sarebbe levato in piedi, e con voce terribile e in tono ultimativo gli avrebbe ingiunto: «Terzo: vi bisogna rendere la libertà al popolo di Firenze». Il moribondo fissò quell'uomo che lo fissava senza nessuna pietà, e raccogliendo le forze che gli restavano gli volse le spalle. E il frate si rifiutò di benedirlo.

Crediamo che gli apologeti del Savonarola – nessuno dei quali era presente alla scena – abbiano mentito e ce lo auguriamo per lui. Quel ricatto a un moribondo non gli farebbe onore. Ma, purtroppo, dobbiamo riconoscere che gli somiglia.

CAPITOLO VENTUNESIMO

LA CIVILTÀ MEDICEA E I SUOI PROTAGONISTI

Quando i Medici ne erano diventati i padroni, Firenze era già l'indiscussa capitale della cultura europea. Gli storici si sono affannati e tuttora si affannano a studiare i motivi di questo primato. Qualcuno lo attribuisce alla geografia, qualche altro alla storia, qualche altro ancora allo sviluppo industriale, che a sua volta attende una spiegazione. Lasciamoli alle loro discussioni, che ci sembrano poco convincenti, e restiamo ai fatti.

A Firenze era nata la grande poesia con Dante, la grande narrativa con Boccaccio, la grande erudizione con Petrarca, la grande pittura con Cimabue e Giotto, la grande architettura con Arnolfo. Evidentemente c'era in questa città qualcosa che la evocava naturalmente alle arti e alle lettere. Ma non c'è dubbio che i Medici se ne accorsero, e secondarono questa vocazione con un impegno, un'intelligenza e una liberalità che li fanno meritevoli dell'universale ammirazione. «Nel patronato della cultura», dice il Durant, «nessun'altra famiglia al mondo ha mai eguagliato i Medici.»

Era stato Cosimo a inaugurare questa tradizione nelle lettere, nella poesia, nella filosofia e nelle arti. Spese un patrimonio per l'incetta di manoscritti originali ad Atene, Costantinopoli e Alessandria. Ma anche un'altra cosa egli fece, che in seguito doveva dimostrarsi decisiva per gli orientamenti del pensiero italiano e europeo: istituì l'Accademia Platonica.

Gl'Italiani di filosofia greca non sapevano nulla, o quasi. Conoscevano quel po' di Aristotele che gli era arrivato non direttamente, ma attraverso San Tommaso e gli altri maestri della Scolastica, i quali della logica aristotelica avevano assorbito quanto gli faceva comodo e scartato quanto l'imbarazzava. La filosofia, in Europa, era solo teologia. E la teologia non era appunto che un miscuglio di Bibbia e di logica aristotelica, o meglio un tentativo di mettere la logica aristotelica al servizio della Bibbia, per dimostrare che la verità rivelata dai sacri testi non contrastava affatto con la ragione, anzi vi trovava una conferma e un avallo. Quanto a Platone, in Europa se ne sapeva ancora di meno. E a ogni modo nessuno aveva capito in cosa si distinguesse da Aristotele.

Nel 1439 però avvenne un fatto nuovo. Su richiesta di Cosimo, a Firenze si riunì il grande Concilio ecumenico per la riconciliazione delle due Chiese cristiane: quella cattolico-romana e quella greco-ortodossa che si erano separate quattrocent'anni prima. L'imperatore d'Oriente Giovanni Paleologo v'intervenne di persona, portandosi al seguito i suoi più grandi dottrinari fra cui lo Scolari, il Bessarione e Gemisto. Come abbiamo già riferito nel capitolo quindicesimo, l'accordo alla meglio rabberciato là per là sul piano del dogma provocò l'insurrezione del Clero di Costantinopoli, e il tentativo di riconciliazione sfumò, anzi il suo fallimento aggravò il contrasto. Però l'*intellighenzia* fiorentina, che si era appassionata al dibattito, rimase conquistata dalla dialettica degli ospiti greci, che a sostegno delle loro tesi citavano a memoria i due grandi maestri dell'antichità e argomentavano con una logica di cui in Italia non c'era nemmeno il sospetto.

Fu una rivelazione. Gli sconfitti del Concilio diventarono i trionfatori della cultura: specialmente Gemisto che, accortosi dell'ignoranza degl'Italiani, pubblicò un opuscolo divulgativo in latino per spiegare la differenza fra Platone e Aristotele. Si trattava di una spiegazione piuttosto parziale perché Gemisto era un platonico arrabbiato, tanto che aveva assunto perfino lo pseudonimo di «Pletone». E infatti i suoi colleghi aristotelici, Scolari e Gaza, lo rimbeccarono vivamente. Ne nacque una polemica che sconfinò persino nella volgarità quando v'intervenne il Trapezunzio, detto anche Giorgio da Trebisonda, che se la rifece non con Pletone, ma addirittura con Platone, accusandolo perfino di omosessualità e ladrocinio. Il che costrinse Bessarione a una replica in difesa del grande Maestro.

Ma la cosa più straordinaria (e anche un po' comica) fu la passione con cui gl'intellettuali italiani, che n'erano quasi completamente a digiuno, si gettarono in quella diatriba. Parlare di Platone e di Aristotele «faceva fino», ma i Fiorentini furono in maggioranza per quello che a loro riusciva più nuovo, cioè per Platone, che cominciarono a venerare prima ancora di averlo letto.

Stupito e commosso da tanto zelo, Gemisto pensò di approfittarne. Andò da Cosimo e gli propose di restaurare lì a Firenze la famosa Accademia Platonica, che tanto prestigio aveva goduto in Grecia. Cosimo ne vide subito la convenienza, e designò anche l'alto sacerdote del nuovo culto: un giovanotto di nome Marsilio Ficino, figlio del suo medico personale, che mostrava un'autentica vocazione a quelle discipline.

Questo curioso personaggio incarnava il perfetto «umanista» del Quattrocento. Era così bello che tutte le donne perdevano la testa per lui. Ma egli non ne ricambiò nessuna, perché nessuna trovò più attraente dei suoi libri. Era così innamorato del suo Maestro che si rivolgeva ai suoi discepoli chiamandoli «fratelli in Platone» invece che «fratelli in Cristo». Questo non gl'impedì, a quarant'anni, di farsi prete e di diventare canonico. Ma anche dopo aver preso i voti, seguitò ad accendere candele sotto il busto di Platone, che teneva ai piedi del letto al posto del crocifisso.

Passò per un filosofo eccelso senza esserlo per mancanza d'idee originali. Il suo stile era farraginoso, e il suo acume critico scarso. Ma fu un grande erudito e compilatore che per primo affondò le mani e diede una veste latina a tutta l'opera di esegesi che gli alessandrini avevano compiuto del pensiero greco, illuminando i punti di contrasto fra le due grandi scuole. Gli aristotelici sostenevano che la natura opera senza rendersi ragione di ciò che fa, mentre i platonici le attribuivano uno spirito e una consapevolezza. Si trattava dunque di decidere se il mondo era regolato dalla ragione o dal caso, ed era abbastanza chiaro che solo la prima ipotesi – quella sostenuta da Platone – era conciliabile con la tesi cristiana di un creato inteso come manifestazione dello spirito, divino e universale, del Creatore. Aristotele invece non vi riconosceva che il cieco effetto delle leggi che governano la materia.

Eppure Ficino non vide la gravità di questo dissenso su cui si era imperniata la polemica fra i dottrinari greci venuti a Firenze. Facendo di ogni erba un fascio e prendendo a prestito anche da Confucio e Zoroastro, egli cercava di conciliare l'inconciliabile, paganesimo e Cristianesimo, in un'arruffata *Theologia Platonica* che testimonia solo la grande confusione in cui versavano i cervelli occidentali a quel loro primo schiudersi al pensiero filosofico. Un dissennato entusiasmo per tutto ciò che avevano detto e scritto gli antichi lo spingeva a cercare di giustificarli tutti, anche quando si contraddicevano fra loro. Qualsiasi banalità, purché sostenuta da uno di essi, gli sembrava una rivelazione. E qualunque rivelazione, compresa quella di Cristo, per essere valida e persuasiva, doveva trovar conforto in qualcuno dei loro testi.

L'Accademia Platonica diventò con lui la grande palestra di questa nuova ginnastica. E i lettori d'oggi non riusciranno mai a immaginare di che febbre contagiò tutta l'*intellighenzia* europea che vi accorreva da ogni parte d'Italia, di Francia, di Germania, d'Inghilterra. C'erano tutti: da Pico della Mirandola al Poliziano al giovane Michelangelo. Si riunivano nella stessa sontuosa dimora dei Medici, quella che ora si chiama Palazzo Riccardi. Ognuno prendeva le parti di questo o di quel personaggio dei dialoghi di Platone, e ne sosteneva le tesi con un impegno che spesso scantonava nell'aggressività e provocava baruffe. Il difficile era far quadrare quelle teorie con gl'insegnamenti cristiani, quando di essi ci si ricordava: il che non sempre avveniva, malgrado la presenza di molti prelati. In tal caso si ricorreva a qualche sofisma o a sottili e contorte allegorie. Ogni poco si rivolgeva una apostrofe o si scioglieva un inno al busto dell'Immortale che sovrastava, inghirlandato di alloro, da un alto piedistallo. Il 27 novembre, giorno in cui si riteneva che Platone fosse nato e fosse morto, era celebrato come una festa religiosa. E qualcuno degli accademici avanzò anche il progetto di chiedere al Papa la canonizzazione del maestro.

Lorenzo, che del Ficino era stato allievo, figurava fra i più assidui partecipanti a questi dibattiti e riti, che facevano di Firenze l'epicentro del pensiero occidentale. Ne aveva il tempo perché ormai aveva sistemato nella maniera più accorta i suoi affari politici. Dopo la dura prova della guerra con Napoli, egli era riuscito a convincerne il re Ferdinando, Galeazzo Sforza di Milano e papa Innocenzo a formare con lui una Lega per il mantenimento della pace, cui aderirono per forza di gravità gli staterelli minori. Solo Venezia rimase in disparte, ma tenuta in rispetto dalle forze coalizzate degli altri quattro. Per la politica interna, Lorenzo lasciava fare ai Settanta che si davano il cambio nelle cariche, e si limitava a una generica supervisione. Il suo vero impegno erano le arti, le lettere e la vita sociale di Firenze, cui dettava il costume. E fu questo a valergli il titolo con cui la storia doveva adottarlo. Di «Magnifico», a quei tempi, si dava a ogni Signore. Ma Lorenzo lo fu per eccellenza e antonomasia.

Oltre che per la cultura, la città impazziva per i cortei e le mascherate, che facevano del suo Carnevale un avvenimento nazionale. Lorenzo secondò questi gai passatempi, ma ne perfezionò il gusto e lo stile. Assoldò i più grandi artisti del tempo per dipingere i carri su cui i giovani sfilavano da Ponte Vecchio a piazza del Duomo in bizzarri ed evocativi costumi e sovrintese di persona alla regia dei Trionfi con cui si concludevano queste parate. Ne compose anche le canzoni, i famosi *Canti carnascialeschi*, che tanto dovevano mandare in bestia il Savonarola, quando li sentì, come un satanico incentivo alla perversione morale. In realtà il carnascialismo era una vocazione del popolo e non infuriava soltanto a Firenze. Lorenzo si limitò a elevarne il livello.

Egli aveva il genio della grande festa di massa e ne godeva. Nella sua complessa personalità c'era posto per tutto. L'uomo che con Ficino dibatteva i problemi filosofici del platonismo era lo stesso che discuteva di raccolti col fattore, di travature con Leon Battista Alberti e di musica con Squarcialupi. Tuttavia crediamo che la componente più forte del suo ricco carattere fosse quella popolaresca. Lo dimostra il debole che, fra tutti i suoi amici e protetti, ebbe sempre per Luigi Pulci, l'autore del *Morgante maggiore*.

Pulci era un Cervantes plebeo che odorava di taverna. La sua satira non si esercitava soltanto sugli eroi delle «canzoni di gesta» burlescamente parodiati nel suo famoso poema. Aveva, da vero fiorentino, un senso vivo del grottesco, lo spirito polemico e mordace, la parola sboccata, la risata gorgogliante e rabelaisiana, la replica tagliente e colorita, i modi rozzi e grossolani. Ma a Lorenzo piaceva appunto per questi umori. «Gigi» era il suo compagno di ribotta. «È l'animella delle vostre palle» scriveva in tono di rimprovero a Lorenzo il cappellano di casa, alludendo – sia chiaro – alle palle dello stemma mediceo. Il fatto è che, pur favorendo gli studi del latino e del greco, pur finanziando l'Accademia Platonica, il Magnifico avvertiva il pericolo che la cultura fosse sopraffatta dall'erudizione e diventasse tutta una rimasticatura dei classici, come in realtà avvenne per nostra dannazione. Amava il Pulci perché non seguiva questo andazzo, cui egli stesso si sottrasse nelle sue poesie: fra le pochissime di quel tempo che denunzino un'ispirazione schiettamente popolare e perfino uno squisito sentimento della natura, rari a trovarsi in una letteratura come quella nostra, rimasta accademica, professorale, aulica e cortigianesca fin quando sopraggiunse il giornalismo a stimolarla e ravvivarla.

Fu grazie a Lorenzo che l'italiano mantenne il rango di lingua colta che Dante gli aveva dato e che, se fosse stato per i latineggianti umanisti, avrebbe probabilmente perduto. Anzi, fu proprio alla Corte di Lorenzo ch'esso ricevette quei ritocchi che, secondo il Varchi, ne fecero la più dolce, ricca e raffinata di tutte le lingue non d'Italia, ma – per quei tempi – del mondo intero. Il Magnifico non ne parlava altra, pur leggendo e scrivendo bene quelle antiche, né voleva che altre se ne parlasse alla mensa, dove pure erano ospiti abituali tutt'i grandi eruditi di allora, infatuati di greco e di latino.

Fra costoro faceva spicco il Poliziano che di Lorenzo era due volte creditore: per avergli insegnato a poetare e per avergli salvato la vita. Era stato lui infatti che, quando il Magnifico venne assalito dai Pazzi in cattedrale, lo aveva sottratto ai loro pugnali e sospinto in sacrestia sbarrandone la porta. Era un perfetto cortigiano nel senso migliore della parola: uomo di mondo colto e raffinato, conversatore incantevole, impenitente parassita cresciuto nella serra di Palazzo Medici, ma sinceramente affezionato e fedelissimo al suo Signore fino alla morte. Egli incarnava tuttavia la malinconica avventura spirituale della *nouvelle vague* umanistica. Era passato per un ragazzo prodigio quando, a poco più di vent'anni, aveva composto quelle stupende ottave sulla giostra di Giuliano de' Medici che sembravano designarlo alla successione del Petrarca del *Canzoniere*. Poi, appunto come il suo maestro, soggiacque alla febbre del classicismo che ormai aveva contagiato tutti, e il poeta deperì in lui via via che fioriva l'erudito. Si mise a comporre in latino poemi derivati da modelli greci, diventò un perfetto professore di metrica e filologia, e non produsse più nulla di originale. Ma fino all'ultimo restò un compiuto gentiluomo e un amico devoto, immune da bassezze, miserie e invidie.

Alla sua penna dobbiamo anche il più gradevole e ammirativo ritratto di un altro campione della *élite* medicea: Pico della Mirandola. Poliziano lo descrive bellissimo, slanciato, di lineamenti delicati, di maniere soavi e illuminato da una luce interiore che aveva qualcosa di divino. Questo aristocratico che alla vita di Corte aveva preferito quella di biblioteca a Bologna e a Parigi, era considerato il fenomeno del tempo. Lo chiamavano «Fenice degl'ingegni» perché una divorante sete di cultura lo aveva spinto a studiare di tutto in un anelito di universalità. I posteri hanno poi appurato che di tutto, sì, sapeva, ma poco e male. Anche di molte delle ventisette lingue che si vantava di conoscere, in realtà non comprendeva che qualche parola. Ma le molte letture e la ferrea memoria gli consentivano di lardellare il suo discorso di citazioni che in quella società di eruditi gli valevano la generale ammirazione.

Pico aveva scelto Firenze come sua patria di elezione, qui attendeva sotto il patronato di Lorenzo a un tentativo di condensare tutto lo scibile umano, di cui si riteneva (a torto) depositario, in novecento proposizioni. E si era dichiarato pronto a difendere in un torneo oratorio, contro chiunque, quel suo farraginoso «digesto» scientifico-filosofico. Ma nessuno aveva raccolto la sfida.

Questi erano i principali protagonisti della vita culturale fiorentina, cui Palazzo Medici e l'Accademia Platonica davano il la. In questi due epicentri si accendevano e divampavano, con una violenza di cui oggi stentiamo a renderci ragione, le grandi dispute dottrinarie che poi si ripercuotevano crepitando nei salotti, nelle strade e perfino nelle bettole di quella città che, non avendo più una lotta politica in cui impegnare le proprie esuberanti energie, le smaltiva in orge ideologiche. Cos'è l'anima? Un'idea, come dice Platone; o una forma, come dice Aristotele? E la dannazione come può essere eterna, e quindi infinita, come corrispettivo di qualcosa di finito come il peccato?

Ecco i problemi che preoccupavano i fiorentini di Lorenzo. Ma era una preoccupazione soltanto intellettuale, un giuoco dialettico, un fatto mondano, e basta. Vi partecipavano anche le donne, alcune delle quali componevano saggi e poesie in latino o addirittura in greco. Tutto questo non era limitato alle classi alte. Lorenzo – e questo fu il suo grande merito di statista – non lesinò sforzi e mezzi alla divulgazione. A differenza e contro i consigli di Poliziano che, da buon intellettuale italiano, voleva fare della cultura un monopolio di casta, egli aprì immediatamente la borsa a Bernardo Cennini quando istituì a Firenze la prima stamperia; e fece regalare un palazzo a Cristoforo Landino che si era rovinato per pubblicare l'edizione completa delle opere di Orazio, Virgilio, Plinio e Dante, con relativi commenti. Egli aveva a cuore la cultura del popolo e comprese quanto le nuove tecniche di diffusione avrebbero giovato ad alzarne il livello.

Fu infatti sotto di lui che si formò quella tradizione dell'artigianato colto che ancor oggi a Firenze dura. Mentre i grandi pittori, scultori, architetti lavoravano nei palazzi e nelle chiese ogni più piccolo laboratorio di orafo o di incisore aveva il suo «maestro» in un Finiguerra, o in un Baldini o in un Raimondi che inventavano nuovi metodi di lavorazione e discutevano con gli allievi quelli degli antichi. Si facevano paragoni tra le varie scuole e i vari stili, si citava da Vitruvio di cui Lorenzo aveva fatto pubblicare il *De architectura* e da Leon Battista Alberti, il primo critico d'arte italiano.

Alberti era nato a Genova da una famiglia di esuli fiorentini. Era bello, alto e vigoroso. Aveva studiato i classici, citava Platone e Virgilio, possedeva vaste cognizioni di matematica, astronomia, musica e geometria, sapeva cavalcare e tirare d'arco. La sua conversazione scintillante, dotta e spregiudicata, aveva conquistato i salotti di Firenze dove s'era trasferito, chiamato da Cosimo. Le dame dell'alta società se lo contendevano e facevano a gara nel colmarlo di favori. Leon Battista le ricambiava galantemente, ma con gli amici non perdeva occasione per corbellarle. Amava le donne, ma ai piaceri dell'alcova preferiva quelli dello spirito. Passava le notti chino su Aristotele e Lucrezio, avvolto in una pelliccia, al lume di una candela. Era solito ripetere: «L'uomo sa fare tutto, se vuole», e ne fornì la prova. Investigò ogni ramo dello scibile e fu scrittore assai prolifico. Compilò un trattato sulla pittura, a cui attinsero Piero della Francesca e Leonardo da Vinci, al quale l'Alberti fu paragonato per il suo ingegno enciclopedico e proteiforme. Fu anche un discreto pittore, esigente e pignolo. Quando finiva un quadro, lo mostrava ai bambini, e solo se costoro lo giudicavano bello lo esponeva.

Ma fu per la sua attività di architetto che acquistò fama. Patito dell'antichità classica, compì lunghi e minuziosi sopralluoghi a Roma per studiare i ruderi, misurare i monumenti, copiare i fregi e le decorazioni del Pantheon, del Colosseo, del teatro di Marcello. Con prodigiosa rapidità la sua matita traduceva sulla carta l'idea per la facciata di una cattedrale, per gli interni di un palazzo. Fu chiamato a Rimini per riadattare la chiesa di San Francesco, che trasformò in un superbo tempio paganeggiante. Ma fu soprattutto a Firenze che egli operò. La facciata in marmo di Santa Maria Novella porta la sua firma. Su suo progetto fu costruita la cappella gentilizia dei Rucellai nella chiesa di San Pancrazio. Molte città italiane gli commissionarono edifici religiosi e civili. A Mantova disegnò la facciata della chiesa di Sant'Andrea, che abbellì di un grande arco trionfale d'ispirazione romana. Il Vasari, nelle *Vite*, lo celebra come uno dei più geniali architetti del tempo, inferiore solo al sommo Brunelleschi.

Filippo Brunelleschi fu per il Quattrocento ciò che Michelangelo fu per il secolo successivo: l'inventore di uno stile architettonico nuovo che ripudiò i tradizionali canoni gotici, conservandone tuttavia alcuni moduli e assimilandoli in una concezione moderna e vitale dello spazio. «Si può dire» scrisse il Vasari «che Filippo Brunelleschi ci fu donato dal cielo per dare una nuova forma all'architettura, da centinaia d'anni smarrita.»

Era nato a Firenze nel 1377 da una facoltosa famiglia. Il padre faceva il notaio e avrebbe voluto che Filippo seguisse le sue orme. Ma il ragazzo passava giornate intere a disegnare e a contemplare le chiese e i palazzi. Poco più che decenne fu assunto come garzone nella bottega di un orefice che gl'insegnò la difficile arte del cesello. In quegli anni conobbe Donatello e imparò anche a scolpire.

Ma ciò che più l'appassionava era l'architettura. Insieme con Donatello visitò ripetutamente Roma e frugò nelle sue reliquie con la pazienza di un certosino e l'ardore di un archeologo. I Romani, vedendo i due artisti girovagare per i fori con l'aria intenta e assorta, li scambiavano per geomanti e li chiamavano «quelli del tesoro». Brunelleschi fu colpito dalla mole del Pantheon e dalla maestosa cupola, che gli servì da modello quando fu chiamato a innalzare quella di Santa Maria del Fiore.

La copertura del Duomo di Firenze era diventata un autentico rompicapo per gli architetti e gli ingegneri fiorentini incaricati di progettarla. I committenti la volevano alta, slanciata, grandiosa: doveva sovrastare tutti gli altri edifici cittadini e stagliarsi all'orizzonte a documentare l'afflato religioso e l'empito spirituale della città. La base doveva poggiare sul tamburo ottagonale del tempio, largo quarantasei metri ma privo di contrafforti all'esterno e di travi all'interno. Ma la debolezza delle strutture sconsigliava l'erezione di un'alta cupola, la cui fragilità avrebbe messo in pericolo l'incolumità della chiesa e quella dei fedeli. Brunelleschi disegnò una copertura dalle linee ricurve a sesto acuto e la mostrò agli architetti fiorentini, i quali obiettarono che non sarebbe stata in piedi. Filippo si fece allora portare un uovo, ne appiattì una delle estremità e lo piantò sul tavolo, intorno al quale erano seduti i colleghi. Qualcuno eccepì che una cupola non era un uovo, ma la maggior parte diede ragione al Brunelleschi.

Per realizzarla l'artista impiegò quattordici anni, dal 1420 al 1434. La costruzione si rivelò più difficile del previsto, a causa anche dell'alto costo dei materiali e delle gelosie dei rivali. Quando la cupola, che si ergeva quarantaquattro metri sopra i muri di sostegno, fu finita, tutti i Fiorentini corsero ad ammirarla, e anche molti forestieri vennero in città per vederla. A essa s'ispirerà Michelangelo per la copertura di San Pietro, «più grande», com'egli scrisse, «ma non più bella di quella del Duomo».

La cupola di Santa Maria del Fiore fu il capolavoro del Brunelleschi, che tuttavia legò il proprio nome anche a innumerevoli altre imprese architettoniche. I Pazzi, gli irriducibili antagonisti dei Medici, gli affidarono la costruzione della cappella di famiglia nel chiostro di Santa Croce. Filippo immaginò un portico, slanciato al centro da un arco, scandito all'esterno da colonne, articolato all'interno da lesene e sormontato da una specie di tettoia con una cupoletta sovrastante. Nello stesso stile classico disegnò la chiesa di Santo Spirito a croce latina e a tre navate. Fu questa l'ultima fatica del Brunelleschi che morì prima che l'edificio fosse compiuto. La sua salma fu esposta sotto la cupola del Duomo e Firenze gli tributò esequie solenni, alle quali parteciparono tutti gli artisti fiorentini, tra cui Donatello.

Donatello era il diminutivo di Donato di Niccolò di Betto Bardi. Era nato anche lui a Firenze, cinque anni dopo Filippo. Poco sappiamo della sua famiglia e della sua infanzia. Lo troviamo giovinetto nella bottega del Ghiberti, il decoratore delle porte del Battistero, ma il suo tirocinio durò poco perché, appresi i primi rudimenti della scultura, abbandonò il maestro e si mise a lavorare in proprio. A ventidue anni, il suo scalpello era conteso dalle fabbriche e dai mecenati fiorentini. I capi delle corporazioni maggiori lo invitarono a decorare la chiesa di Orsanmichele, l'inestimabile reliquiario della scultura fiorentina del Quattrocento. L'artista vi eseguì due poderose statue di Apostoli. Quando Michelangelo vide quella di San Marco esclamò: «Sarebbe stato impossibile rifiutare di credere al Vangelo predicato da un simile uomo».

A ventitré anni il Capitolo del Duomo gli ordinò una statua di David, che diventerà un tema ricorrente e il soggetto prediletto di Donatello. Ne eseguì parecchi altri, e in uno, quello conservato al museo del Bargello, raggiunse un grado ineguagliato di perfezione. Il vincitore del gigante Golia cinge con la destra una lunga spada e ha ai piedi un elmo greco. Il braccio è puntato ad angolo sul fianco e il ginocchio sinistro, leggermente piegato, fa gravare su quello destro tutto il peso del corpo, nudo, liscio, flessuoso, modellato dal chiaroscuro, e in cui si sente l'influenza della statuaria greca di Fidia e Prassitele.

Scolpì per il Battistero e per il Campanile di Giotto, visitò Roma, Siena e Venezia, e nel 1444 si trasferì a Padova dove attese al primo monumento equestre del Rinascimento. Erasmo Gattamelata s'ispira al Marc'Aurelio a cavallo in Campidoglio, ma è più mosso e drammatico. Il condottiero veneto è ritratto in tutta la sua possanza, i lineamenti del volto sono marcati e vigorosi, l'espressione virile, il braccio è atteggiato a un gesto di comando. Il monumento, che si erge in piazza del Santo, fu compiuto in sei anni e costò ai committenti milleseicentocinquanta ducati d'oro.

Donatello tornò a Firenze dopo dodici anni chiamato da Cosimo, che lo alluvionò di ordinazioni per le chiese di San Lorenzo e di Santa Croce. Artista e mecenate diventarono amici inseparabili e trascorsero insieme intere giornate a discutere di scultura, di poesia, di filosofia. Cosimo passava allo scultore un lauto stipendio che Donatello depositava in un cesto appeso al soffitto della bottega, a cui tutti potevano liberamente attingere. Sotto la protezione di casa Medici visse felice fino a ottant'anni, e quando morì fu tumulato con molti onori nella cripta di San Lorenzo.

Fu il più grande plastico del Quattrocento. Aprì nuovi orizzonti alla scultura, specialmente a quella del ritratto, riscoprì il nudo che l'arte medievale, d'ispirazione religiosa e d'intonazione edificante, aveva ripudiato, e fu il capostipite di quell'indirizzo realistico che in pittura ebbe nel Masaccio il suo più compiuto interprete.

Masaccio si chiamava in realtà Tommaso Guidi ed era nato a San Giovanni Valdarno nel 1401. Gli avevano storpiato il nome per la sua sciatteria e sbadataggine. Cominciò a dipingere in tenera età, fu allievo di Masolino da Panicale che gl'insegnò le regole della prospettiva, in cui eccelse, e frequentò anche la bottega del Ghiberti, dove studiò anatomia.

Di lui possediamo poche opere, poiché morì a soli ventisette anni. Il suo capolavoro è il ciclo d'affreschi ispirati alla vita di San Pietro che decora la Cappella Brancacci in

Santa Maria del Carmine. Nel *Tributo a Cesare* sono stupendamente compendiate le qualità pittoriche del Masaccio: la nobiltà del disegno, la maestosità delle figure, l'unità della composizione, la misura prospettica e l'intensità psicologica. Il Vasari definì moderno lo stile di questo artista geniale e solitario, che spianò la via a tutta la pittura toscana successiva. La Cappella Brancacci diventò meta e scuola dei maggiori pittori del tempo: dal Beato Angelico al Lippi e al Botticelli.

Guido di Pietro da Vicchio di Mugello, ribattezzato Beato Angelico per la sua pietà e mansuetudine, entrò a vent'anni nell'ordine domenicano. Dopo un periodo di noviziato in vari conventi della Toscana, fu assegnato a quello di San Marco, dove trascorse gran parte della vita a pregare e a dipingere. Affrescò il refettorio, i chiostri, il dormitorio, le celle del convento con scene tratte dai Vangeli e dalle vite dei Santi.

Prima di impugnare il pennello, faceva la comunione e recitava le orazioni, e non accettava commissioni senza l'autorizzazione del Priore. I suoi dipinti sono intrisi di un idealismo soave e mistico, le figure, specialmente quelle femminili, sprigionano dolcezza e umiltà, le carni sono bianche e morbide, i profili delicati, le mani lunghe e affusolate, gli occhi languidi, i gesti composti e devoti, le vesti orlate da una fettuccia dorata e doviziosamente ricamate.

Niccolò V lo chiamò a Roma per affidargli la decorazione della sua cappella privata, ma la vita di curia, fastosa, festosa e depravata, non era fatta per il mite e furtivo monaco che, dopo un anno, tornò a Firenze. Morì nel 1455 a sessantott'anni, e l'umanista Valla coniò per lui questo epitaffio: «Non sia mia lode perché fui un secondo Apelle, ma perché diedi i miei guadagni ai tuoi fedeli, o Cristo».

Lo stile mistico ed edificante dell'Angelico acquista un sapore sommessamente mondano in Filippo Lippi. Era figlio di un macellaio fiorentino, ma a due anni rimase orfano e fu allevato da una zia che a otto lo chiuse in convento dove, sotto la guida dei suoi superiori, studiò disegno e pittura. Le sue prime opere sono andate perdute, ma il Vasari dice che eguagliavano per bellezza e perfezione quelle del Masaccio della Cappella Brancacci. A ventisei anni lasciò il convento, ma conservò la tonaca, che tuttavia non bastò a salvarlo dalle tentazioni. Era un gagliardo peccatore sempre pronto ad abbandonare colori e pennello per correr dietro a una sottana. Un giorno Cosimo de' Medici gli commissionò un dipinto, ma vedendo che l'artista, distratto dalle donne, non si decideva a porvi mano, lo chiuse a chiave nello studio. La notte successiva il Lippi, in preda a un accesso erotico, fuggì calandosi con le lenzuola dalla finestra per riparare in un bordello.

I suoi principali committenti erano i conventi, e prediligeva quelli femminili. Nel monastero di Santa Margherita a Prato conobbe una suora, Lucrezia Buti, la sedusse e la rapì. Lucrezia diventò la sua modella, e le sue fattezze sono riprodotte in molte delle stupende Madonne del Lippi, fra le più soavi e delicate del Rinascimento. Nel 1461 Pio II, su richiesta di Cosimo, sciolse il monaco dai voti. Filippo, che non aveva perduto la foga giovanile, ripudiò Lucrezia, che con l'età era diventata grassa e piena di acciacchi, e s'invaghì di una «lolita». La sedusse, e per vendetta i genitori della fanciulla lo avvelenarono. Lasciò molte opere, disseminate in chiese, conventi, edifici pubblici e privati, e un allievo, che diventò più famoso del maestro.

Sandro Filipepi era nato a Firenze da una modesta famiglia. Poiché aveva poca voglia di studiare, il padre l'aveva messo come apprendista nella bottega dell'orafo Botticelli. Il piccolo Sandro imparò così bene l'arte del cesello che gli affibbiarono il nome del padrone, col quale è passato alla storia. Filippino Lippi, che lo conobbe, lo descrive scorbutico e sensuale, dai lineamenti sgraziati e irregolari, elegante e con una lunga chioma inanellata.

A vent'anni aprì uno studio di cui i Medici diventarono i più assidui clienti. Per Lorenzo e Giuliano, di cui fu amico e compagno di ribotta, dipinse innumerevoli quadri di soggetto mitologico e d'ispirazione paganeggiante. Nella *Primavera*, la sua opera più famosa, celebrò mirabilmente il sogno rinascimentale della bellezza e della gioia di vivere che Lorenzo aveva cantato nell'inno a Bacco. Ma la grazia epicurea di questi dipinti scompare nelle opere successive in seguito – pare – a un trauma spirituale.

Intorno al 1485 l'artista, ascoltando una predica del Savonarola, fu talmente colpito dall'oratoria apocalittica del frate di San Marco che decise di mettere la sua arte al servizio della religione. Illustrò in ottantotto disegni la *Divina Commedia*, e dipinse Madonne, Santi, Apostoli. Purtroppo – come dice Gide – le buone intenzioni non bastano a fare le buone opere d'arte. Il suo pennello diventò agiografico e declamatorio, il vigore e lo smalto di un tempo s'appannarono e il talento perse ciò che la fede aveva guadagnato. La morte del Savonarola amareggiò la vecchiaia dell'artista, che a sessantasei anni calò nella tomba, solo e dimenticato da tutti. Fu l'ultimo grande pittore del Quattrocento. Con lui l'arte fiorentina del quindicesimo secolo toccò il suo apogeo.

Ma è giunto il momento di riprendere il nostro giro d'Italia e di far tappa in una delle città più vive, colte e festose del tempo: Ferrara, dove regnavano i Signori d'Este.

L'ITALIA DOPO LA PACE DI LODI (1454)
DUCATO DI SAVOIA
Torino
Asti
M. DI MONFERRATO
MARCHE DI SALUZZO
Milano
DUCATO DI MILANO
Genova
REP. DI GENOVA
PRINCIPATO DI TRENTO
Trento
Verona
Mantova
Venezia
REPUBBLICA DI VENEZIA
Istria
Dalmazia
Modena
ESTENSI
Ferrara
Ravenna
Bologna
REPUBBLICA DI FIRENZE
Firenze
Lucca
REP. DI LUCCA
Siena
REP. DI SIENA
STATO DELLA CHIESA
ROMA
Mar Adriatico
Corsica
(Rep. di Genova)
Sardegna
(dal 1326 agli Aragonesi)
Mar Tirreno
REGNO DI NAPOLI
(dal 1442 agli Aragonesi)
Benevento
(Stato della Chiesa)
Napoli
Bari
Palermo
Sicilia
(dal 1282 agli Aragonesi)
Mar Mediterraneo

CAPITOLO VENTIDUESIMO

GLI ESTE A FERRARA

Este era una piccola contea data in feudo verso la fine del 900 dall'imperatore Ottone I a un conte Azzo di Canossa, antenato della famosa Matilde di Toscana. Gli eredi seppero barcamenarsi con abilità fra Papato e Impero, che da secoli si contendevano una teorica sovranità su quelle terre al centro del triangolo Bologna-Milano-Venezia. E infatti fu in nome dell'uno e dell'altro, cioè giocando l'uno contro l'altro, che gli Estensi fin dai primi del Duecento diventarono Signori di Ferrara, e poi la governarono col titolo di Marchesi.

Ferrara era allora poco più di un borgo. Ma la geografia la favoriva, e gli Estensi seppero sfruttare con molta accortezza questo privilegio. Come tutti i Signori del loro tempo, non erano afflitti da molti scrupoli e non si sentivano vincolati dalle leggi ch'essi stessi promulgavano. Il ricorso alla coppa avvelenata o al pugnale del sicario per sopprimere gli oppositori interni o liberarsi da fastidiosi vicini annettendosene le terre rientrava nelle abitudini di famiglia. Ma non vi diventò mai un vizio o un passatempo. Gli Estensi uccidevano con moderazione, e quasi sempre per ragion di Stato, anche se poi questa non era che la ragione estense.

Più che assetati di sangue, erano avidi di soldi. Ma non per cucirli dentro il materasso. Al contrario, li spendevano generosamente, anche se in opere più di pubblica voluttà che di pubblica utilità. Il popolo, per quanto tassato e tartassato, non sembrava affatto scontento di quegli sciali, che almeno appagavano l'occhio e lusingavano l'orgoglio municipale. Tant'è vero che quando il papa Clemente V, ai primi del Trecento, volle cacciare da Ferrara quegl'indocili vassalli, la città gli si ribellò, e il suo successore dovette revocare la «purga». Gli Estensi tornarono in trionfo impegnandosi solo a pagare un tributo in denaro alla Chiesa. E la dinastia spiccò il volo verso nuovi e più luminosi destini rampollando fra l'altro dal suo tronco due tra le famiglie reali di più lunga durata e di più alto prestigio europeo: i Brunswick e gli Hannover.

Il Signore che meglio incarnò i caratteri della casata fu Niccolò III, che governò per quasi cinquant'anni, dal 1393 al 1441, guerreggiando, spendendo e sposando con identica generosità. I suoi sudditi dicevano che, sul piano demografico, le sue guerre erano costate molto meno di quanto avessero reso le sue attività galanti. Forse fu grazie a lui che Ferrara conquistò il primato nazionale dei figli bastardi che ha mantenuto fino ai nostri giorni.

Questo impenitente donnaiolo trovò tuttavia, proprio nell'alcova, il suo castigo quando, rimasto vedovo per la terza volta, impalmò la bella Parisina Malatesta, di quasi vent'anni più giovane di lui. Essa s'innamorò perdutamente del figliastro Ugo, suo coetaneo. E Niccolò, da buon marito italiano, reagì all'adulterio con un furore pari alla disinvoltura con cui egli stesso lo aveva sempre praticato. Non soltanto fece decapitare i due amanti, ma promulgò una legge che condannava a morte tutte le spose riconosciute infedeli. Un brivido di terrore corse la città, che temette di ridursi a un androceo. In realtà, l'assurda legge fu applicata una sola volta ai danni della moglie di un giudice che non riuscì a convincere della propria innocenza il Signore per il semplice motivo ch'era la sua amante. Poi venne revocata con gran sollievo dei mariti ferraresi che, come tutti i mariti, preferivano le corna alla vedovanza.

A parte questo drammatico e sanguinoso intermezzo coniugale, Niccolò fu un principe magnanimo, brillante e gaudente. Facendo eccezione alla regola dei padri, ridusse le tasse invece di aumentarle; e questa misura diede l'aìre a una fioritura di commerci e d'industrie che fecero di Ferrara una pericolosa concorrente di Venezia e di Milano. Niccolò non era colto: le guerre e le donne non gli avevano lasciato il tempo per diventarlo. Ma aveva il rispetto della cultura, o almeno ne avvertiva l'importanza e l'utilità. Ferrara aveva già avuto un'università, che poi era stata chiusa per mancanza di fondi. Niccolò la riaprì, ne ricoprì le cattedre con maestri di gran prestigio in tutte le discipline e ne fece uno dei più importanti atenei italiani.

Fra le sue tante fortune ebbe anche quella di tre figlioli uno meglio dell'altro, sebbene illegittimi, o forse appunto per questo. Leonello, che per primo gli successe, fu una rara combinazione d'intelligenza speculativa e di pratica saggezza, cioè la perfetta incarnazione dell'uomo del Rinascimento. Come statista e diplomatico, non ebbe di mira che la pace, e riuscì ad assicurarla non soltanto al suo Marchesato. Nell'endemica lotta che imperversava in Italia fra le varie Signorie, egli svolse con grande discrezione una funzione di arbitro, un po' come più tardi avrebbe fatto Lorenzo de' Medici. Ma al prestigio che gliene derivò, contribuirono anche l'ammirazione che per lui avevano gli uomini di cultura, cioè gli «umanisti», dei quali era considerato l'alto patrono. Uno dei più celebri fra loro, il Filelfo, dichiarò di essere rimasto soggiogato dalla disinvoltura con cui il Marchese maneggiava il latino e il greco. E a quanto pare fu Leonello a denunziare per primo, come apocrifa, una certa raccolta di lettere di Seneca a San Paolo che a quei tempi tutti ritenevano autentica. A governare gli bastarono le leggi, senza bisogno di ricorso né alla coppa né al pugnale. Sicché quando nel 1450 morì, che aveva appena quarant'anni, tutta l'Italia lo pianse come il più illuminato Signore di quel periodo.

Il fratello Borso, che ne prese il posto, era forse meno completo di lui, e certamente meno amabile. Di greco e di latino sapeva poco, forse punto. I suoi interessi erano soltanto politici, e il suo carattere risentito e autoritario. Però anche lui perseguì, con successo, una politica di pace e seguitò a proteggere gli uomini di cultura che Leonello aveva chiamato a Ferrara. Era abbastanza accorto per capire che c'era bisogno anche di quegli strumenti per appagare l'ambizione, che lo rodeva, di un rango più alto. E, non riuscendo a ottenere dal Papa la promozione a Duca di Ferrara, comprò dall'Imperatore quella a Duca di Modena e Reggio, che il padre Niccolò si era annesse.

La manovra fu costosa, lunga e complicata. Ma finalmente, nel 1452, andò in porto. E il nuovo Duca ne celebrò il successo con feste proporzionate ai sacrifici che gli era costato. Per mesi la città fu tenuta in stato di giubilante mobilitazione. Tutta la nobiltà italiana vi accorse con le sue divise sgargianti e i suoi rutilanti seguiti. L'eco di quelle celebrazioni fu tale in tutto il mondo che quando, di lì a qualche anno, Borso fu riconosciuto Duca anche di Ferrara, molti sovrani stranieri gli mandarono ambascerie e doni intestati al «Re d'Italia».

Quando, nel 1471, Borso calò nella tomba, gli successe

il fratello Ercole. Munifico e magnifico, spese somme favolose per perpetuare la tradizione gaudente e festaiola degli Estensi. Colto, brillante e raffinato, non lesinò sovvenzioni ad artisti e letterati, ai quali amava mescolarsi. Fu prodigo anche col Clero, finanziò la costruzione di chiese e conventi e protesse i monaci. Sposò per procura la figlia del Re di Napoli, Eleonora, e ne festeggiò l'arrivo a Ferrara con fuochi d'artificio e balli pubblici. Ma quando il suocero, istigato dal Papa, dichiarò guerra a Firenze, che aveva condannato a morte gli attentatori di Lorenzo e Giuliano, non esitò a schierarsi dalla parte dei Medici. Nel 1482, il Pontefice, alleatosi con Venezia, si vendicò assediando Ferrara. Ercole, immobilizzato a letto da un attacco di gotta, non poté nemmeno accorrere a difesa della città, che oppose al nemico una resistenza disperata e riuscì a salvarsi.

Poiché la guerra aveva dissestato le finanze del Ducato, aumentò le tasse e inasprì le multe ai bestemmiatori e ai profanatori di luoghi sacri, grazie ai quali ogni anno affluivano nelle casse dello Stato seimila corone. Aveva bisogno di denaro anche perché negli ultimi tempi la popolazione di Ferrara era cresciuta a un ritmo vertiginoso e la città aveva fame d'alloggi. Il boom demografico minacciava di paralizzarla. Ercole fece tracciare un nuovo piano regolatore, allargò la cinta muraria, creò nuovi quartieri, sventrò quelli vecchi, ampliò le strade e di alcune rettificò il corso. Ferrara diventò, in pochi anni, una delle città più moderne, funzionali e razionali d'Europa.

La nuova urbanistica non mutò le abitudini dei suoi abitanti. Il popolo continuava a darsi convegno nella piazza del Duomo, i nobili nel castello fatto costruire da Niccolò. I suoi dedali sotterranei erano adibiti a galere mentre i piani superiori ospitavano sontuosi saloni dalle volte decorate a stucchi, dalle pareti affrescate e dai pavimenti foderati di soffici tappeti.

Qui si svolgeva la vita di Corte in un vortice di feste, banchetti, balli mascherati, concerti. I Generali si mescolavano ai nani, gli ufficiali di Stato ai buffoni, gli artisti ai cantastorie. Le dame, nelle loro stanze, ricevevano i cavalieri e si facevano declamare le *chansons de geste*. Eleonora teneva salotto e intorno a lei ruotava la *café society* di Ferrara.

L'*intellighenzia* si raccoglieva nelle aule dell'università e nello studio del Guarino. Veronese di nascita ma ferrarese d'adozione, fu uno degli uomini più colti del suo tempo. Era nato nel 1370, aveva studiato il greco a Costantinopoli, dove aveva passato cinque anni, ed era tornato in Italia con alcune casse di manoscritti greci. Si racconta che, avendone perduta una durante la traversata, per il dolore i capelli gli diventarono bianchi. Prima di trasferirsi a Ferrara aveva insegnato a Venezia, a Verona, a Padova, a Bologna e a Firenze. Niccolò gli affidò l'istruzione dei figli e lo nominò professore di retorica e di greco all'università.

Richiamati dalla sua fama vi accorrevano studenti da tutte le parti d'Italia e anche dall'estero. Le sue lezioni erano sempre affollate e per assistervi si doveva fare la coda. Rispolverò il teatro classico, tradusse le commedie di Plauto e di Terenzio e le fece rappresentare, curandone personalmente l'esecuzione.

Viveva modestamente in una casa semplice e disadorna e quel che guadagnava lo spendeva per aiutare gli studenti più bisognosi coi quali divideva il tetto e la mensa. La sua doveva essere molto frugale se – come riferisce un cronista – non prevedeva che un pasto al giorno, spesso a base solo di fave. Come facesse a mantenere anche una moglie e tredici figli non sappiamo. Abbandonò la cattedra nel 1460 quando, novantenne, calò nella tomba.

Grazie a lui, Ferrara diventò una delle capitali intellettuali del Rinascimento, centro di richiamo di letterati e artisti: dal Boiardo al Tura, dal Cossa al de' Roberti.

Matteo Maria Boiardo, conte di Scandiano, ambasciatore degli Estensi, apparteneva a una delle famiglie più potenti del Ducato. Possedeva una vasta cultura umanistica e tra una missione e l'altra indirizzava madrigali alle dame di corte. Aveva un debole per il gentil sesso e le donne spasimavano per lui. Quando sposò Taddea Gonzaga cessò di comporre madrigali e scrisse un poema epico.

L'*Orlando innamorato*, compiuto nel 1486, narra la storia dell'amore tormentato e contrastato di Orlando per Angelica. Sono sessantamila versi infarciti di duelli, tornei, scene di guerra e di morte. La vicenda dei protagonisti s'intreccia con quelle di eroi fantastici e di donne bellissime. Mano a mano che finiva un canto, l'autore lo declamava al cospetto della Corte. Il poema infatti va sorbito a piccole dosi. Esso servirà da modello a Ludovico Ariosto, che ne trarrà ispirazione per il suo *Orlando furioso*.

Cosmè Tura fu pittore di Corte dal 1458 al 1495. Ritrasse intere generazioni di Estensi e decorò lo splendido palazzo Schifanoia, residenza estiva dei Duchi. Le sue figure austere, contegnose e massicce destarono l'ammirazione del padre di Raffaello, pittore alla Corte dei Montefeltro, che annoverò il Tura fra i migliori artisti del tempo. Fra i suoi allievi, il più geniale fu Francesco Cossa, di cui conserviamo due bellissimi affreschi in una delle sale di palazzo Schifanoia: il *Trionfo di Venere* e *Le corse*.

A questi maestri faceva da contorno una folla di «minori» – arazzieri, miniaturisti, orefici – che lasciarono l'impronta della loro arte nelle chiese e nei palazzi di una città che sembrava costruita apposta per fare da cornice e da palcoscenico a una festa che raggiungeva l'acme di Carnevale, ma che nemmeno la Quaresima interrompeva, perché perfino le funzioni religiose e i sermoni del pergamo serbavano alcunché di terrestre e di teatrale.

Ritroveremo un pizzico di quest'atmosfera gaudente e aristocratica anche se tinta di colori più foschi in un'altra città italiana: Napoli.

CAPITOLO VENTITREESIMO

IL REGNO DI NAPOLI

Quando nel 1343 Roberto d'Angiò calò nella tomba la nipote Giovanna ne raccolse la successione e per quarant'anni governò, o per meglio dire sgovernò, il Regno di Napoli. Sedicenne, lo zio l'aveva data in sposa ad Andrea d'Ungheria, un principe grossolano, volgare e strabico. Giovanna, bellissima e sensuale, lo detestava sebbene si fossero conosciuti da bambini e avessero giocato insieme a Corte. Si raccontava che la notte si chiudeva in camera da letto per non farlo entrare. Doveva essere un uomo veramente ripugnante se la moglie gli negava quei favori che non rifiutava a nessuno. Paggi, scudieri, maggiordomi, dignitari, Ministri, Generali s'avvicendavano nella sua alcova, sotto la quale aveva fatto scavare una botola dove si diceva che precipitasse gli amanti indiscreti, dopo averli avvelenati. Come facesse, con queste abitudini, a trovarne sempre di nuovi, non si sa. Più che di amanti, doveva trattarsi di kamikaze.

Andrea chiudeva un occhio e se la rifaceva sulle cameriere della moglie che ne prese pretesto per farlo strangolare, ma non certo per gelosia. Il delitto aveva ben altro movente: Giovanna era incinta e voleva sposare il suo nuovo amante Luigi, principe di Taranto. Il popolo ne fu indignato e chiese la punizione degli assassini, ben sapendo che la maggiore responsabile del delitto era lei. Giovanna temendo di perdere il trono fece arrestare la propria cameriera Filippa la Catanese e il notaio da Melizzano, che essa aveva coinvolto nel complotto, e li condannò a essere squartati vivi. Poco dopo scodellò un maschietto, che il Papa tenne a battesimo.

Il Re d'Ungheria, Luigi, informato dell'uccisione del fratello, marciò su Napoli per vendicarlo. Entrò in città, di dove Giovanna era fuggita, alla testa di un numeroso esercito assetato di vendetta e di rapina. Dio sa quanto sarebbe durato il saccheggio se non fosse sopravvenuta un'epidemia di peste che costrinse Luigi a una precipitosa ritirata.

Giovanna riprese allora la via di Napoli dove si presentò al fianco del principe di Taranto, sposato contro il parere della Corte e senza il consenso del Papa. Dopo pochi anni anche Luigi morì, stroncato dagli appetiti sessuali della moglie. Questa si consolò impalmando il principe di Maiorca, un playboy bello, aitante, simpatico e squattrinato. La sua gagliardia e virilità sembravano a prova di bomba. Ma dopo sette anni di Giovanna, anche lui restò vittima del male che aveva portato alla tomba il suo predecessore.

L'insaziabile Regina lo rimpiazzò con Ottone di Brunswick che per non fare la stessa fine contenne le sue effusioni al punto che Giovanna, sebbene avesse varcato da un pezzo le soglie della menopausa, si sentì autorizzata a prendersi un amante ufficiale, di cui poco dopo si sbarazzò per sostituirlo con uno più giovane.

I Napoletani davano segni di malcontento. Non avevano mai amato la loro sovrana, non già per la sua dissolutezza sulla quale erano anche allora abbastanza corrivi, ma per la sua ferocia così antitetica al loro bonario carattere. Sicché quando nel 1382 Carlo di Durazzo con un colpo di stato la depose e la fece strangolare, esultarono.

Nel 1386 anche Carlo calò nella tomba e il trono passò al figlio Ladislao che doveva restarvi assiso per ben ventotto anni. Gli successe la sorella Giovanna che dall'omonima zia aveva ereditato l'insaziabile lussuria. Dopo l'incoronazione, sposò Giovanni della Marca che per impedirle di governare la relegò in un'ala del palazzo e per anni ve la tenne prigioniera. La liberò solo quando il popolino, intenerito dall'infelice sorte della Regina, lo costrinse a restituirla al suo rango.

Giovanna ne approfittò per farsi amante Sergianni Caracciolo, un giovane atletico e ambizioso, ma timido. Ogni volta infatti che vedeva la Regina arrossiva e scantonava. Giovanna allora gli tese un tranello. Sapendo che Sergianni aveva paura dei topi, lo invitò a giocare a scacchi nel suo appartamento e durante la partita ne fece sguinzagliare una coppia. Il Caracciolo, in preda al panico, cercò riparo nella camera da letto della sovrana e si ficcò sotto le coperte dove, un attimo dopo, fu raggiunto dalla spasimante. Da quel momento egli diventò il più intimo consigliere di Giovanna che non prendeva alcuna decisione senza il suo consenso. Fu lui che le fece adottare e nominare legittimo erede Alfonso d'Aragona, re di Sicilia, in modo da ricostituire il vecchio Regno, e poi la indusse ad annullare la designazione in favore di Renato d'Angiò. La sua invadenza però aveva finito per allarmare la Corte e la stessa Giovanna che, una volta superata la cotta, decise di liberarsi di lui. Nell'agosto del 1432, durante una grande festa in onore della sovrana, Sergianni fu pugnalato a tradimento e poi abbandonato in una pozza di sangue ai piedi del letto. Tre anni dopo morì Giovanna e la corona passò sul capo di Renato. Ci restò poco perché Alfonso, dopo averlo cacciato da Napoli, gliela strappò, riunificando in tal modo l'Italia del Sud, peninsulare e insulare.

Con lui cominciò, alla fine del 1442, la dominazione aragonese destinata a durare fino al 1501.

Benedetto Croce nella sua *Storia del Regno di Napoli* scrisse: «Ad Alfonso d'Aragona, Napoli non portò l'affetto che aveva sempre nutrito per i suoi Re d'Angiò e anche per l'ultima Regina, che quasi filialmente proteggeva. Alfonso rimaneva straniero e serbava modi da straniero e conquistatore, e faceva sentire la propria potenza di sovrano che era di vasti domini, in grado di tenere il Regno con la forza soverchiante, e lo si vedeva attorniato da una folla di Catalani, Aragonesi e Castigliani, ai quali conferiva gli ufficî che gli antichi Re davano ai regnicoli; e quella gente, per le sue "superbie, mali modi et tirannie grandissime" era odiata e faceva odiare il Re».

Eppure fu un sovrano splendido, avveduto e illuminato che fece di Napoli una capitale fastosa ed efficiente. Demolì i quartieri vecchi e fatiscenti e chiamò a erigerne di nuovi i più famosi architetti del tempo, affidandone la decorazione agli scultori e ai pittori più in voga. Ricostruì il Maschio Angioino innalzando nel centro un grandioso arco trionfale disegnato da Luciano Laurana. Ampliò il molo, restaurò l'arsenale, allargò le strade, scavò nuove fogne, bonificò i bassi. Abbellì la Corte arredandola sontuosamente con arazzi, quadri, tappeti e damaschi. Aveva un debole per le feste e ne diede di favolose profondendovi somme immense. Amava la cultura e protesse letterati, poeti, filosofi, artisti: il Filelfo, il Manetti, il Fazio e il più celebre di tutti, Lorenzo Valla.

Valla era nato a Roma nel 1407 e aveva studiato alla scuola di Leonardo Bruni che l'aveva avviato allo studio dei classici. Da buon umanista, era infatuato del latino al punto di propugnare l'abolizione della lingua italiana e il ritorno a quella di Cesare e Quintiliano. Aveva insegnato per un certo tempo retorica a Pavia, ma in seguito a una disputa col giurista Bartolo dovette abbandonare la cattedra. Si mise a scrivere opuscoli polemici e dotti trattati, e nel 1431 pubblicò un dialogo intitolato *De voluptate et vero bono* per dimostrare che tutti i piaceri sono sani finché non diventano abusi. L'autore vi condanna la castità giudicandola inutile e disumana. Cento monache – dice – non valgono una cortigiana, la continenza fa male alla salute e non giova alla società.

Lorenzo razzolò come predicò, si circondò di amanti, amò il lusso e la crapula. Violento e attaccabrighe ebbe molti nemici, fu spesso disoccupato e vagò per l'Italia in cerca di lavoro. Lo trovò alla Corte di Alfonso che l'accolse con molti onori e gli diede un lauto stipendio. A Napoli scrisse il *De falso credita et ementita Constantini donatione*, la sua opera più famosa, in cui dimostra in modo inoppugnabile la falsità della donazione di Costantino, da lui definita una colossale mistificazione della Chiesa per legittimare e giustificare il suo potere temporale. Se anche – commenta il Valla – Costantino avesse dato alla Chiesa questo potere, i delitti, l'avidità e la corruzione dei preti lo avrebbero invalidato.

Era un anticlericale feroce. «Io» diceva «non attacco solo i morti, ma anche i vivi.» Si scagliò con inaudita violenza contro i Papi additandoli come la fonte di tutti i guai da cui era afflitta l'Italia e invitò i Romani a prendere le armi contro il governo pontificio e ad abbatterlo. Eugenio IV lo denunziò all'Inquisizione. Prove alla mano, il Valla dimostrò che la lettera di Abgaro a Cristo era una volgare truffa e che gli Apostoli erano dei poveri diavoli, semianalfabeti e completamente digiuni di teologia. L'umanista non era uomo da far mistero delle proprie idee ma certamente non le avrebbe messe per iscritto se Alfonso non ve lo avesse istigato.

Il Re odiava il Papa e ne era ricambiato; ma da buon politico, quando ebbe bisogno di lui, non esitò a riconciliarsi. Il Valla, fiutando il mutare del vento, si rimangiò tutto quello che aveva detto e scritto contro la Chiesa e in una lettera impetrò il perdono del Pontefice. Eugenio glielo negò, ma il successore Niccolò V lo nominò segretario della Curia e gli affidò traduzioni dal latino e dal greco. Calisto III lo fece canonico di San Giovanni in Laterano, dove l'ex mangiapreti morì circondato dai preti e prete egli stesso, nel 1457.

Alfonso lo seguì nella tomba l'anno dopo, pianto dai letterati e artisti che per il suo mecenatismo l'avevano soprannominato «il Magnanimo». Nonostante le roventi dispute con la Chiesa, fu a suo modo un buon cattolico, specialmente negli ultimi anni, dopo la pace col Papa. Studioso di storia sacra, lesse quaranta volte la Bibbia, che teneva sul comodino e di cui sapeva a memoria lunghi brani. Un'altra sua passione furono le donne, con l'unica eccezione della moglie Maria di Castiglia. Ne ebbe moltissime, ma una in particolare ne amò: Lucrezia d'Alagno, una bella e formosa amalfitana di diciotto anni. Alfonso ne aveva molti di più e l'avrebbe sposata se il Pontefice gli avesse concesso il divorzio da Maria. La istallò a Corte, la trattava da Regina e nelle cerimonie ufficiali se la teneva al fianco. Il Capaccio la definì «la castissima Venere» e il papa Piccolomini scrisse che «Alfonso non si congiunse mai seco lei». Ma questo ci sembra poco credibile, dato il temperamento dell'uomo e la nidiata di figli illegittimi che aveva messo al mondo. Fra di essi pescò anche il proprio successore: Don Ferrante.

Lo aveva avuto da Margarita di Hijar, una donna di facili costumi. Secondo il Pontano, che fu per lunghi anni segretario del Re, Ferrante era figlio non di Alfonso, ma di un marrano spagnolo, cioè di un Ebreo convertito al Cristianesimo. Fisicamente non poteva dirsi un bell'uomo. Era goffo e tarchiato, aveva un volto largo e flaccido, occhi piccoli e pungenti, naso lungo e bitorzoluto, gote cascanti. Era diffidente, taciturno, autoritario, ma non sprovvisto di qualità politiche. Fu un amministratore oculato e sagace e riassestò le casse dello Stato che la prodigalità di Alfonso aveva svuotato. Incentivò l'industria, incrementò il commercio, incoraggiò l'iniziativa privata, diminuì le tasse, e per alcuni anni abolì il dazio di uscita sulle merci. Favorì l'insediamento nel Regno di colonie genovesi, veneziane, fiorentine e catalane. Spalancò le porte anche agli Ebrei sebbene la popolazione li vedesse di malocchio e non perdesse occasione per dargli addosso. Nel 1490 alcuni frati fanatici sobillarono il popolino contro di essi, scoppiò un tumulto, ci scappò il morto e i Napoletani chiesero al sovrano la loro espulsione. Ma Ferrante s'oppose.

L'afflusso di forestieri, l'apertura di fondachi e filiali, l'esodo dalla campagna dei cafoni che s'inurbavano per sottrarsi al giogo dei baroni, fecero salire la popolazione a oltre centomila abitanti e obbligarono il Re ad allargare la cinta delle mura e a far edificare nuovi quartieri. Il Regno prosperò, favorito dalla pace che Ferrante si assicurò con un'accorta politica di alleanze matrimoniali. Diede la figlia naturale Maria in sposa al Duca di Amalfi, Antonio Piccolomini, ottenne per il figlio Alfonso la mano di Ippolita Sforza, s'imparentò con la monarchia ungherese maritando un'altra figlia a Mattia Corvino. Governò trentasei anni e solo una volta il suo trono vacillò, in seguito alla «congiura dei Baroni».

Rappresentavano costoro la nobiltà feudale del Regno, discendevano dai Longobardi, dai Normanni, dai Tedeschi, dai Francesi e dagli Spagnoli, e vivevano nelle campagne, arroccati nei loro turriti castelli. I più ricchi possedevano immensi latifondi, ma la maggior parte campava su pochi ettari di terra, coltivata da contadini affamati e ridotti allo stato di schiavi. I Baroni disprezzavano la vita cittadina, snobbavano i borghesi e disdegnavano il commercio e le arti. La loro unica occupazione era la guerra. Se la facevano tra loro e si coalizzavano per farla al Re.

Protervi, violenti, riottosi, «uomini», come disse Machiavelli, «al tutto nimici di ogni civiltà», tribolavano il Regno con guerricciole fratricide, rivolte, colpi di mano. Molti dei mali che ancora affliggono il Mezzogiorno vanno addebitati a questi ambiziosi, intriganti e indocili signorotti che indebolirono lo Stato fino a sfasciarlo. Per tenerli a bada i sovrani li esoneravano da molti servizi, tra cui quello militare, li esentavano dalle tasse e riconoscevano loro il diritto di farsi giudicare da propri tribunali.

L'anarchia dei Baroni fu sul punto di essere domata quando Federico II ne fece abbattere i castelli e ne vietò la ricostruzione. Ma alla morte dell'Imperatore svevo essi rialzarono la cresta, né l'abbassarono quando nel Regno tornò l'ordine con gli Angioini. Alfonso d'Aragona concesse ai Baroni numerosi privilegi, tra cui quello di torturare il reo «senza limite di tempo» e di comminare pene superiori a quelle stabilite dalla legge. Ferrante li alleggerì di alcune imposte, ma nel 1485 essi tentarono di spodestarlo.

L'esercito dei Baroni si scontrò con quello regio, ebbe la peggio e mise i suoi capi alla mercé del sovrano. Sulle prime Ferrante si mostrò molto magnanimo coi ribelli. Ma alcuni giorni dopo li invitò a Corte per festeggiare la riconciliazione. Tutti puntualmente vi si presentarono. Ferrante in persona li accompagnò in una grande sala, ma a un segnale convenuto fece chiudere le porte di uscita, diede ordine di disarmare gli ospiti e li fece cacciare in prigione. L'indomani confiscò i loro beni e dopo una settimana li fece processare e condannare a morte. Il primo a cadere sotto la scure del boia fu un certo Francesco de Petruciis che fu decapitato e poi squartato: la gamba sinistra fu esposta sul ponte della Maddalena, una spalla fu appesa a un gancio a Casa Nova e l'altra a Chiaia.

Fino alla morte del sovrano, avvenuta nel 1494, il Regno non fu più funestato dalle sommosse dei Baroni. Ma non si trattò che di una tregua. Col successore di Ferrante, infatti, esse tornarono a divampare.

CAPITOLO VENTIQUATTRESIMO

ROMA DOPO AVIGNONE

L'esilio del Papato ad Avignone, lo abbiamo già detto, era stato per Roma una catastrofe.

All'alba del Quattrocento, la città occupava una superficie dieci volte inferiore a quella dei tempi d'Aureliano e coi suoi sessantamila abitanti era meno popolosa di Milano, Venezia e Firenze. Le mura erano diroccate, le torri mozze e sbrecciate, le strade disselciate e affogate in pozzanghere fetide e melmose, gli acquedotti intasati e slabbrati rendevano difficoltoso e precario il rifornimento idrico, e molti Romani erano ridotti a bere l'acqua del Tevere. Pestilenze e carestie decimavano la popolazione più delle guerre.

Lo stato di disfacimento e di abbandono non era limitato ai rioni popolari e di periferia. Investiva anche il centro. I Fori erano trasformati in putridi catini, il Colosseo e il teatro di Marcello erano adibiti a depositi d'immondezza, e il Campidoglio era costellato di catapecchie sbilenche e maleodoranti. Vacche, pecore, maiali pascolavano sui sagrati delle chiese. Molte chiese, sebbene aperte al culto, avevano l'aspetto di ruderi, e i palazzi apostolici avevano perduto il nitore e il fasto d'un tempo. Col buio nessuno osava uscir di casa e avventurarsi per le strade, propizie agli agguati e infestate dai briganti. La vigilanza notturna era scarsa e complice di coloro sui quali doveva esercitarsi.

Ciascuna delle consorterie più potenti, che facevano capo agli Orsini, ai Colonna, ai Caetani, aveva il suo esercito di «bravi», i suoi castelli, i suoi fortilizi e la sua «ragione di Stato». Fomentavano sommosse, tramavano complotti, aizzavano il popolino sempre pronto a scendere in piazza e a menare le mani per un tozzo di pane. Le lotte di fazione erano l'unica industria fiorente in una città priva di fabbriche e dedita esclusivamente alla pastorizia e al minuto commercio. Tagliata fuori dalla grande rivoluzione comunale, l'Urbe mancava di una borghesia mercantile e imprenditoriale capace d'inserirla in un circuito economico vasto e dinamico, com'era avvenuto a Firenze, a Milano e nella maggior parte delle città del Nord. La plebe viveva d'elemosine, i nobili di rendita e di rapine, il Clero di decime, di usura e di simonia.

Col trasferimento del Soglio ad Avignone molti tesori e capitali avevano preso la via della Francia. Quando Gregorio XI decise il ritorno a Roma, le finanze della Chiesa erano in pieno dissesto e non potevano certo contare sulle risorse di una città che non ne aveva punte. Ma in compenso c'erano quelle, tutt'altro che trascurabili, dello Stato pontificio: vasto territorio che comprendeva tutto il Lazio e larghe fette dell'Umbria, delle Marche e della Romagna, inglobando una trentina di città, governate da Legati. Esso vantava inoltre diritti feudali sul Regno di Napoli e sui beni matildini di Toscana, che si traducevano in oboli e tributi, ma per riscuoterli i Pontefici dovevano spesso ricorrere alla minaccia di scomunica. Quando anche questa si rivelava inefficace, facevano appello alle milizie mercenarie, perché di regolari la Chiesa non ne aveva e le poche guardie che i Papi tenevano nell'Urbe bastavano appena – quando bastavano – a difendere il Vicario di Cristo dalle violenze dei nobili e dai tumulti del popolo. Fu solo grazie all'energia, al coraggio, alla sagacia dei successori di Gregorio, Niccolò V, Pio II e Sisto IV, che Roma fu restituita al suo rango di Capitale e s'avviò a diventare uno dei massimi centri del Rinascimento.

Niccolò V si chiamava Tommaso Parentucelli ed era nato a Pisa, figlio di un chirurgo, ma aveva studiato e si era laureato in teologia a Bologna. Qui conobbe l'arcivescovo Niccolò degli Albergati, che gli assegnò un'importante carica di sovrintendente e lo condusse con sé a Firenze, dove venne a contatto con gli umanisti e sprofondò negli studi classici. Leggeva avidamente gli autori latini e greci, partecipava alle dispute letterarie e filosofiche e spendeva tutto quello che guadagnava in manoscritti. Conquistato dalla sua erudizione, Cosimo l'assunse come bibliotecario e gli assegnò un lauto stipendio.

Fu unicamente per questi meriti culturali – e il fatto è rivelatore di un certo costume della Chiesa – che lo fecero prima Cardinale e poi Papa. Gli umanisti esultarono e Niccolò li reclutò in massa trasformando il Vaticano in una vera e propria Accademia. Affidò a Lorenzo Valla la traduzione in latino di Tucidide, commissionò a Guarino da Verona quella di Strabone, pagò a Niccolò Perotti cinquecento ducati per quella di Polibio. Il più fortunato fu il Filelfo che in cambio della versione latina dei poemi omerici ricevette una bellissima casa a Roma e una vasta tenuta in campagna.

Quando viaggiava, Niccolò si faceva seguire da uno stuolo di letterati, artisti, traduttori, scrivani, coi quali familiarmente discuteva di Orazio, di Virgilio, di Aristotele. Se li portava dietro anche quando scoppiava un'epidemia, e a Corte dava loro la precedenza sui prelati coi quali poco se la diceva. Le questioni ecclesiastiche l'interessavano meno di quelle filosofiche e letterarie, e alla Bibbia preferiva i *Carmi* di Catullo e le *Metamorfosi* di Ovidio. La sera si chiudeva nel suo studio e fino all'alba rileggeva le traduzioni che gli umanisti gli approntavano, e che poi faceva rilegare in velluto rosso e riporre in eleganti scaffali.

Come tutti i Signori del Rinascimento, aveva il mal della pietra e spese somme immense per ridare a Roma il suo antico volto architettonico. Riparò le mura, restaurò conventi, chiese, palazzi, innalzò nuovi edifici, costruì fogne, ponti, acquedotti, pavimentò strade. Affidò a Leon Battista Alberti il progetto di piazze e palazzi, incaricò Bernardo Rossellino di ripristinare San Giovanni in Laterano, Santa Maria Maggiore, San Paolo e San Lorenzo fuori le mura. Spalancò le sale vaticane ad Andrea del Castagno e al Beato Angelico perché le decorassero. Investì quasi tutti gli introiti del Giubileo del 1450 per abbellire la città che in quell'occasione vide affluire centomila pellegrini, e per facilitarne l'accesso a San Pietro fece demolire numerose case, dopo averne sfrattato gl'inquilini. Non andava per il sottile quando c'era da far soldi, e se le casse languivano non esitava a inasprire i balzelli. Eppure i Romani gli furono sempre ostili. Inscenarono violente manifestazioni di piazza per ottenere la restaurazione della Repubblica, infiammati dall'oratoria demagogica di un certo Stefano Porcaro, che Niccolò fece esiliare a Bologna e poi decapitare. Fu questo l'unico evento drammatico di un pontificato senza scosse. Niccolò morì a cinquantotto anni di gotta e di crepacuore, dopo aver tentato invano di lanciare i Principi cristiani d'Europa alla riconquista di Costantinopoli, caduta nelle mani dei Turchi. Un cronista gli dedicò questo epitaffio: «Fu giusto, saggio, benevolo, magnanimo, pacifico, affettuoso, caritatevole, umile, virtuoso», gratificandolo così di elogi sbagliati, e defraudandolo di quelli che meritava.

Gli successe, col nome di Pio II, Enea Silvio Piccolomini, un senese di famiglia nobile e decaduta. Anche lui veniva non dal seminario, ma dagli studi umanistici fiorentini. A ventisette anni fu assunto come segretario dal cardinale Capranica che accompagnò in lunghe e delicate missioni diplomatiche in Italia e fuori, rivelando doti non comuni di negoziatore. Era raffinato, brillante e ambizioso. Spendeva tutto quello che guadagnava, e divideva imparzialmente il suo tempo fra biblioteche, osterie e bordelli. Le donne impazzivano per lui, ma egli evitava accuratamente quelle che volevano farsi sposare perché l'idea del matrimonio l'atterriva. Uno stuolo di concubine gli diedero una moltitudine di figli ch'egli affidava al proprio padre, perché non aveva tempo né voglia d'allevarli.

Sfogò la sua sensualità in versi scurrili e racconti boccacceschi. Scrisse un romanzo pornografico, che i nemici non si stancarono per tutta la vita di rinfacciargli, ma di cui dubitiamo che l'Autore ebbe mai a pentirsi. Si cimentò nei generi letterari più disparati e fu scrittore prolifico, vivace, elegante e piacevole. Lasciò una mole sterminata di poesie, epigrammi, dialoghi, romanzi, memoriali, note di viaggio, saggi, composti quasi tutti in latino. La sua conversazione non era meno deliziosa e scintillante della sua prosa, i salotti alla moda se lo contendevano e le dame dell'alta società andavano in visibilio per i motti di spirito e i paradossi di questo Talleyrand del Quattrocento, che non dormiva più di cinque ore per notte e non restava mai inoperoso.

Nel 1455 l'imperatore Federico, di cui era diventato pupillo, lo spedì ambasciatore a Roma dove in poche settimane conquistò la Curia, e dove si fece prete. Gli agiografi dicono che da quel momento visse in castità, sebbene avesse appena varcato le soglie della quarantina. Alla Corte pontificia dispiegò il suo eccezionale talento diplomatico riconciliando il Clero tedesco con quello romano. Il Papa per premio lo nominò Vescovo di Siena e nel 1456 lo fece Cardinale. Quando il Pontefice morì, il Sacro collegio elevò Enea Silvio al Soglio, chiudendo un occhio sul suo passato.

Non aveva che cinquantatré anni ma ne dimostrava molti di più. Era pallido, smunto, pieno di rughe e di acciacchi. Soffriva di gotta, di calcoli renali e di tosse. «A volte,» scrisse Platina «se non avesse parlato, nessuno avrebbe potuto dire che era vivo». I peccati di gioventù avevano lasciato il segno, e a poco servivano ora le diete, i salassi e le cure dei medici. Quando poteva si ritirava in campagna, seguito da uno stuolo di umanisti, e organizzava bucolici convegni lungo le rive di un ruscello o nell'ombrosa quiete di un boschetto. Come Niccolò, aveva in uggia i preti, alle dispute teologiche preferiva quelle filosofiche e letterarie, e aveva un debole per gli scrittori pagani e in particolare per Cicerone.

Ficcò i suoi parenti dovunque, inventando nuove cariche perché quelle esistenti non bastavano ad accoglierli tutti, e fece del Vaticano una colonia di Piccolomini. Ma fu un buon Papa. Tentò di arginare l'avanzata dei Turchi nei Balcani, e nel 1459 convocò a Mantova i Principi europei per indurli a prendere la croce contro gli infedeli. Ma nessuno vi si recò e Pio, non riuscendo a domare i Musulmani con la spada, cercò di convertirli con la penna. «Se tu» scrisse a Maometto II «dovessi farti cristiano, nessun Principe ti supererebbe in gloria o ti eguaglierebbe in potenza. Noi ti riconosceremmo Imperatore dei Greci e dell'Oriente, e ciò che hai ottenuto con la violenza e conservi con l'ingiustizia diventerebbe tuo legittimo possesso... Se tu ti unissi a noi, tutto l'Oriente si convertirebbe a Cristo e una volontà sola – la tua – darebbe pace al mondo intero.»

Maometto, sebbene qualcuno lo facesse nato da madre cristiana, non raccolse l'invito e il Papa richiamò alle armi i sovrani europei. Ma non ebbe più fortuna che col sultano. Solo Venezia rispose all'appello e mandò una piccola flotta ad Ancona dove, un paio di settimane prima, nel luglio 1464, era approdata quella pontificia, guidata dal Papa in persona. Quando Pio l'avvistò, provò tale emozione che ne morì. Con lui fu sepolto l'utopistico sogno crociato.

Il suo posto fu preso, col nome di Sisto IV, da Francesco Della Rovere, un ligure di umile famiglia contadina. Aveva assunto il cognome Della Rovere dopo aver fatto il precettore nell'omonima famiglia. Poco si conosce di lui prima dell'ascesa al Soglio. Sappiamo solo che aveva studiato filosofia a Pavia, a Bologna, a Padova, e che per un certo tempo aveva fatto l'insegnante. Quando, a cinquantasette anni, fu eletto Papa godeva di una vasta e meritata fama di erudito e di letterato. Non poté dedicare allo studio il tempo e le cure di Niccolò V e di Pio II perché il suo pontificato fu difficile e contrastato. Vagheggiò anche lui una spedizione contro gli Ottomani, ma l'accresciuta potenza turca lo dissuase dal porvi mano. Spese tutte le sue energie a rafforzare e ingrandire lo Stato pontificio e a ridurre all'obbedienza la facinorosa nobiltà e la riottosa plebe romana. Ci riuscì, ma si guadagnò l'odio dei sudditi, offesi anche dal suo sfacciato nepotismo. Forse solo Alessandro Borgia lo eguagliò nell'elargire uffici e nel distribuire rendite e prebende a congiunti prossimi e lontani. Nel 1471 elesse Cardinale il nipote venticinquenne Pietro Riario e gli assegnò quattro vescovati e un appannaggio annuo di sessantamila ducati. Nominò il fratello di Pietro comandante dell'esercito pontificio e un altro nipote prefetto di Roma.

Salendo al Soglio, aveva trovato le casse piene d'oro, ma in tredici anni le svuotò fino all'ultimo centesimo. Il denaro che non spese in guerra o non donò ai nipoti lo profuse in opere d'arte. Anche lui abbellì Roma, innalzò nuovi edifici pubblici e nuove chiese, restaurò e ampliò l'Ospedale di Santo Spirito, riorganizzò l'università. Legò il suo nome alla Cappella Sistina, di cui affidò il progetto all'architetto Giovannino de' Dolci e la decorazione delle pareti al Perugino, al Signorelli, al Pinturicchio, al Ghirlandaio, al Botticelli, al Rosselli e al Cosimo, che vi raffigurarono scene della vita di Mosè e di Gesù.

Si circondò di umanisti e arricchì di oltre mille volumi la Biblioteca vaticana che già ne conteneva oltre duemilacinquecento; affidò al Regiomontano la riforma del calendario giuliano, rimasta incompiuta per la prematura morte del matematico; invitò a Roma Giovanni Argiropulo a tenere un ciclo di conferenze sulla letteratura greca e incoraggiò ogni iniziativa volta a diffondere la cultura e l'arte. Sognava di riportare l'Urbe ai fasti augustei ma nel 1484 la malaria lo uccise.

È a questi tre splendidi Papi che Roma dovette la sua rinascita. La Chiesa forse non ha verso di loro altrettanti motivi di gratitudine. Essi contribuirono in maniera decisiva a trasformarla in una vasta impresa artistica e culturale spostandone gl'interessi sul piano temporale e mondano a tutto scapito di quelli spirituali. Con loro il Rinascimento entrò nelle basiliche e nelle cattedrali dell'Urbe. Dio ne uscì.

CAPITOLO VENTICINQUESIMO

ALLA MERCÉ DEI MERCENARI

Nel tracciare le vicende delle più importanti città italiane nel Tre e Quattrocento abbiamo tralasciato le infinite guerricciole che ne accompagnarono lo sviluppo. Il lettore si rassicuri: esse non mutarono le sorti del nostro Paese, ormai spaccato in cinque Stati – visconteo, veneziano, fiorentino, pontificio, angioino-aragonese – e in una galassia di staterelli. Spesso queste guerricciole non furono che scaramucce volte alla presa di un castello, all'aleatoria rettifica di un confine, alla conquista di una piazzaforte. Ma da tempo Comuni e Signorie avevano smesso di combatterle con milizie regolari, il cui reclutamento, oltre a essere molto costoso, distoglieva i sudditi dalle attività civili, e avevano fatto appello a truppe mercenarie, o compagnie di ventura.

Le prime si formarono con lo sgretolamento del feudalesimo e il trionfo del municipio sul castello. Molti nobili atti solo alle armi, piuttosto che inurbarsi con le loro masnade e diventare dei sedentari borghesi, preferirono mettersi al soldo di questo o quel Comune, di questo o quel Signore, e per esso guerreggiare. Arruolavano nelle loro bande avanzi di galera, fuorilegge, Crociati rovinati dalle guerre sante, soldati calati in Italia con gli eserciti imperiali e travolti dalle loro disfatte. Compagnie di ventura spuntarono un po' dappertutto in Europa, ma fu soprattutto nei Paesi come l'Italia e la Germania, dove mancava un potere centrale, che esse più rigogliosamente prosperarono.

Ciascuna era formata da alcune migliaia di fanti e cavalieri divisi in condotte, o squadre, muniti di elmo e corazza, armati di spada, pugnale e giavellotto. Aveva il proprio motto e la propria bandiera e assumeva il nome del suo comandante. Quella di fra' Moriale disponeva di tesorieri e di giudici, che avevano il compito di dirimere le liti che regolarmente scoppiavano tra i soldati alla spartizione del bottino.

Quando in tempo di pace esso mancava, le compagnie ricattavano le città, e solo in cambio di forti somme di denaro s'astenevano dall'aggredirle e dal saccheggiarle. Pisa e Firenze dovettero sborsare rispettivamente sedicimila e ventimila fiorini a fra' Moriale per tenerne due anni lontano dalle loro mura le soldatesche.

Avide di guadagno, animate da un insaziabile ùzzolo di rapina, immuni dalle sanzioni della legge, le compagnie di ventura si mettevano al servizio della città o del Signore che le pagava di più e non esitavano a tradire se il nemico le allettava con un soldo più vantaggioso. Giovanni Acuto militò sotto le insegne di Pisa, di Milano, del Pontefice e di Firenze e con molti voltafaccia diventò il più potente e temuto condottiero del Trecento. La sua vicenda riassume esemplarmente il marasma italiano.

Il suo vero nome era John Hawkwood ed era nato in un villaggio dell'Essex, in Inghilterra, nel 1320. Suo padre era un conciatore che morendo gli lasciò un piccolo gruzzolo. Con esso John acquistò un cavallo, una corazza, una spada e si arruolò nell'esercito del re Edoardo III che attraversava la Manica per andare a combattere in Francia.

Era di statura superiore alla media, aveva spalle quadrate, collo taurino, braccia possenti, naso lungo e irregolare, labbra sottili e nervose, guance accese e mascella dura. Una chioma castana e riccioluta gli scendeva sulle orecchie e folte sopracciglia gli sgrondavano sugli occhi bruni e profondi. Fin da bambino aveva avuto la passione delle armi e uno zio gli aveva insegnato a cavalcare, a tendere l'arco e a maneggiare la spada.

In Francia prese parte alla battaglia di Crécy, dove per la prima volta gli inglesi fecero uso dell'artiglieria, e dieci anni dopo, sul campo di Poitiers, fu fatto cavaliere. Dopo la pace di Bretigny, con un centinaio di compagni passò in Italia e si mise al soldo del condottiero tedesco Alberto Sterz, che comandava la famosa «Compagnia Bianca».

Non passava giorno che le sue soldatesche non compissero scorrerie nelle fertili pianure piemontesi e lombarde, distruggendo le messi, scannando le greggi, svaligiando le cascine, violentando le donne. Era la vita che Giovanni Acuto aveva sempre sognato. Lo Sterz ne fece il suo luogotenente e quando Pisa arruolò la Compagnia Bianca contro Firenze fu lui a dettare le condizioni dell'ingaggio e a condurre le operazioni di guerra. Quando esse cessarono, ottenne da Pisa che il bottino del nemico fosse assegnato alla Compagnia e che i suoi uomini fossero liberi di muoversi nel territorio della Repubblica e di svernarvi. In segno di gratitudine le truppe deposero lo Sterz e l'acclamarono comandante. Pisa gli mise a disposizione una guardia del corpo e uno stuolo di paggi.

Alla ripresa delle ostilità, l'Acuto reclutò forze fresche e le lanciò contro i Fiorentini i quali, non riuscendo a contenerle, inviarono al comandante inglese ambasciatori per indurlo a passare dalla loro parte. Giunti al cospetto del condottiero, i messi estrassero dalle loro borse fiaschi di vino colmi di fiorini. L'Acuto li soppesò a lungo. Poi convocò i soldati e chiese cosa volevano fare. Tutti si trasferirono nel campo nemico. Al servizio di Pisa rimase solo l'Acuto con ottocento inglesi. Ma non per fedeltà. Poco prima egli aveva ricevuto proposte ben più allettanti da un ricco mercante, Giovanni Agnello, che profittando del caos in cui era piombata Pisa, mirava a impadronirsi della città. In cambio del suo aiuto, l'Acuto avrebbe ricevuto trentamila fiorini. Il colpo di Stato riuscì e l'Inglese, oltre alla somma pattuita, ebbe una lauta mancia.

Ne aveva bisogno perché tempi duri s'annunciavano per le compagnie di ventura. Il papa Urbano V, dopo aver lanciato contro di esse l'anatema, aveva invitato i Principi d'Europa a coalizzarsi per combatterle. Tutti avevano risposto all'appello, e una potente lega si era costituita. Al momento di passare all'azione, però, la maggior parte dei suoi membri aveva fatto marcia indietro. Lo stesso Pontefice, allarmato dalle notizie che giungevano dalla Terrasanta, accantonò l'idea di una Crociata contro le milizie mercenarie.

L'Acuto aveva nel frattempo raccozzato alcune migliaia di uomini e s'era abboccato segretamente con agenti di Bernabò Visconti, che lo voleva al suo servizio. Il condottiero inglese vi si pose volentieri un po' perché il Duca di Milano gli faceva ponti d'oro, un po' perché si trattava di combattere contro il Papa, suo mortale nemico.

La Compagnia, forte di oltre quattromila uomini, s'avventò sugli Stati pontifici mettendoli a ferro e fuoco. L'Acuto ordinò di incendiare e radere al suolo chiese e conventi e di trucidare gli abitanti senza riguardo al sesso e all'età. Le scorrerie cessarono solo quando Bernabò richiamò il masnadiero a Milano per lanciarlo alla conquista di Firenze e di Pisa. Ma quest'impresa fallì perché le soldatesche mercenarie al soldo delle due Repubbliche toscane erano molto più numerose. Il fiasco indusse l'ambizioso Duca a ridurre lo stipendio all'Acuto. E questi per ripicca passò col Pontefice che gli donò i feudi di Bagnacavallo, Cotignola e Conselice, fra Rimini e Bologna, col titolo di Signore.

Egli li cinse di mura, vi eresse torri, e di lì svolse con encomiabile zelo i suoi compiti di sbirro del Papa. Quando una rivolta antipapale scoppiò a Faenza, ordinò di metterla a sacco e di deportarne gli abitanti, escluse le donne giovani, sulle quali i soldati commisero ogni sorta di abusi. Anche il loro comandante s'abbandonò a violenze inaudite. Un giorno, vedendo due mercenari che si contendevano una monaca, fece condurre la poveretta al proprio cospetto e con un colpo di spada la spaccò a metà, dicendo: «Ciascuno abbia la sua». Tornò poi nei suoi possedimenti, ma non ci restò a lungo. Cesena si era ribellata al governo pontificio e andava punita. Il condottiero l'assalì e in nome del papa trucidò duemilacinquecento abitanti. Poi la rase al suolo.

Negli ultimi tempi i suoi rapporti col Pontefice si erano raffreddati. Il Papa non pagava, e la Compagnia dava segni di scontento. Ne profittarono Bernabò Visconti e la Repubblica di Firenze per strappare al Pontefice il capitano e arruolarlo al proprio servizio. Il Duca di Milano gli offrì addirittura in sposa la figlia Donnina con una dote di diecimila fiorini. L'Acuto accettò, sebbene veleggiasse verso la sessantina.

Era ancora un uomo vigoroso e non aveva perduto l'agilità e la baldanza di un tempo. I capelli gli si erano incanutiti ma egli li nascondeva con l'elmo e con un berretto di velluto. Aveva perduto alcuni denti e sulla fronte erano comparse le rughe, ma nel complesso manteneva un aspetto giovanile. Donnina era bellissima. Aveva occhi e capelli neri, mani lunghe e affusolate e un'espressione dolce e intensa. Il matrimonio fu celebrato con gran pompa al cospetto del Duca e della Corte e si concluse con una pittoresca giostra che suggellò il passaggio dell'Acuto al servizio di Bernabò. Ma dopo un anno i due erano già in rotta, e l'Acuto si trasferì a Firenze che lo aveva nominato Capitano generale. Il condottiero sfilò per le vie della città pavesata a festa tra gli squilli delle trombe e i rintocchi delle campane impugnando un piccolo scettro. La Signoria gli assegnò una sontuosa dimora in città, lo esentò dalle tasse e per una decina d'anni lo impiegò in scorrerie e scaramucce da un capo all'altro della Penisola.

Nel 1390 scoppiò un'ennesima guerra coi Visconti. Per l'Acuto fu l'ultima, e anche la più sfortunata. L'esercito ducale, forte di ventiseimila uomini, ebbe ragione della Compagnia inglese, che ne contava appena settemila. Sebbene sconfitto, l'Acuto ebbe un aumento di stipendio dalla Signoria che concesse la cittadinanza fiorentina a tutti i suoi parenti.

Aveva ormai settant'anni, più di cinquanta ne aveva passati sui campi di battaglia, era stanco e sentiva il bisogno di un po' di pace. Aveva due figlie in età da marito e voleva accasarle: una la diede in sposa al Conte di Porcia, l'altra a un capitano di ventura tedesco. Poi gli venne la nostalgia dell'Inghilterra e del villaggio dov'era nato e pensò di tornare in patria. Non l'aveva mai dimenticata e quando ne sentiva parlare si commuoveva fino alle lacrime. Aveva conservato le abitudini del suo popolo e non aveva mai voluto imparare l'italiano.

Ogni cosa era ormai pronta per la partenza quando fu stroncato da un colpo apoplettico. Firenze gli tributò esequie solenni. Il Gonfaloniere, i Priori e i cittadini più ragguardevoli seguirono in gramaglie il funerale. Dopo una lunga processione per le vie della città, il corteo raggiunse Santa Maria del Fiore, dove fu celebrata una messa di requiem. Il feretro restò alcuni giorni esposto nel mezzo della navata centrale per essere poi inumato nel coro, di dove fu rimosso su richiesta del re Riccardo II, che fece traslare la salma in Inghilterra. Alcuni decenni più tardi, Paolo Uccello ritrasse su una parete del Duomo il condottiero a cavallo, immortalandone nei secoli la fama.

Quando l'Acuto morì, Francesco Bussone aveva quattro anni. Carmagnola, una piccola città a Sud di Torino, situata sulla riva destra del Po, gli aveva dato i natali nel 1394. Figlio di un pastore, forse avrebbe seguitato per tutta la vita a pascolare greggi se il capitano di ventura Facino Cane non l'avesse arruolato tra i suoi mercenari.

Era un ragazzo tarchiato e sveglio, dai lineamenti grossolani, con grandi occhi castani e due gote bianche e rosse. Il padre non aveva potuto mandarlo a scuola, né Francesco aveva sentito il bisogno di andarci. Aveva una sola passione: le armi. Quando per la prima volta brandì una spada, per poco non infilzò un cavaliere. Nella Compagnia di Facino si segnalò per l'eccezionale coraggio e il numero di nemici trafitti.

L'eco delle sue gesta giunse all'orecchio di Filippo Maria Visconti che s'accingeva a recuperare i territori andati perduti alla morte del padre Gian Galeazzo. Il Duca di Milano lo convocò a corte, l'assunse al proprio servizio e lo lanciò alla riconquista di fortezze, castelli e città. Francesco Bussone, che i suoi soldati ribattezzarono il Carmagnola, riportò tali vittorie che Filippo Maria lo nominò conte di Castelnuovo Scrivia e signore di Vespolate, gli assegnò le vaste terre circostanti e ne fece il suo confidente. Il condottiero piemontese diventò una specie di eminenza grigia, temuto e invidiato dagli intriganti e ambiziosi cortigiani del Duca, che lo consideravano un intruso. L'odio per il brillante ufficiale s'acuì quando fu annunciato il suo matrimonio con Antonia Visconti, figlia bastarda del duca Gian Galeazzo. Essa aveva sposato in prime nozze una guardia del corpo del padre, era ricca, giovane e bella. Le nozze furono celebrate con gran fasto nel Duomo. Gli sposi s'istallarono nel palazzo municipale dove, poco tempo dopo, il Carmagnola fu raggiunto dalla nomina a governatore civile di Genova. La promozione era in realtà una rimozione dal comando dell'esercito, di cui il condottiero non sapeva spiegarsi i motivi. Con una piccola scorta di uomini egli si recò al castello di Abbiategrasso dove si trovava il Duca e chiese di essere condotto al suo cospetto. Gli fu risposto che Filippo Maria non poteva riceverlo. Il Carmagnola, sdegnato, rimontò in sella, ma prima di partire scorse il Duca che lo spiava sogghignando da una feritoia della torre. Avrebbe voluto andare a Milano dove aveva lasciato moglie e figli, ma per strada seppe che il Visconti li aveva fatti arrestare. Non gli rimaneva che la fuga.

Dapprima offrì i propri servigi al duca di Savoia Amedeo VIII, che li rifiutò perché non voleva inimicarsi Filippo Maria. Allora si rivolse a Venezia, che contrastava a Milano la supremazia sull'Italia del Nord. Il doge Francesco Foscari e i Senatori l'accolsero con molti onori, gli affidarono il comando di tutte le forze di terraferma, lo rivestirono delle insegne di San Marco e gli affiancarono due commissari col compito di seguirlo e di proteggerlo, ma anche di spiarlo.

La guerra con Milano non tardò a scoppiare quando Firenze e la Serenissima si unirono in lega per rintuzzare le mire espansionistiche viscontee. Alla testa di un esercito di sedicimila cavalieri e di seimila fanti, il Carmagnola mosse alla conquista di Brescia che capitolò dopo una fiacca difesa. Tornato a Venezia, fu portato in trionfo sul Canal Grande. Ma quando il Doge gli comandò di ripartire per il fronte, Francesco chiese un rinvio. Alcuni mesi prima cadendo da cavallo aveva battuto malamente la schiena, che ora gli doleva tanto da impedirgli di montare in sella, e i medici gli avevano consigliato una cura termale. Dopo un paio di settimane di fanghi riprese stancamente le armi, ma subito dopo tornò a deporle. In aprile il Senato gli ordinò di marciare sulla Lombardia, ma egli rispose che nei prati l'erba non era abbastanza alta per sfamare i cavalli, e che quindi bisognava aspettare l'estate. A giugno, finalmente, levò le tende, ma a settembre le ripiantò. Stavolta il Doge perse la pazienza e minacciò di non pagare la cinquina alle truppe. Il Bussone dovette arrendersi e attaccare i Milanesi.

I due eserciti si scontrarono l'11 ottobre 1427 nella piana di Maclodio. Quello veneto riportò una vittoria strepitosa: diecimila ducali furono fatti prigionieri e tutte le loro armi vennero ammucchiate davanti alla tenda del Carmagnola, nelle cui mani cadde anche la bandiera viscontea, che fu deposta ai piedi di quella della Serenissima. In una brutta tragedia il Manzoni ha descritto questa battaglia che segnò l'apice della fortuna militare del Carmagnola e l'inizio della sua rovina, esaltando la generosità del condottiero, che la sera stessa della vittoria liberò i prigionieri. In realtà li liberò secondo alcuni perché non sapeva dove metterli, secondo altri per ingraziarsi Filippo Maria.

A Venezia la sconfitta viscontea fu accolta con tripudio. Il Gran Consiglio donò al Carmagnola un bellissimo palazzo sul Canal Grande e gli offrì per altri due anni il comando supremo dell'esercito. Dapprincipio il Bussone nicchiò, ma poi finì per accettare. Aveva da poco compiuto trentasette anni, e a parte la schiena ammaccata era nel pieno del suo vigore fisico. Ma qualcosa in lui era cambiato. Era diventato taciturno, evitava gli amici, si faceva vedere di rado in giro, non frequentava donne e non partecipava ai sontuosi balli in Palazzo Ducale. Passava lunghe ore a leggere i messaggi che Filippo Maria da un po' di tempo gli inviava dandogli notizie della moglie e dei figli e promettendogli di reintegrarlo nei suoi domini milanesi. Il Carmagnola consegnava quelle lettere al Senato, alimentando i sospetti che, dopo Maclodio, s'erano venuti appuntando su di lui. Perché manteneva rapporti epistolari col nemico?

La risposta i Veneziani la videro, o almeno credettero di vederla, nelle successive campagne contro Milano, risoltesi per loro in rotte clamorose. Nel marzo 1432, il Doge riunì il Consiglio dei Dieci per giudicare lo sconcertante comportamento del Carmagnola, che in quel momento si trovava a Brescia. Fu deciso di richiamarlo a Venezia con un pretesto. Di nulla sospettando, il condottiero si presentò. Giunto a Venezia fu accolto con molti onori da una delegazione di nobili che lo scortarono fino al Palazzo Ducale. Ma appena varcata la soglia le guardie lo sospinsero nei sotterranei dove si trovavano le prigioni, e lo gettarono in una lurida cella dal soffitto basso, lunga poco più di un metro, dove non poteva né distendersi né stare in piedi. Per tre giorni non volle mangiare. Il quarto fu condotto in camera di tortura, denudato, appeso per i polsi al soffitto e ustionato con un ferro rovente. Alla fine «confessò» e fu condannato a morte per alto tradimento.

Francesco Bussone salì sul palco dell'esecuzione con passo incerto, le mani legate dietro la schiena e con una sbarra di ferro in bocca a mo' di morso. Era pallido, scarmigliato e aveva il corpo cosparso di croste e lividi. Lo seguiva l'inseparabile cane bracco che gli aveva tenuto compagnia anche in carcere. La piazza traboccava di folla muta e attonita, mentre un coro di preti cantava inni funebri. A un dato segnale il carnefice fece inginocchiare il Carmagnola e gli sistemò il capo sul ceppo. Poi levò la mannaia e per ben tre volte la lasciò cadere sul collo del Bussone. Finalmente, recisa dal tronco, la testa rotolò in un fiotto di sangue. Il cane guaiolando le si avvicinò e cominciò a leccarla. La sera stessa i resti del Carmagnola furono ricomposti in una rozza bara e consegnati alla moglie.

Il Machiavelli, nel *Principe*, gli dedicò questo epitaffio: «I Viniziani, vedutolo virtuosissimo, battuto che loro ebbono sotto il suo governo el Duca di Milano, e conoscendo dall'altra parte come egli era raffreddo nella guerra, iudicorono non potere con lui più vincere perché non voleva, né potere licenziarlo per non riperdere ciò che aveano acquistato: onde che furono necessitati per assicurarsene ammazzarlo».

A quanto pare il Machiavelli trovava dunque del tutto logico, anzi inevitabile, che il Carmagnola finisse a quel modo, sebbene egli lo giudicasse innocente e perfino «virtuosissimo». Da buon italiano del Rinascimento, egli considerava pienamente legittimo il delitto commesso per «ragion di Stato».

Ma se il giudizio morale nel nostro Paese era sceso così in basso, la colpa era anche del mercenarismo. Esentandoli dal servizio militare, le compagnie di ventura non soltanto avevano reso imbelli gl'Italiani, ma avevano anche distrutto in loro il senso di quei valori che solo gli eserciti nazionali tengono vivo. La mancanza d'ideali, l'ambizione di potere, la cupidigia di denaro, la disponibilità al doppio giuoco e al tradimento di un Acuto e di un Bussone non facevano scandalo agli occhi di un popolo che più non sapeva, che anzi non aveva mai saputo cosa fossero patria, onore, lealtà, per il semplice motivo che gli era mancata la palestra in cui tenere in allenamento queste virtù: l'esercito.

L'Italia è il paradiso dei «condottieri» perché non ha «soldati». Ma un Paese senza soldati è anche un Paese senza «cittadini».

PARTE QUARTA

I NUOVI MONDI

CAPITOLO VENTISEIESIMO

LA CADUTA DI COSTANTINOPOLI

Alla fine di maggio del 1453, una notizia folgorò l'Europa cristiana: Costantinopoli era caduta sotto le vigorose spallate degli eserciti turchi di Maometto II il Conquistatore. Ma l'avvenimento colpì soprattutto le fantasie per la sua drammaticità. Nessuno ne colse le decisive e catastrofiche implicazioni politiche, nemmeno gli Italiani che pure erano quelli destinati a pagarle a più caro prezzo. Solo gli ambasciatori veneti ne diedero, nei loro rapporti, una lucida premonizione.

Come quello d'Occidente, l'Impero Romano d'Oriente aveva ampiamente meritato la sua sorte. Da due secoli si sopravviveva intento solo a godere le delizie di uno splendido tramonto. Esso era incominciato con l'invasione crociata di Costantinopoli nel 1204 che, dopo aver sbalzato dal trono il *basileus* Isacco Angelo, aveva smembrato il Paese riducendolo a una galassia di staterelli indipendenti, in lotta perpetua tra loro: gli imperuncoli di Trebisonda e di Nicea, il despotato di Epiro, i principati di Filadelfia e di Rodi, l'Impero di Costantinopoli, il regno di Tessalonica, il ducato d'Atene, il principato d'Acacia, oltre al pulviscolo di signorie veneziane disseminate lungo l'arcipelago.

Nel 1261, dopo cinquantasette anni di caos, la potente famiglia dei Paleologi aveva restaurato la monarchia. Ma la lunga vacanza imperiale aveva ormai provocato guasti insanabili. L'economia era in pieno sfacelo. L'agricoltura, che ne costituiva l'architrave, non aveva saputo adeguarsi a quello che oggi si chiamerebbe lo «sviluppo tecnologico». Legata a sistemi di coltivazione arcaici e improduttivi, irretita nel latifondo, aveva dato vita a una specie di sottoproletariato rurale, riottoso, iniettato di odio di classe, facile esca di demagogiche «istanze» egalitarie. Gli agrari, dal canto loro, ostili a ogni riforma che mettesse in discussione i loro privilegi feudali, erano fermamente decisi a mantenere lo *status quo*.

Una minaccia non meno grave era costituita dalle continue scorrerie dei popoli confinanti con l'Impero: gli Ottomani, i Serbi, i Bulgari, quand'erano a corto di viveri, e lo erano regolarmente alla vigilia dei raccolti, irrompevano con voracità di locuste nelle province bizantine e facevano razzia di messi e di bestiame. Lo stesso ùzzolo di saccheggio animava gli eserciti imperiali nei loro spostamenti da un capo all'altro del Paese, e non solo in tempo di guerra. Il *Basileus* assisteva impotente a queste devastazioni, limitandosi a minacciare sanzioni che non venivano mai applicate.

In condizioni non meno precarie versava il commercio, che aveva fatto la fortuna dell'Impero e per secoli aveva dominato incontrastato nel Levante. L'espansione a macchia d'olio dell'Islam nel bacino del Mediterraneo aveva inferto sin dal nono secolo un duro colpo ai traffici marittimi greci, ma la potente flotta mercantile bizantina, modernizzando le proprie attrezzature, s'era adeguata alla realtà nuova e aveva, in meno di un secolo, riconquistato l'antico primato. Il vero declino cominciò con le Crociate, sulla cui onda Veneziani, Genovesi e Pisani consolidarono le loro colonie commerciali, spuntate come funghi sulle coste greche, dopo il Mille. Come abbiamo visto nell'*Italia dei Comuni*, esse godevano di franchigie, esenzioni fiscali e innumerevoli altri privilegi che ne facevano Stati nello Stato, con propri quartieri, tribunali e chiese. I «Balivi», che le governavano in nome della madrepatria, non esitavano, quando venivano in conflitto con l'Imperatore, a fomentare contro di lui sommosse e talvolta addirittura a capeggiarle. Il *Basileus*, temendo le rappresaglie delle Repubbliche marinare, non osava reprimere i tumulti, che spesso ne generavano altri tra la popolazione greca, violentemente xenofoba.

L'agricoltura esausta e il commercio divenuto monopolio di mercanti stranieri non tardarono a provocare il collasso finanziario dell'Impero, i cui principali cespiti erano appunto le imposte fondiarie e quelle doganali. I grandi proprietari terrieri, che dovevano pagare le prime, non avevano difficoltà a corrompere gli agenti fiscali incaricati di riscuoterle; i Veneziani, i Genovesi e in misura minore gli Spagnoli e i Francesi erano esentati dalle seconde, o almeno da quelle più gravose.

Per far quadrare i bilanci, i Paleologi ridussero le spese militari e ridimensionarono l'esercito, senza rendersi conto che in tal modo avviavano il Paese al suicidio. Sguarnendo le frontiere essi diedero baldanza a quelle popolazioni slave e turche, affamate di terre e smaniose di facili conquiste, che s'ammassavano minacciose ai confini dell'Impero, pronte a varcarli non appena un qualunque capotribù ne avesse dato il segnale. A ogni battaglia perduta facevano eco nei favolosi saloni del palazzo reale di Costantinopoli banchetti sontuosi e feste da mille e una notte. Per finanziarli, il *Basileus* attingeva a piene mani nelle casse dello Stato, prosciugandole. Il treno di vita della Corte era splendido, come ai tempi d'oro di Giustiniano e Teodora. Inflazione e ricevimenti si susseguivano allo stesso incalzante ritmo. Nuovi edifici sorgevano ogni giorno nel recinto imperiale. Quelli vecchi venivano ridipinti e abbelliti. Il Palazzo Sacro era una fantasmagoria di ori, mosaici, arazzi, drappi di damasco, tappeti trapunti di gemme. L'Imperatore e l'Imperatrice indossavano vesti sfarzose dagli ampi panneggi, tempestate di pietre preziose. Lo stesso sfarzo ostentavano dignitari e cortigiani.

Un cronista riferisce che nel 1347, in occasione del matrimonio di Giovanni Paleologo, i cibi del banchetto nuziale furono serviti su piatti di terracotta e di stagno e che i diademi degli sposi erano incrostati di pietre vili e di cocci di bottiglia. Ma questa testimonianza non concorda con quelle che ci hanno lasciato la maggior parte degli storici dell'epoca, unanimi nel denunciare lo sfoggio di pompa dell'Imperatore e della sua Corte.

Quale spettacolo offrisse invece il resto della città alla vigilia della caduta ce lo dice il diplomatico spagnolo Ruy González de Clavijo: «La Capitale rigurgita di edifici fatiscenti, di chiese e monasteri in stato di completo abbandono». Questa descrizione richiama alla memoria l'immagine di Roma ai tempi dei Goti e dei Longobardi, con le strade trasformate in fogne, le piazze adibite a pascoli, le chiese convertite in bivacchi. La periferia di Bisanzio era ridotta a una fetida *bidonville*, infestata dai topi e dai pidocchi, popolata di sciuscià e di barboni. Le carestie e le pestilenze decimavano a turno la popolazione, scesa a poco più di centomila anime.

La società era in pieno disfacimento. Solo la filosofia e le arti non avevano perduto tutto il loro smalto. Per mancanza di studenti alcune scuole avevano chiuso i battenti, ma la maggior parte funzionavano regolarmente, anche se i frequentatori si facevano sempre più rari. Dotti filosofi tenevano dotte lezioni su Platone e Aristotele, prendendo animosamente partito a favore dell'uno o dell'altro. Il *basileus* Giovanni VI Cantacuzene, migliore come studioso che come sovrano, sosteneva la superiorità di Aristotele su Platone.

Anche l'arte, sullo sfondo del generale decadimento, ebbe un estremo guizzo di vita. I temi e i motivi ai quali essa s'ispirava erano ancora quelli religiosi – il Vecchio e il Nuovo Testamento, le vite dei Santi – e il tono quello edificante e agiografico, ma un soffio di naturalismo aveva cominciato a pervaderla e a renderla meno uggiosa. Accanto a scene della Passione e a leggende miracolose, gli artisti bizantini ritraevano bozzetti di vita quotidiana in grandiosi e policromi affreschi. Ma tutto questo non bastava a far da scudo contro la spada dell'Islam, brandita dai bellicosi Turchi ottomani.

Erano costoro una popolazione originaria dell'Asia centrale, da cui erano refluiti verso Sud. Dopo lunghe ed estenuanti marce attraverso monti e pianure, s'erano accampati sugli altipiani dell'Anatolia. Vivevano in tende e in rozze capanne di paglia. La pastorizia era la loro principale fonte di sostentamento, possedevano rudimentali cognizioni d'agricoltura ed erano cavalieri formidabili. Quando s'acquartierarono nell'Asia Minore erano pagani. Invano i missionari bizantini cercarono di convertirli al Cristianesimo. Furono invece i califfi arabi, quando arrivarono da quelle parti nella loro folgorante diaspora, che li convertirono all'Islam: un credo molto più congeniale al loro temperamento anche perché lo si praticava con la scimitarra.

Nella seconda metà del quattordicesimo secolo, il loro sultano Orkhan chiese e ottenne la mano di una principessa greca. Intorno al 1350, suo figlio Solimano, in seguito a una contesa scoppiata tra i Paleologi e l'Imperatore in carica, Cantacuzene, fu da quest'ultimo arruolato con il suo esercito contro la dinastia rivale. Da allora, i Turchi non cessarono di profittare delle continue lotte fratricide che insanguinarono, fino al crollo finale, il trono di Bisanzio, e cominciarono a prendersi degli anticipi sull'eredità annettendosi una dopo l'altra le province balcaniche dell'Impero.

Il protagonista di questo prodigioso moto d'espansione a Nord-Ovest fu il sultano Murad, il vero fondatore dell'Impero ottomano, uno dei più intrepidi condottieri del suo tempo. In lui le virtù guerriere s'allearono a eccezionali doti politiche e diplomatiche. Divise i sudditi in cittadini di prima e di seconda categoria: alla prima assegnò i Turchi e tutti coloro che si convertivano all'Islam, alla seconda i Cristiani, che seguitavano a vivere secondo i loro costumi e le loro leggi, limitandosi a pagare al sultano speciali tasse. Se in tempo di guerra una città opponeva resistenza i suoi abitanti venivano fatti schiavi e, se donne, diventavano concubine. Poiché la condizione di schiavo, di concubina e di cittadino di seconda categoria presentava molti inconvenienti e soprattutto impediva di far carriera, le conversioni erano numerose.

Fu grazie alla politica religiosa di Murad che l'Impero ottomano, nel suo eterogeneo e pittoresco cosmopolitismo, trovò coesione e unità. Questo spregiudicato e lungimirante monarca legò il suo nome anche all'istituzione dei famosi «giannizzeri», specie di guardia pretoriana, i cui componenti venivano reclutati in tenera età, allevati secondo una rigida disciplina militare nell'assoluta lealtà verso il sovrano e addestrati nell'uso di tutte le armi. Godevano di speciali privilegi e ricevevano uno speciale soldo, molto superiore a quello che veniva corrisposto alle comuni milizie di carriera. Essi furono il primo corpo organizzato dell'esercito turco, che fino al principio del Trecento era stato poco più di un'orda.

Quando nel 1451 diventò sultano Maometto II, quello ottomano era già un Impero prospero, potente e temuto. Dominava buona parte della penisola balcanica e una grossa fetta dell'Asia Minore. Solo Costantinopoli era rimasta indipendente, ma come può esserlo un castello assediato. Sulla carta era ancora la Capitale di un Impero, ma i suoi confini ormai coincidevano col perimetro delle sue mura.

Alla vigilia di Pasqua del 1453, i suoi abitanti furono messi in allarme dall'annunzio che un'armata turca di centoquarantamila uomini, in pieno assetto di guerra, stava marciando alla volta della città. Alcuni fuggirono e ripararono nelle campagne circostanti temendo che un assedio e una lunga carestia li facesse perire, ma i più si accinsero alla difesa. Il 2 aprile apparve minacciosa all'orizzonte l'avanguardia nemica. L'imperatore Costantino XI Paleologo ordinò la sortita di uno squadrone di cavalieri i quali, dopo aver seminato un po' di panico tra le file nemiche, vedendo approssimarsi il grosso dell'esercito, batterono precipitosamente in ritirata. Tutti i ponti levatoi furono alzati, sigillate le porte di accesso alla Capitale. E per impedire che la flotta turca gettasse le ancore nella baia del Corno d'Oro, la bocca del porto fu sbarrata con una trincea di tronchi galleggianti, tenuti insieme da pesanti catene di ferro.

Il 5 aprile, il sultano s'attendò con il suo variopinto seguito in campo aperto a circa un miglio e mezzo dalla Capitale, ma il giorno successivo spostò avanti l'accampamento di alcune centinaia di metri. Costantino rivolse un appello a tutti gli stranieri residenti a Bisanzio affinché concorressero alla difesa della città. I mercanti veneziani e genovesi, al comando dei loro rispettivi Balivi, impugnarono le armi e si attestarono a difesa delle posizioni loro assegnate. Anche i monaci furono mobilitati e scaglionati lungo le mura come ufficiali di collegamento. I preti furono invitati a tenersi pronti a confessare i vivi e a recare il viatico ai moribondi.

Il comandante della piazza fece puntare i cannoni in direzione del campo nemico, ma alla prima bordata dovette rimuoverli perché i contraccolpi avevano aperto profonde crepe nei muri delle torri sulle quali erano stati issati. Al riparo così dall'artiglieria bizantina, i Turchi avanzarono di qualche altro centinaio di metri. Il sultano spostò per la terza volta la sua tenda rosso-oro e offrì ai Greci una tregua che fu sdegnosamente respinta. Allora ordinò ai cannonieri di bombardare le mura le quali in più punti subirono gravi brecce, che gli assediati s'affrettarono a tamponare alla bell'e meglio. Le artiglierie ottomane crepitarono per sei settimane. Quando cessavano il fuoco, gli arieti, le testuggini e altre pesanti macchine da guerra venivano spinte a ridosso delle mura, mentre i difensori precipitavano dall'alto macigni, pece e olio bollente.

Il 28 maggio Maometto II ordinò ai trombettieri, ai tamburini e ai pifferai di dare il segnale dell'assalto. Le campane di tutte le chiese di Costantinopoli suonarono a distesa seminando il panico fra il popolino che abbandonò le proprie case per cercare rifugio tra le navate di Santa Sofia o sul suo sagrato. Per l'occasione furono riesumate tutte le reliquie e impetrata l'intercessione dei Santi e dei martiri più in voga. Qualcuno si ricordò di un'antica profezia secondo la quale un angelo, munito di una lunga spada, avrebbe ricacciato gli infedeli e liberato la città.

Ma la profezia non si avverò. Dopo una resistenza disperata, Bisanzio fu espugnata da un battaglione di giannizzeri che dilagarono nelle sue strade con l'impeto e il fragore di un torrente. Costantino, vistosi perduto, si spogliò delle insegne imperiali e, lancia in resta, si avventò con alcuni compagni contro i Turchi. I cronisti contemporanei non ci dicono se uscì vivo dalla mischia. Probabilmente vi perì, suggellando con un gesto nobile e prode la liquidazione di una dinastia che in due secoli non ne aveva compiuto nessuno.

Maometto varcò le mura di Costantinopoli alcune ore dopo che il suo esercito l'aveva conquistata per consentire alla soldataglia di sfogare il suo ùzzolo di saccheggio. Al suo ingresso i massacri e le rapine cessarono, anche perché da uccidere e da svaligiare c'era rimasto ben poco. Le strade e le piazze della città erano lastricate di cadaveri, molti dei quali orrendamente mutilati. Anche i monasteri erano stati presi d'assalto e i loro inquilini, senza distinzione di sesso, violentati e poi scannati. Alcune monache, per non cadere nelle mani dei vincitori, si erano affogate gettandosi nei pozzi dei conventi, altre si erano sfracellate dalle finestre, altre ancora si erano avvelenate. Dopo aver profanato i luoghi sacri, gli Ottomani avevano invaso le biblioteche, depredando l'immenso e inestimabile patrimonio di codici e manoscritti che esse custodivano. Decine di migliaia di volumi furono dati alle fiamme o gettati in mare.

Quando finalmente, dopo tre giorni, tornò la calma, il sultano diede ordine di convertire in moschee un certo numero di chiese. Gli Ulema s'arrampicarono sui pulpiti e annunciarono che Allah era il vero dio e Maometto il suo profeta. Quindi, il sultano convocò i suoi Generali e al loro cospetto procedette alla spartizione del bottino, di cui s'aggiudicò una parte cospicua. Esso consisteva non solo in armi, trofei, gioielli, argenteria e altri oggetti preziosi, ma comprendeva anche i membri superstiti della famiglia imperiale e un certo numero di ufficiali, dignitari e dame di corte, scampati alla carneficina. Maometto concesse magnanimamente la libertà alle donne meno avvenenti e assegnò al proprio serraglio le altre.

Quindi s'accinse a rimettere un po' d'ordine in città. Nominò un nuovo Patriarca nella persona del teologo Gennadio, al quale affidò i Cristiani di Bisanzio, su cui egli doveva vigilare come suo rappresentante. Ai primi di gennaio 1454, Gennadio ricevette dalle mani di Maometto le insegne dell'alto ufficio: la lunga veste, il bastone e la croce pettorale. Dopo la cerimonia, il Patriarca salì su un cavallo bianco, dono del sultano, e s'avviò verso la chiesa dei Santi Apostoli, dove fu incoronato dal Metropolita di Eraclea. Infine guidò una lunga processione per le vie della città.

Col titolo di Patriarca, Gennadio ottenne da Maometto numerosi privilegi: l'inviolabilità personale, l'esenzione fiscale, l'inamovibilità e il diritto di trasmettere queste prerogative ai successori. Inoltre, riuscì a strappare ampie concessioni in materia giudiziaria, assicurando alla Chiesa ortodossa il diritto non solo di giudicare le controversie religiose, ma anche le cause concernenti il matrimonio, il divorzio e la tutela dei minori.

All'assetto religioso seguì quello economico di Costantinopoli, che Maometto elesse a capitale dell'Impero ottomano al posto di Adrianopoli. Invitò i commercianti greci a ripristinare i loro traffici e gli artigiani a riaprire le loro botteghe, lanciò un appello agli Armeni, agli Ebrei e ai Turchi residenti in altre parti dell'Impero affinché emigrassero a Bisanzio, reclutò una schiera di valenti architetti e affidò loro la ricostruzione della città e l'erezione di un palazzo reale in pieno centro, dove s'installò con la

Corte e un dovizioso harem. In pochi anni la città resuscitò, quadruplicò la sua popolazione, e riacquistò il rango e il tono di Capitale.

Quando Costantinopoli cadde, i contemporanei non si resero conto che la storia d'Europa avrebbe preso, dopo quell'evento, un nuovo corso. Con Bisanzio non era infatti crollata solo una Capitale, che non aveva fatto nulla per restare tale. Era caduto l'ultimo bastione romano, e quindi occidentale, nella penisola balcanica e nell'Asia Minore, perché la Costantinopoli dei Paleologi non era solo l'erede di Giustiniano, ma anche dei Cesari.

La grande sconfitta fu però la Chiesa cristiana che si vide definitivamente soppiantata da quella fede musulmana che per secoli aveva combattuto, e con le Crociate aveva cercato d'estirpare. La spada dell'Islam aveva compiuto la vendetta affondando la sua lama fin sulla soglia della cristianissima Ungheria.

Ma quella ottomana fu una rivincita non solo religiosa, ma anche economica. A farne le spese furono soprattutto le Repubbliche marinare di Venezia e di Genova che dal Mille in poi avevano spadroneggiato nell'Adriatico e nell'Egeo monopolizzando i commerci, arricchendosi smisuratamente, facendo e disfacendo alleanze e lacerando con la loro sete di guadagno e le loro sanguinose beghe il debole e corrotto Impero d'Oriente.

Non tutti i valori della grande civiltà bizantina andarono tuttavia perduti per l'Occidente. La resa di Costantinopoli provocò l'esodo in Francia e in Italia di uno stuolo di filosofi, letterati, artisti greci che fecero conoscere all'Ovest i tesori del pensiero e della cultura della madrepatria. Furono costoro a spargere nel nostro Paese i semi di quella rinascita umanistica che contrassegnò i «secoli d'oro».

CAPITOLO VENTISETTESIMO

LA SCOPERTA DELL'AMERICA

La caduta di Costantinopoli chiuse all'Europa le vie del Mediterraneo orientale, e la obbligò a volgere gli occhi a Ovest.

Nella fantasia popolare, l'Ovest era la sconfinata distesa d'acqua al di là dello stretto di Gibilterra, le cosiddette «colonne d'Ercole», che segnavano il limite del mondo conosciuto. Chi le varcava non faceva più ritorno, inghiottito dai flutti di un mare inaccessibile. Cosa nascondevano i suoi abissi? Fin dove s'estendevano le sue propaggini? A questi inquietanti interrogativi erano state date le risposte più bizzarre e fantastiche. Per molti secoli, filosofi, teologi e scienziati avevano sostenuto, pur senza darne una plausibile motivazione, che l'Oceano, come nell'antichità era stato battezzato l'Atlantico, non era navigabile. Ma nel 986, i Normanni avevano osato affrontarlo spingendosi fin sulle coste della Groenlandia. Nel 1000, ripetendo l'impresa, avevano scoperto un nuovo continente: ma, trovatolo deserto, avevano volto nuovamente le prue verso i loro fiordi di partenza.

Queste gesta, tramandate nelle saghe nordiche, in Europa non trovavano molto credito. Ma accesero la fantasia di un giovane marinaio genovese, che nei suoi viaggi aveva sfiorato le coste della Scandinavia, donde cinquecento anni prima i vascelli normanni avevano preso l'avvio.

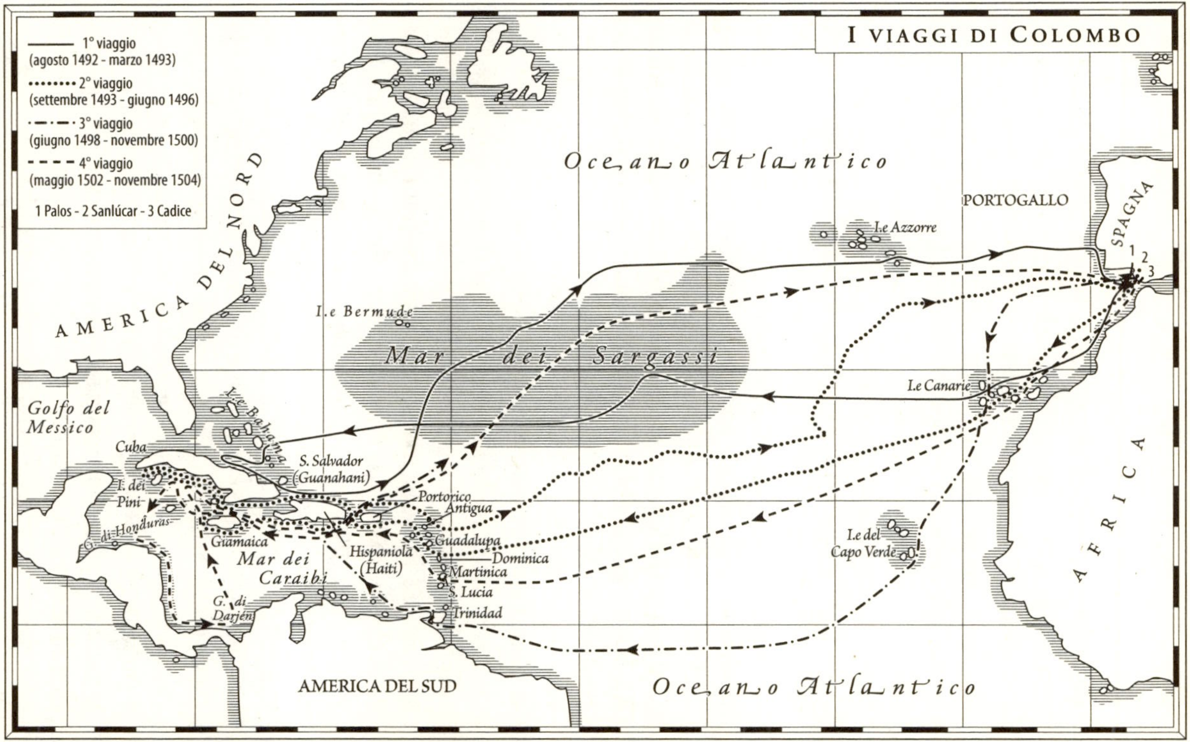
I viaggi di Colombo
1° viaggio
(agosto 1492 - marzo 1493)
2° viaggio
(settembre 1493 - giugno 1496)
3° viaggio
(giugno 1498 - novembre 1500)
4° viaggio
(maggio 1502 - novembre 1504)
1 Palos - 2 Sanlúcar - 3 Cadice
AMERICA DEL NORD
Oceano Atlantico
PORTOGALLO
SPAGNA
1
2
3
I.e Azzorre
I.e Bermude
Mar dei Sargassi
I.e Canarie
AFRICA
Golfo del Messico
I.e Bahama
Cuba
S. Salvador
(Guanahani)
I. dei Pini
G. di Honduras
Portorico
Antigua
Guadalupa
Dominica
Martinica
S. Lucia
Trinidad
Giamaica
Hispaniola
(Haiti)
Mar dei Caraibi
G. di Darjén
I.e del Capo Verde
AMERICA DEL SUD
Oceano Atlantico

Cristoforo Colombo era nato a Genova nel 1451 da una povera famiglia di tessitori ebrei emigrati dalla Spagna in Liguria e convertiti. Quand'era bambino, il padre, per sfuggire ai creditori, aveva dovuto trasferirsi a Savona, dove aveva trovato lavoro come oste. Le precarie finanze gli avevano impedito di mandare a scuola i figli che, giunti alle soglie della pubertà, s'imbarcarono come mozzi su un vecchio mercantile.

Nel 1471 Colombo fu promosso capitano. Cinque anni dopo, il suo vascello, veleggiando verso Lisbona, fu assalito dai pirati e affondato. Cristoforo si salvò per miracolo nuotando per sei ore aggrappato a una tavola di legno. Nel 1477 visitò la Scandinavia, e fu in quell'occasione che sentì parlare delle imprese transoceaniche dei Vichinghi. Egli non pensava che costoro avessero scoperto un nuovo continente. Credeva che avessero trovato la via occidentale verso l'India e la Cina, cioè il modo di eludere lo sbarramento ottomano di Costantinopoli.

Navigando, nelle lunghe pause d'ozio, aveva letto l'*Imago mundi* di Pierre d'Ailly, l'*Historia rerum ubique gestarum* di Pio II, la traduzione italiana dell'*Historia naturalis* di Plinio e il *Milione* di Marco Polo, le cui favolose descrizioni della Cina e del Giappone avevano infiammato la sua vivida immaginazione. Marco Polo fissava a cinquemila miglia a Ovest di Lisbona la più vicina isola del continente asiatico. La stessa distanza – secondo il medico fiorentino Paolo Toscanelli – si doveva percorrere per raggiungere dalle coste portoghesi, e per la via più breve, l'India. I biografi di Colombo riferiscono che furono queste valutazioni a far nascere nel navigatore genovese l'idea di sfidare l'Oceano.

Cristoforo, che dopo il naufragio si era accasato a Lisbona, scrisse al Re del Portogallo chiedendogli tre caravelle e sottolineando i vantaggi che sarebbero derivati alla Fede cristiana dalla conversione degl'indigeni dell'Asia. Il bigotto sovrano sottopose la richiesta a una commissione di geografi i quali la giudicarono inaccettabile perché – secondo loro – la distanza tra il Portogallo e l'estremo lembo orientale dell'Asia, che nessuno a quei tempi sospettava fosse divisa dall'Europa da un altro continente, era molto superiore a quella indicata da Colombo. Il capitano si rivolse allora a Genova e a Venezia, ma le due Repubbliche marinare italiane gli negarono ogni aiuto. Bussò alla porta dei sovrani di Spagna, Ferdinando e Isabella, i quali nominarono una commissione di esperti, che ribadì le obiezioni sollevate dai geografi portoghesi. Deluso, ma non scoraggiato, pensò di recarsi in Francia, alla corte di Carlo VIII. Ma un amico, l'abate Perez, riuscì a dissuaderlo fissandogli un'udienza con Isabella. Anche il ministro Luis de Santander, un Ebreo battezzato, intercesse presso la Regina affinché accordasse la sua protezione all'impresa, che egli stesso s'impegnava a finanziare qualora i sovrani si fossero rifiutati di sovvenzionarla col pubblico denaro. Finalmente, Isabella e Ferdinando si decisero a dare il loro consenso.

In pochi giorni furono raccolti due milioni di maravedì e allestite tre caravelle: la Pinta, la Niña e la Santa Maria. Quest'ultima era la nave ammiraglia, stazzava duecentotrentatré tonnellate ed era lunga circa trentacinque metri. Tutt'e tre erano dotate di bombarde caricate a palle di granito e di spingarde, piccole artiglierie che sparavano proiettili di piombo, e sui pennoni issavano una croce. Le stive erano state colmate di vino, acqua e generi alimentari perché ogni marinaio aveva diritto a una dose quotidiana di trecentocinquanta grammi di biscotto, duecentottanta di carne o pesce e due litri di vino. Inoltre, erano stati imbarcati alcuni quintali di ortaggi, cipolle, formaggi e numerose casse di perle di vetro, specchi, berretti variopinti, spilli e aghi da distribuire agli abitanti del Catai e del Cipango, come allora erano chiamati la Cina e il Giappone.

L'Ammiraglio, istallatosi sulla Santa Maria, affidò il comando della Pinta a Martín Alonso Pinzón e quello della Niña a Vicente Yáñez Pinzón, uno dei più grandi navigatori spagnoli del tempo; e il 3 agosto 1492 la piccola flotta, salutata dagli abitanti in festa, salpò dal porto di Palos. Dopo alcuni giorni di navigazione, la Pinta subì un'avaria e dovette essere rimorchiata fino alle isole Canarie, dove Colombo fece gettare le ancore e riparare l'imbarcazione. Solo dopo un mese, a causa della bonaccia e dei venti contrari, le tre navi poterono riprendere il mare puntando diritte verso ponente, cioè verso l'Ignoto.

Al tramonto, l'equipaggio s'ammassava sul ponte a recitare l'Ave Maria e a cantare le lente nenie castigliane e andaluse. Col passare dei giorni, mano a mano che le caravelle s'inoltravano nell'Oceano, gli animi dei naviganti si facevano agitati e dubbiosi. Ogni tanto qualcuno, colto dallo sconforto, si gettava in ginocchio, levava le mani al cielo e invocava la terra, oppure, in preda a un miraggio, la puntava col dito all'orizzonte. Ma quando la visione svaniva, ripiombava in un cupo sgomento. Erano quelli momenti di terribile angoscia per l'Ammiraglio.

Una sera, alcuni marinai gli dissero che volevano tornare indietro. «Perdete il vostro tempo» rispose Colombo «perché io sono partito per il Catai e continuerò a navigare finché, con l'aiuto di Dio, non lo avrò raggiunto.» Non riuscendo con le buone a convincerlo a mutar rotta, l'equipaggio minacciò di ammutinarsi. Il complotto venne scoperto, e Pinzón consigliò Colombo di impiccare i ribelli. «Se non lo fate voi» avvertì «lo faccio io.» Solo allora i marinai della Santa Maria tornarono all'obbedienza.

L'11 ottobre, l'equipaggio della Pinta pescò una canna, un bastone intagliato, una tavoletta di legno e un ciuffo d'erba. I marinai intonarono un *Te Deum* e l'Ammiraglio ordinò alla vedetta notturna di tenere gli occhi bene aperti, perché l'approdo sarebbe stato imminente. Alle due, un colpo di cannone sparato da bordo della Pinta destò gli equipaggi delle tre navi. Un certo Rodrigo de Triana aveva avvistato la terra, guadagnandosi i mille maravedì che re Ferdinando aveva promesso a chi per primo avesse scorto l'Asia.

All'alba, le caravelle gettarono le ancore al largo di un'isola boscosa e lussureggiante, orlata di una lunga spiaggia dalla sabbia sottilissima, popolata da uccelli esotici e da uomini nudi. Colombo fece calare in acqua una lancia e in compagnia del Pinzón, del notaio e dell'ispettore della flotta, raggiunse la costa. Con la destra impugnava lo stendardo reale, mentre gli altri due capitani sventolavano una bandiera con la croce. Tutti erano avvolti in vesti sontuose, ricamate d'oro e d'argento, e indossavano cappelli con ricchi pennacchi.

Appena toccò terra, l'Ammiraglio dichiarò che prendeva possesso dell'isola in nome di Ferdinando e Isabella. Quindi aprì una borsa e distribuì il contenuto – perle di vetro, sonagli, berretti rossi e altre cianfrusaglie – agli indigeni che si erano fatti intorno agli spagnoli e mostravano una grande curiosità per i loro abiti e le luccicanti spade che cingevano ai fianchi.

Colombo chiamò quella terra Guanahani. Era sicuro che essa si trovava in Asia, non lontano dalla città del

Gran Khan. Per un paio di settimane vagò per le isole che facevano corona a Guanahani, battezzandole con nomi spagnoli di Principi e di Santi: Santa Maria de la Concepción, Fernandina, Isabela. Annotava nel diario ogni cosa che vedeva. Ciò che più l'aveva colpito, oltre alla bellezza del luogo e al tepore del clima, era stata la docilità degli indigeni. «Devono essere buoni servi» scrisse due giorni dopo lo sbarco. «Se i sovrani lo desiderano possono farli venire in Castiglia o chiuderli prigionieri nell'isola, perché con cinquanta uomini armati li tengono tutti in loro dominio.» Come esempio di carità cristiana non c'era male.

L'Ammiraglio ordinò di arrestare un certo numero di selvaggi, specialmente donne, e di battezzarli. Poi fece rizzare all'imboccatura del porto una grande croce, che fosse visibile a molti chilometri di distanza. Alcuni giorni dopo, tornò a scrivere nel suo diario: «Io dico che la Cristianità farà buoni affari con questi popoli, soprattutto la Spagna, alla quale tutti devono essere soggetti. E dico che le Altezze Vostre non dovranno permettere ad alcun forestiero di praticare o metter piede qui eccetto i Cristiani cattolici, perché questo fu il principio e la fine dell'impresa, che producesse l'accrescimento e la gloria della religione cristiana, né deve venire qui alcuno che non sia un buon Cristiano».

L'Ammiraglio continuò a esplorare l'arcipelago e il 28 ottobre sbarcò a Cuba. Uno stuolo di indigeni circondò gli Spagnoli e quando costoro, come sempre facevano quando prendevano possesso di un nuovo territorio, intonarono l'Ave Maria, s'unirono al coro e alcuni provarono anche a fare il segno della croce suscitando l'ilarità di Colombo e dei suoi compagni. Quando il capotribù, alludendo all'isola, pronunciò il nome di Cubanacam, che significa «Cuba dell'interno», Colombo, che aveva capito «El Gran Khan», esultò credendo di essere giunto finalmente nel Paese del Signore della Cina. Spedì subito due ambasciatori alla ricerca di quel fantomatico sovrano, e dopo alcuni giorni essi fecero ritorno con un rapporto circostanziato di quello che avevano visto. Invece del Gran Khan avevano trovato altri indigeni nudi e bruni che sprigionavano fumo dal naso, da cui spuntavano lunghe foglie accartocciate. Dissero di essere stati accolti da quei selvaggi con molte feste e di avere assaporato anche loro l'aroma di quelle foglie ricavandone una strana sensazione di piacere. La scoperta del tabacco dovette sembrare ai due Spagnoli molto più importante di quella del Nuovo Mondo. Non sappiamo se anche Colombo si ficcò quei cartocci nel naso e se ci provò gusto. Conoscendo l'uomo ne dubitiamo. Era un asceta dominato da un pensiero fisso, quasi monomaniaco: scoprire il Catai e moltiplicare i fedeli di Gesù Cristo e i sudditi del Re di Spagna.

Era stato questo a intorbidare i suoi rapporti con Martín Pinzón. Il comandante della Pinta perseguiva tutt'altri ideali e, abbandonata la Niña e la Santa Maria, era andato a cercare oro nelle innumerevoli isole disseminate intorno a Cuba. Neanche a Colombo, intendiamoci, l'oro dispiaceva. Ne aveva trovato una certa quantità nell'isola di Haiti, dove era approdato ai primi di dicembre, e seguitava a dargli la caccia. Ma una notte, a causa di un fortunale, la nave ammiraglia s'incagliò e inabissò. Gran parte del carico fu salvato e imbarcato sulla Niña, lanciatasi al soccorso. I marinai e gli ufficiali raggiunsero a nuoto la riva di un'isola e furono rifocillati dai suoi abitanti.

Il 16 gennaio, lasciata ad Haiti una guarnigione di uomini, l'Ammiraglio dette ordine alla Niña e alla Pinta di salpare alla volta dell'Europa.

Fu una lunga traversata, tribolata da violente procelle. Quando le caravelle giunsero nei pressi delle Azzorre, Pinzón si staccò dalla Niña. Voleva arrivare prima di Colombo in Spagna e dare ai sovrani la notizia che l'Asia era stata raggiunta.

Attardato da certi guasti, l'Ammiraglio non poté seguirlo. Alcuni marinai scesero a terra e si recarono in pellegrinaggio a un santuario della Vergine per sciogliere un voto che avevano fatto quando la caravella, in pieno Oceano, era stata investita da un uragano che per poco non l'aveva colata a picco. Appena vi giunsero, furono circondati da soldati portoghesi, e imprigionati. Solo dopo quattro giorni, il comandante dell'isola li rimise in libertà e li rispedì a bordo della Niña che, ripresa la navigazione, fu nuovamente colpita da un ciclone che ne sconquassò le vele. L'equipaggio fece voto di digiunare un giorno intero a pane e acqua se fosse scampato a quel cataclisma.

Il 3 marzo, la Niña giunse in vista del Portogallo. Poiché le vele della caravella erano ridotte a un colabrodo e il porto di Palos distava ancora oltre duecentoventi miglia, Colombo decise di approdare a Lisbona, dove riparò i danni. Il 15, finalmente, la Niña gettò l'ancora nella baia di Palos salutata da una folla osannante. Colombo trovò un messaggio di Ferdinando e Isabella che lo invitavano a Barcellona. I sovrani avevano già saputo da Pinzón il felice esito dell'impresa. Ma, con regale correttezza, si erano rifiutati di riceverlo prima di Colombo.

Questi si presentò a Corte seguito da uno stuolo di indigeni che recavano cassette d'oro e variopinti pappagalli. Quando il Re gli chiese a chi doveva consegnare i mille maravedì che egli aveva promesso al marinaio che per primo avesse avvistato la terra, Colombo rispose che anche quell'onore spettava a lui. Per sei mesi visse a Palazzo e ottenne dai sovrani fondi per una nuova spedizione. Allestì una flotta di diciassette navi con milleduecento uomini, viveri, munizioni e un certo numero di animali per popolare di fauna europea quelle selvagge contrade, che una bolla papale aveva allora battezzato «Indie». Imbarcò anche cinque confessori per convertire al Cristianesimo gli indigeni.

Il 25 settembre 1493, il convoglio salpò dal porto di Siviglia e dopo neppure quaranta giorni di navigazione approdò alle coste di un'isola che Colombo chiamò Dominica, perché vi giunse di domenica. Di lì penetrò nelle Piccole Antille, che battezzò Isole Vergini. Poi scoprì Portorico e finalmente fece vela per Haiti, dove aveva lasciato il piccolo presidio di spagnoli. Ne ritrovò uno solo. Tutti gli altri erano morti: alcuni erano stati uccisi dagli Indiani, ai quali avevano rapito le donne, altri si erano scannati tra loro.

Istallò una nuova guarnigione nell'isola di Isabela e si accinse a circumnavigare Cuba, ma un ciclone risospinse le navi al punto di partenza. Ritrovò anche questo presidio letteralmente decimato; gli Spagnoli avevano catturato alcuni giovinetti per farne degli schiavi, e gl'indigeni, per vendetta, avevano assalito l'accampamento dei coloni e ne avevano trucidato la maggior parte.

Colombo restò nelle Indie due anni e mezzo a reclutare schiavi e nel marzo del 1496 tornò in Spagna. Un cronista riferisce che su cinquecento indigeni che varcarono l'Atlantico, duecento morirono durante la traversata e gli altri, incapaci di adattarsi al clima e alle usanze del Vecchio Mondo, perirono dopo pochi anni. Nel maggio del 1498 rivalicò l'Oceano alla scoperta di nuove terre. Fondò altri insediamenti e autorizzò i coloni a rapire e ad

L'EUROPA NEL 1492
REGNO DI SCOZIA
Mare del Nord
REGNO D'INGHILTERRA
Londra
Oceano Atlantico
R. DI NORVEGIA
R. DI DANIMARCA
R. DI SVEZIA
ORDINE TEUTONICO
GRANDUCATO DI MOSCA
Mosca
IMPERO ROMANO GERMANICO
Berlino
R. DI POLONIA
Varsavia
GRANDUCATO DI LITUANIA
CANATO DI CRIMEA
Parigi
REGNO DI FRANCIA
Austria
REGNO D'UNGHERIA
PRINC. DI MOLDAVIA
PRINC. DELLA VALACCHIA
SAVOIA
Milano
Mantova
Venezia
Genova
Parma
Ferrara
Stato della Chiesa
Firenze
DALMAZIA (Venezia)
REGNO DI NAVARRA
R. D'ARAGONA
Lisbona
R. DI PORTOGALLO
REGNO DI CASTIGLIA
Madrid
Corsica (Genova)
Sardegna (Aragona)
Roma
Regno di Napoli
Benevento
Napoli
Palermo
Sicilia (Aragona)
Mar Mediterraneo
IMPERO OTTOMANO
Costantinopoli
Mar Nero

assoggettare gli Indiani senza distinzione di sesso e di età. Ciò provocò violente rivolte che Colombo soffocò nel sangue, cospargendo le isole di forche.

Il grande Ammiraglio era un pessimo governatore, iracondo, crudele e vendicativo. Anche i suoi collaboratori cominciavano a detestarlo e non perdevano occasione, nei rapporti che inviavano a Madrid, di criticarlo aspramente. Nel 1500, Ferdinando e Isabella, preoccupati, nominarono un commissario reale e lo mandarono nelle Indie con pieni poteri.

Francisco de Bobadilla ne fece l'uso meno discreto. Arrestò Colombo, lo scaraventò in prigione con le manette ai polsi e le catene ai piedi, e lo rispedì in Spagna, dove il prigioniero fu tenuto altre sei settimane in catene, eppoi condotto dinanzi al Re. Ferdinando gli rinfacciò gli errori commessi da governatore, lo dichiarò decaduto dalla carica, ma gli lasciò le sue proprietà nel Nuovo Mondo. Colombo ribatté le accuse e al momento del congedo chiese al sovrano di mettergli a disposizione un'altra flotta per continuare le sue esplorazioni.

Nel maggio 1502, per la quarta volta, Colombo spiegò le vele. Visitò l'Honduras, il Nicaragua, la Costa Rica e la Giamaica dove, in seguito a un uragano, le navi subirono tali danni che per oltre un anno non poterono riprendere il largo. Quando giunsero gli aiuti da Santo Domingo, i naufraghi spagnoli erano allo stremo delle forze e l'Ammiraglio, torturato dall'artrite, non vedeva l'ora di tornare in patria, dove sbarcò nel novembre del 1505.

Aveva compiuto da poco cinquantotto anni, ma ne dimostrava parecchi di più. I capelli gli si erano fatti bianchi, pesanti rughe gli solcavano il viso cotto dal sole e segnato da profonde occhiaie. Si muoveva con difficoltà a causa degli acciacchi che l'affliggevano e che l'avevano piombato in una cupa malinconia. Appena la sua nave gettò l'ancora, chiese di nuovo udienza a Ferdinando, che lo ricevette alla Corte di Segovia. Colombo supplicò il sovrano di reintegrarlo nei suoi antichi privilegi e di restituirgli la carica di governatore, ma il Re si limitò a offrirgli una vasta tenuta in Castiglia. Colombo rispose che non sapeva che farsene, e aveva ragione. Dopo pochi mesi la morte pose fine al suo amaro e solitario crepuscolo.

Fra i grandi protagonisti della storia, Colombo non è dei più coloriti e avvincenti. Le sue delusioni non furono solo il frutto dell'ingratitudine altrui, ma anche della sua grettezza, aridità e avidità. Ma la sua impresa resta tuttavia fra le più grandi e decisive di tutti i tempi. Il 1492, con cui molti studiosi fanno finire il Medio Evo e cominciare quello moderno, è davvero una data fondamentale. Essa segna lo spostamento del baricentro mondiale dal Mediterraneo all'Atlantico.

La grande avventura delle Repubbliche marinare italiane finisce. Comincia quella di Spagna, Portogallo, Inghilterra. La nuova geografia relega il nostro Paese in una parte di comprimario.

APPENDICE

RITRATTI

Biografie essenziali delle principali figure storiche trattate in questa Storia d'Italia.

Carlo I d'Angiò
(1226 – Foggia 1285)
Re di Napoli

Sovrano ambizioso ed energico, attuò una politica che mirava ad ampliare i propri domini ma suscitò un forte malcontento tra i sudditi a causa della pressione fiscale che ne derivava. Venuto in possesso della Contea di Provenza e di Forcalquier in seguito a una attenta politica matrimoniale, fu creato dal fratello Luigi IX il Santo Conte d'Angiò e del Maine. Nel 1248 prese parte con Luigi IX all'Ottava Crociata in Egitto dove, dopo la presa di Damietta, subì con l'esercito franco una dura sconfitta e quindi la prigionia con il fratello. Fece ritorno in Provenza nel 1251, e qui si verificarono le circostanze che ne mutarono le sorti politiche.

Davanti all'evidente progetto di re Manfredi di Sicilia di riportare l'Italia sotto il proprio controllo, Urbano IV lo scomunicò e la corona di Sicilia fu offerta a Carlo d'Angiò. Il nuovo Pontefice, Clemente IV, indisse una crociata contro Manfredi mentre investiva Carlo, giunto nel frattempo a Roma, re di Sicilia e comandante della crociata. La battaglia di Benevento del 1266 sancì la vittoria di Carlo che si impossessò del Regno, segnando nello stesso tempo il passaggio della Penisola sotto il controllo della fazione guelfa. L'ultimo tentativo svevo per riprendere il Sud dell'Italia attuato da Corradino di Svevia fallì a Tagliacozzo nel 1268, battaglia che segnò la definitiva scomparsa degli Svevi e il tramonto dei propositi di rivincita dei ghibellini in Italia.

Arbitro delle vicende politiche italiane, fu coinvolto ancora una volta dal fratello Luigi nella crociata contro Tunisi, ma

Carlo, giunto in Africa poco dopo la morte del Re di Francia, stipulò un trattato con l'emiro facendosi versare un tributo. Rientrato nel Regno si concentrò sul progetto di conquistare Costantinopoli e a tale scopo strinse un trattato con Baldovino II, Imperatore latino, in forza del quale i rispettivi figli si sarebbero uniti in matrimonio e i due contraenti si impegnavano a riprendere Costantinopoli ai Bizantini. In tal modo, nel 1271 diede il via a una vera e propria campagna contro i Bizantini: occupò Durazzo e si proclamò Re d'Albania (1272), ma la promessa di Michele VIII Paleologo a Gregorio X di unire la Chiesa greca a quella romana sventò i piani di Carlo, il quale dovette attendere circostanze migliori. Quando queste parvero presentarsi, con la scomunica di Martino IV ai danni dei Bizantini, le mire espansive dell'Angioino furono questa volta inaspettatamente bloccate dalla rivolta dei Vespri dilagata in Sicilia. La sollevazione, dovuta alla pesante pressione fiscale che suscitò malcontento nell'isola – dove tra l'altro la popolazione accolse male lo spostamento della capitale del Regno da Palermo a Napoli e le espropriazioni a favore dei Francesi –, portò a una rivolta generale e alla richiesta di aiuto a Pietro III d'Aragona, marito della figlia di Manfredi, che intervenne prontamente.

L'insediamento degli Aragonesi in Sicilia sancì la divisione del Regno in due entità politiche distinte: l'isola, governata da Pietro che si proclamò Re di Sicilia; la parte restante dei territori con a capo Napoli saldamente in mano agli Angioini.

Clemente VI
(Rosiers-d'Égletons 1291 – Avignone 1352)
Papa

Pierre Roger, entrato giovanissimo nell'abbazia di Chaise-Dieu, prese i voti di benedettino e compì gli studi a Parigi. Divenne quindi maestro di teologia e si mise in luce come predicatore, oltre a essere un profondo conoscitore della cultura classica. Abate di Fécamp nel 1326, percorse tutte le tappe della gerarchia ecclesiastica in quanto fu nominato Vescovo di Arras nel 1328, in seguito Arcivescovo di Sens e di Rouen tra il 1329 e il 1330. Oltre agli incarichi religiosi assolse altri incarichi, come quello di consigliere e ambasciatore del re Filippo VI di Francia. Eletto Cardinale nel 1338, quattro anni più tardi salì al Soglio pontificio con il nome di Clemente VI.

Durante il pontificato diede prova di fedeltà alla monarchia francese, rifiutandosi di riportare la Curia a Roma, ma anzi acquistò Avignone da Giovanna d'Angiò per ottantamila corone, che però non avrebbe mai versato alla sovrana, in quanto egli avrebbe stimato d'aver saldato il conto assolvendo la Regina dall'omicidio perpetrato ai danni del marito, Andrea d'Ungheria. Clemente VI intervenne quindi contro Edoardo III d'Inghilterra a tutela della giurisdizione ecclesiastica, scomunicò l'imperatore Ludovico il Bavaro e autorizzò l'insediarsi a Roma del governo di Cola di Rienzo, nominato appositamente notaio della Camera municipale dell'Urbe, che si rivelò però fallimentare per il comportamento incostante ed eccessivo del tribuno romano, da cui il Pontefice non poté far altro che prendere le distanze.

Gil Álvarez Carrillo de Albornoz

(Carrascosa del Campo 1310 – Viterbo 1367)

Cardinale

Fu un deciso uomo politico e un altrettanto abile condottiero, che riportò l'ordine negli Stati della Chiesa dopo anni di abbandono e di anarchia, lasciando quale segno tangibile del suo operato le «Costituzioni egidiane», il codice di leggi rimasto in vigore fino al 1816 che fissava il nuovo assetto territoriale dello Stato. Terminati gli studi di legge a Tolosa, fu dapprima nominato elemosiniere reale e nel 1338 Arcivescovo di Toledo.

Nel 1340 era al seguito del re Alfonso XI di Castiglia e si distinse nella lotta contro i Mori oltre che per aver salvato la vita del sovrano nella battaglia di Rio Salado. La sua fortuna venne però meno quando ad Alfonso succedette Pietro I il Crudele, che, più volte redarguito per la ferocia di cui dava prova, tentò di ucciderlo. L'Arcivescovo trovò quindi asilo ad Avignone presso la Curia pontificia, dove Clemente VI lo nominò nel 1350 Cardinale. Tre anni più tardi fu inviato da papa Innocenzo IV come Legato pontificio nelle terre italiane soggette alla Chiesa, dove rimase per circa quattordici anni, durante i quali lavorò efficacemente per riorganizzare gli Stati pontifici, riconducendo gradualmente all'obbedienza tutti quei Signori che si erano resi autonomi.

Albornoz intraprese nel 1353 le operazioni militari contro Giovanni di Vico, Signore di Viterbo, sconfitto nella battaglia di Orvieto del 1354; per assicurarsi la lealtà dello sconfitto l'Albornoz lo nominò governatore di Corneto. Conseguito con successo il ritorno dei territori propriamente detti della Chiesa sotto l'egida pontificia, il Cardinale volse la sua attenzione a recuperare la Marca di Ancona e la Romagna, dove fronteggiò la potente famiglia dei Malatesta, Signori di Rimini, alleati di Francesco Ordelaffi di Forlì. I Malatesta, sconfitti vicino Paterno, divennero dei fidati alleati della Chiesa. La loro capitolazione fu seguita da quella di altri Signori, come i Montefeltro e i da Polenta; il solo a opporre una resistenza a oltranza fu l'Ordelaffi, contro cui venne indetta una crociata, che capitolò nel luglio 1359.

Richiamato ad Avignone, l'Albornoz incontrò i Vicari posti a capo dei territori pontifici e in questa circostanza emanò a Fano nel 1357 le «Costituzioni egidiane». Terminata la riconquista degli Stati della Chiesa, il Cardinale si occupò di riorganizzare il sistema difensivo dello Stato, edificando una serie di rocche lungo l'asse Romagna-Marche-Umbria-Lazio, così da controllare le regioni da poco ricondotte all'ordine. Nel 1363 il Cardinale ricevette da Giovanni Visconti da Oleggio la città di Bologna minacciata da Bernabò Visconti, che il Legato pontificio sconfisse presso Modena. Finalmente, a coronamento della sua intensa opera riorganizzatrice, nel 1367 ricevette a Tarquinia papa Urbano V che aveva lasciato Avignone per ristabilirsi a Roma, ma morì prima che il Pontefice entrasse nell'Urbe.

Francesco Sforza

(San Miniato, Pisa, 1401 – Milano 1466)
condottiero e Duca di Milano

Il caso di un abile condottiero che divenne padrone di una Signoria, cui diede una dinastia che conobbe alterne fortune, è testimoniato da Francesco Sforza. Figlio naturale del condottiero Muzio Attendolo Sforza, trascorse l'infanzia tra Firenze e Ferrara. Ben presto seguì il padre a Napoli, dove fu creato Conte di Tricarico da Ladislao I di Napoli. Il matrimonio con una nobile calabrese gli assicurò una dote di territori che affidò in amministrazione ad Angelo Simonetta, il cui nipote Cicco divenne in seguito segretario di fiducia di Francesco. Diede prova di ottime qualità militari e di abilità politica, e in particolare si distinse nella battaglia dell'Aquila nel 1424 in cui perì Braccio di Montone.

Forte dei suoi successi, si pose al servizio di Filippo Maria Visconti; in questa circostanza lo Sforza combatté contro Firenze per il controllo di Forlì. Nonostante il contratto che lo legava per cinque anni a Filippo Maria, i rapporti tra i due furono difficili a causa del forte temperamento di cui dava prova il condottiero, cui non sempre arrisero le sorti sui campi di battaglia. La sconfitta lo colse nel 1472 a Maclodio contro la coalizione formata dai Veneziani e dai Fiorentini. Allo scadere della condotta quinquennale il Duca di Milano lo lasciò libero di abbandonare le fila milanesi per recarsi a Lucca dove combatté contro Firenze. Il legame con Milano non si dissolse però completamente, dato che il Visconti per non perderlo gli diede in sposa la figlia Bianca Maria, gli promise la Signoria di Cremona e gli lasciò intendere una successione al Ducato, adottandolo quale legittimo erede. Dal 1435 Francesco diresse le operazioni contro lo Stato pontificio, ma preso possesso di Ancona accettò da Eugenio IV la carica di Vicario della città, con cui dava inizio a un dominio personale nelle Marche. Era uno dei voltafaccia che lo Sforza ebbe nei confronti di Filippo Maria, cui seguirono nel 1436 il servizio per Firenze e poi per Venezia, ma il sequestro dei beni nel Regno di Napoli lo indusse a riconciliarsi con il Duca di Milano e nel 1441 sposò Bianca Maria. Diffidando del suocero, Francesco perseguì una politica personale, accrescendo il suo prestigio politico-militare.

La morte improvvisa e senza eredi di Filippo Maria Visconti aprì a Milano il periodo dell'Aurea Repubblica Ambrosiana: lo Sforza fu abile in questa circostanza a destreggiarsi tra la Repubblica, che aveva bisogno del suo aiuto per far fronte alle minacce dei potentati vicini, e Venezia. Nel 1448, rispondendo all'appello del governo ambrosiano sconfisse i Veneziani guidati da Bartolomeo Colleoni nella battaglia di Caravaggio e forte del successo conseguito avanzò diritti di successione in quanto marito di Bianca Maria Visconti. Cinta d'assedio la città, nel marzo 1450 vi entrò trionfalmente. La lotta con Venezia proseguì anche una volta preso il potere sul Ducato di Milano e conobbe alterne vicende fino al 1454, anno in cui, con la pace di Lodi, il Ducato gli fu solennemente riconosciuto dalla Serenissima.

Negli anni seguenti alla pace di Lodi, Francesco perseguì un sistema di alleanze teso a rafforzare la sua posizione e che nello stesso tempo gli permise di estendere il controllo su Genova (1464), dotando Milano di uno sbocco sul mare. Avviò inoltre una saggia politica di conciliazione con le principali famiglie patrizie milanesi che si erano opposte alla sua autorità e abbellì Milano, dotandola dell'Ospedale Maggiore e del Castello di Porta Giovia, detto poi Sforzesco; creò un canale navigabile, il Naviglio Martesana, che assicurava il collegamento di Milano con il fiume Adda, mentre la Corte sforzesca diede prova di gran mecenatismo, ospitando numerosi letterati, poeti e artisti.

Maometto II detto il Conquistatore
(Edirne 1432 – Scutari 1481)
Sultano turco

Nominato giovanissimo dal padre Murat II governatore ad Amasya, vicino al Mar Nero, nel 1444 subentrò al padre, che si era ritirato a vita contemplativa. La lontananza di quest'ultimo dal trono fu comunque breve, dato che il figlio lo sollecitò a ritornare per assumere il comando dell'esercito ottomano prima della battaglia di Varna, dove conseguì un brillante successo contro le forze cristiane guidate da Ladislao d'Ungheria e Giovanni Hunyadi. Deceduto Murat, Maometto ritornò sul trono e puntò direttamente contro quanto restava dell'Impero Romano d'Oriente, ovvero Costantinopoli. Nell'aprile 1453, a capo di preponderanti forze cinse d'assedio la città bizantina e la espugnò; la conquista ebbe l'effetto di saldare i territori ottomani dei Balcani con quelli in Asia. Il Sultano tuttavia non si fermò a questa vittoria: raccolse tra il 1456 e il 1461 una vittoria dopo l'altra, dalla presa di Atene a quella della Serbia, della Morea bizantina e di Trebisonda.

L'espansione nei Balcani non distolse comunque Maometto dallo scacchiere asiatico, dove estese senza problemi le sue mire sull'Anatolia e sulle colonie genovesi stanziate sul Mar Nero. Il Mediterraneo orientale e l'Europa tornarono a questo punto a essere i suoi obiettivi; la spedizione a Otranto nel 1456 avrebbe dovuto portarlo fino a Roma, ma la difesa organizzata da Sisto IV lo convinse a rinunciare all'impresa. Non fu solo il Pontefice a riuscire a porre resistenza al Sultano; anche Giovanni Hunyadi in Serbia, Vlad III di Valacchia, Giorgio Castriota Scanderberg in Albania e Stefano il Grande di Moldavia riuscirono in tempi diversi a rallentare l'avanzata turca nei Balcani, riportando successi che però non poterono scongiurare la completa occupazione dei territori un tempo soggetti ai Bizantini. Nel 1463 Maometto intraprese una guerra che durò diciassette anni contro Venezia nel Peloponneso e nell'Egeo, conclusasi con una pace sfavorevole alla Serenissima; pochi anni dopo si lanciò in una serie di incursioni verso l'Ungheria e l'Austria che diedero il polso del pericolo costante a cui era ormai esposta l'Europa.

Maometto non fu unicamente un conquistatore, per quanto gran parte della sua vita la passò sui campi di battaglia; durante il suo Regno diede prova di essere molto attento agli aspetti culturali e artistici, invitando alla sua Corte numerosi artisti e umanisti, tra cui Gentile Bellini, che eseguì un ritratto di Maometto. Intervenne infine sull'assetto urbanistico di Istanbul, dove fece costruire la moschea Fatih Cami a lui intitolata e il Palazzo reale del Topkapi, eretto tra il 1463 e il 1470.

Cronologia essenziale

La seguente cronologia si propone di integrare e arricchire il percorso storico tracciato dagli Autori, evidenziando gli eventi principali che costituiscono l'ossatura di questa Storia d'Italia.

1250

Morte di Federico II. Il figlio Corrado IV gli succede quale Re di Germania e Imperatore, ma resta sul trono per soli quattro anni.

1257

A Parigi viene fondata la Sorbona, che diviene in breve tempo un importante polo universitario.

1258

Manfredi, figlio naturale di Federico II, viene nominato Re di Sicilia.

1260

4 settembre – Nella battaglia di Montaperti i ghibellini di Siena e di Firenze, con alla testa Farinata degli Uberti e appoggiati da Manfredi, sconfiggono i fiorentini guelfi, comandati dal Podestà Jacopino Rangoni. A Firenze tornano per breve tempo al potere i ghibellini, mentre la fazione guelfa viene esiliata.

1261

Fine dell'Impero latino: Michele VIII Paleologo riprende Costantinopoli e ristabilisce l'Impero bizantino.

1265

Nasce Dante Alighieri. Sale al trono pontificio Clemente IV.

1266

Vittoria di Carlo d'Angiò nella battaglia contro i ghibellini a Benevento, in cui trova la morte Manfredi. Carlo d'Angiò diviene Re di Sicilia mentre Firenze i guelfi riprendono saldamente il controllo della città.

1268

Carlo d'Angiò riporta nella battaglia di Tagliacozzo la vittoria su Corradino di Svevia, che viene decapitato a Napoli. Con Corradino la dinastia degli Hohenstaufen si estingue.

1272

In Inghilterra Edoardo I avvia una serie di riforme tese a rafforzare il potere del monarca.

1273

Rodolfo I d'Asburgo è eletto Re di Germania.

1278

Rodolfo I d'Asburgo sconfigge nella piana di Marchfeld il principe boemo Ottocaro II e si impossessa dell'Austria e della Stiria, territori che costituiranno la base della potenza della famiglia.

1280

È eletto papa Martino IV.

1282

A Firenze si istituisce il Priorato delle Arti (detto pure Signoria), organo direttivo composto dagli eletti tra i membri delle Corporazioni delle Arti e dei Mestieri; la partecipazione alla vita politica del Comune è subordinata all'obbligo di essere iscritti a una delle Arti maggiori o medie. Ha inizio in Sicilia la «guerra del Vespro», scoppiato per un sopruso commesso ai danni dei Siciliani e che porta al massacro degli Angioini presenti nell'isola, che viene in seguito unita all'Aragona.

1284

Disastrosa sconfitta di Pisa per opera di Genova, alla Meloria. Il Galles è unito all'Inghilterra ed è assegnato al Principe ereditario.

1285

In Francia inizia il Regno di Filippo il Bello.

1289

11 giugno – Battaglia di Campaldino, vinta dalle forze guelfe (guidate da Aimeric de Narbonne, Guillaume de Durfort e dai fiorentini Vieri de' Cerchi, Corso Donati e Binda degli Adimari) contro i ghibellini di Arezzo (condotti dal vescovo Degli Ubertini, da Bonconte da Montefeltro e da Guido Novello dei Conti Guidi). Allo scontro partecipa, tra le fila guelfe, anche Dante.

1291

I rappresentanti dei tre cantoni di Uri, Schwyz e Unterwalden prestano un giuramento perpetuo di alleanza, che segna l'atto di nascita della Confederazione svizzera.

1293

Ordinamenti di giustizia emanati da Giano della Bella a Firenze: divieto di prender parte alla politica a chi non è iscritto alle Arti; il riordinamento delle Arti esclude le minori dal governo cittadino. Scoppia la rivalità tra il popolo grasso (Arti maggiori, fazione dei Neri) e popolo minuto (Arti minori, fazione dei Bianchi).

1294

È nominato papa Bonifacio VIII.

1295

Trattato di Anagni: la Sicilia viene ridata agli Angioini, mentre la Sardegna e la Corsica sono assegnate agli Aragonesi. La popolazione siciliana si oppone e il conflitto contro i Francesi continua. In Inghilterra si costituisce il *Model Parliament*, dove ai Baroni si affiancano i rappresentanti delle città e delle contee (*Commons*), il cui appoggio è essenziale per il Re nel momento in cui deve riscuotere le tasse.

1296

Bonifacio VIII denuncia la tassazione cui è soggetto il Clero francese per volontà di Filippo il Bello.

1297

In Scozia divampa la rivolta antinglese capeggiata da William Wallace, che sconfigge gli Inglesi a Stirling e continua nella sua resistenza, anche dopo la sconfitta subita a Falkirk, fino alla cattura e messa a morte (1305). L'espansione francese verso le Fiandre spinge gli abitanti della regione, timorosi di vedere compromessi i commerci di lana con l'Inghilterra, a opporsi a Filippo il Bello e sconfiggerlo a Courtrai («battaglia degli speroni d'oro»). A Venezia si assiste alla serrata del Maggior consiglio, che limita l'accesso al Dogato solo a chi ne aveva già fatto parte, e avvia la Repubblica verso un governo oligarchico.

1298

Vittoria navale dei Genovesi sui Veneziani presso Curzola.

1300

Papa Bonifacio VIII indice il primo Giubileo.

1302

Continua lo scontro tra Bonifacio VIII e Filippo il Bello: con la bolla *Unam Sanctam* il Pontefice riafferma la supremazia della Chiesa sui sovrani, che per contro Filippo respinge fermamente. Fine della «guerra del Vespro» e trionfo degli Aragonesi con la pace di Caltabellotta sugli Angioini. A Firenze, vittoria dei Neri sui Bianchi; esilio di Dante.

1303

Bonifacio VIII è fatto prigioniero ad Anagni dagli emissari di Filippo il Bello e muore poco dopo essere stato tratto in salvo dal popolo. Edoardo III, con il trattato sottoscritto a Parigi, si vede riconosciuto il suo dominio sulla Guienna e in cambio toglie l'appoggio alle Fiandre.

1304

Nasce Francesco Petrarca.

1305-1309

Papa Clemente V pone la residenza pontificia ad Avignone.

1307

Si apre il processo a carico dei Templari francesi, concertato da Filippo il Bello per impossessarsi del loro patrimonio, che porta alla loro condanna a morte e alla soppressione dell'Ordine.

1308

Morte di Corso Donati, esponente di punta dei Neri fiorentini, ucciso mentre tenta di imporre un governo personale a Firenze.

1310

Arrigo VII scende in Italia e nomina i Visconti a Milano e gli Scaligeri a Verona Vicari imperiali.

1311

Matteo Visconti fonda la potenza viscontea a Milano. A Verona, Cangrande della Scala estende il controllo su buona parte dell'Italia settentrionale urtandosi con Milano e Venezia.

1312

Arrigo VII è incoronato a Roma e poco dopo muore presso Siena.

1313

Morte di Arrigo VII. Roberto d'Angiò riceve la Signoria di Firenze. Nasce Giovanni Boccaccio.

1314

Robert Bruce vince gli Inglesi a Bannockburn: consegue l'indipendenza della Scozia, cui dà una dinastia, gli Stuart.

1315

I tre cantoni di Uri, Schwyz e Unterwalden sconfiggono Leopoldo I d'Austria a Morgarten: è l'inizio della lotta che porterà alla loro indipendenza dalla tutela degli Asburgo.

1321

Muore Dante Alighieri.

1327

Ludovico IV il Bavaro scende in Italia e stringe alleanza con la Sicilia contro Napoli.

1328

Con la morte di Carlo VI il Bello si estingue il ramo diretto dei Capetingi; sul trono francese sale Filippo VI di Valois in forza della legge salica (che regola la successione al trono solo per linea maschile). I Gonzaga diventano Signori di Mantova.

1337

Filippo VI confisca la Guienna al Re d'Inghilterra Edoardo III, che in risposta rivendica la corona di Francia in quanto nipote di Filippo IV: è la scintilla che fa divampare la Guerra dei Cent'anni, che devasterà la Francia e metterà in più di un'occasione in grosse difficoltà la dinastia regnante francese.

1338

Ludovico il Bavaro, davanti al persistere dell'opposizione papale alla sua nomina imperiale, convoca i Principi elettori (quattro laici e tre ecclesiastici) a Rense, dove ricusa la necessità di un'approvazione del Papa nell'elezione dei monarchi.

1339

La conquista di Treviso da parte di Venezia segna l'inizio dell'espansione veneziana sulla terraferma.

1343

Morte di Roberto d'Angiò.

1343-1382

Sfacelo del Regno angioino sotto Giovanna I: dopo una serie di sfortunati matrimoni, la regina, allo scoppio dello scisma d'Occidente appoggia il Papa di Avignone, Clemente VII; per tutta risposta Urbano VI la scomunica con l'accusa di eresia liberando i sudditi dal giuramento di fedeltà e permettendo così a Carlo III di Durazzo, figlio adottivo di Giovanna, di conquistare il Regno angioino.

1346

Clemente VI e i grandi elettori germanici depongono Ludovico IV di Baviera e nominano al suo posto Carlo IV di Lussemburgo. Edoardo III schiaccia la cavalleria francese nella battaglia di Crécy, dove fanno la prima comparsa i cannoni.

1347

Moto antinobiliare a Roma capeggiato da Cola di Rienzo, che intende dare vita a una Repubblica.

1348

Catastrofica epidemia di peste in gran parte dell'Europa: giunta da Caffa, emporio genovese in Crimea, a Messina riduce di un terzo circa la popolazione europea. A Praga viene fondata la prima università tedesca.

1354

Carlo IV di Boemia scende in Italia, dove viene incoronato Imperatore. Morte di Cola di Rienzo a Roma. Gli Ottomani si impossessano di Gallipoli e fanno la loro comparsa in Europa.

1355

Congiura a Venezia di Marin Faliero, che fallisce nel suo progetto di istituire una Signoria contro il governo dei Patrizi.

1356

Carlo IV di Lussemburgo promulga la Bolla d'oro, con cui fissa le regole per l'elezione dell'Imperatore, affidata a quattro elettori laici (il Re di Boemia, il Conte del Palatinato, il Duca di Sassonia, il Marchese di Brandeburgo) e a tre ecclesiastici (gli Arcivescovi di Treviri, Magonza e Colonia); il sistema così delineato favorisce i candidati appartenenti alla casata regnante fino al 1437, quando vi subentrano gli Asburgo. A Poitiers, Giovanni II il Buono è fatto prigioniero dagli Inglesi e detenuto a Londra.

1357

Il cardinale Egidio d'Albornoz emana le «Costituzioni egidiane», una raccolta di leggi organica che delinea la struttura dello Stato pontificio rimasta in vigore fino al primo decennio del diciannovesimo secolo.

1358

Una sollevazione contadina dilaga per il Regno di Francia, provocata dalle pesanti tassazioni e dagli obblighi a cui sono sottoposti i contadini (è detta *jacquerie* dal nome del contadino che la cappeggiò, Jacques Bonhomme).

1360

Trattato di Brétigny: per il riscatto di Filippo il Buono, Edoardo III rinuncia al trono francese in cambio di vasti territori nel Sud della Francia. Le clausole del trattato non saranno mai sottoscritte.

1362

Gli Ottomani conquistano Adrianopoli, da dove intraprendono la conquista dei Balcani.

1367

Tentativo di Urbano V di riportare la Sede Apostolica a Roma dietro insistenza di Santa Brigida di Svezia.

1369

Riconquista francese delle terre cedute agli Inglesi con il trattato di Brétigny. Giovanni V Paleologo, che sollecita l'aiuto del Papa contro i Turchi, si rende a Roma e si converte al cattolicesimo nella vana speranza di ottenere l'agognato soccorso armato.

1374

Muore Petrarca.

1375

Muore Boccaccio.

1376-1381

Venezia riesce a vincere la concorrenza commerciale di Genova nella cosiddetta Guerra di Chioggia, durante la quale i Veneziani riprendono Chioggia, occupata dai Genovesi, e fanno valere la loro superiorità marittima. La fine delle vicende belliche tra le due potenze marinare è sancita dalla pace di Torino.

1377

Gregorio XI riporta il Papato a Roma in seguito alle preghiere di Santa Caterina da Siena.

1378

A Firenze scoppia il Tumulto dei Ciompi, ossia la rivolta delle Arti minori, che viene soffocato dall'oligarchia delle Arti maggiori e dominio della potente famiglia degli Albizzi. Inizio dello scisma d'Occidente: cinque mesi dopo l'elezione di Urbano VI un nuovo Conclave elegge Clemente VII, che si stabilisce ad Avignone.

1380

Wycliff traduce in inglese la Bibbia, fondamento della fede e unica verità cui appellarsi, che deve essere conosciuta da ogni fedele e non tramite la mediazione della Chiesa.

1381

Rivolta contadina in Inghilterra a seguito della lotta contro la Francia, della riscossione del testatico (imposta personale riscossa su ogni individuo) per l'avversione per un governo sempre più corrotto. Il parlamento depone Riccardo II e assegna la corona a Enrico IV di Lancaster.

1384

Filippo l'Ardito, Duca di Borgogna, raccoglie l'eredità della moglie Margherita di Mâle costituita da Fiandre, Artois e Franca Contea, territori che formano gli Stati borgognoni.

1385

Giovanni I di Portogallo riporta una vittoria sui Castigliani nella battaglia d'Aljubarrota; il successo garantisce al Regno di Portogallo circa due secoli di indipendenza. A Milano, Gian Galeazzo Visconti unifica la Signoria estendendo il controllo sui territori dello zio Bernabò, cui unisce Pisa e Siena.

1386

Unione dei territori polacchi e lituani: il granduca Jagellone, ricevuto il battesimo, diviene Re di Polonia con il nome di Ladislao II. A Sempach, la milizia elvetica sconfigge le truppe degli Asburgo.

1387

Chaucer scrive *I Racconti di Canterbury*, che segnano l'inizio della letteratura nazionale inglese, ormai libera dai vincoli dell'influenza francese.

1389

I Serbi sono sconfitti a Kosovo e sottomessi dagli Ottomani.

1392

In Francia, in seguito alla follia di Carlo VI, si accende la lotta per il potere tra gli Armagnacchi, partigiani del Duca d'Angiò e del Delfino, il futuro Carlo VII, e i Borgognoni.

1393-1441

Signore di Ferrara è Niccolò III d'Este, che amplia con una accorta politica di mediazione i territori soggetti alla città.

1394

Il sultano Bayezid I assedia Costantinopoli fino al 1402, quando è costretto a tornare rapidamente in Asia Minore per fronteggiare l'invasione di Tamerlano (Timur Lang).

1395

Gian Galeazzo Visconti riceve dall'imperatore Venceslao di Boemia il titolo di Duca e assicura alla Signoria un'estensione fino a Perugia; il tentativo di impossessarsi di Firenze fallisce, ma Gian Galeazzo riesce a unire in matrimonio la figlia Valentina con Luigi d'Orléans, ragione per la quale un secolo più tardi i sovrani francesi rivendicheranno il possesso del Ducato.

1396

25 settembre – Battaglia di Nicopoli: i Turchi di Bayazid I sconfiggono un'armata guidata da Sigismondo di Lussemburgo; in questo modo i Turchi si aprono la via alla conquista dei Balcani.

1399

Fine della dinastia dei Plantageneti in Inghilterra e inizio di quella dei Lancaster con Enrico IV.

1402

Morte di Gian Galeazzo Visconti, cui succedono prima Giovanni Maria e poi Filippo Maria, il quale tenta di ridare unità ai territori precedentemente assoggettati dal padre.

1406

Firenze conquista Pisa e Livorno. Verona viene presa da Venezia.

1407

L'assassinio di Luigi d'Orléans su istigazione del borgognone Giovanni Senza Paura segna l'inizio della guerra civile tra Armagnacchi e Borgognoni, che dura fino al 1435. A Genova viene costituito il Banco di San Giorgio, che figura come la prima banca pubblica nel continente.

1409

Concilio di Pisa. Sono eletti contemporaneamente tre Papi: Gregorio XII, Alessandro V, Benedetto XIII. Firenze, grazie alla conquista di Pisa, ottiene uno sbocco verso il mare, propizio per le sue attività commerciali.

1410

Vittoria del re di Polonia Ladislao II Jagellone e del granduca di Lituania Vytautas sui cavalieri teutonici a Tannenberg.

1411

Alleanza tra i Borgognoni e gli Inglesi, ripresa della guerra anglofrancese.

1414-1418

Apertura del Concilio di Costanza, convocato per volontà di Sigismondo di Lussemburgo. I Padri conciliari riuniti sono dichiarati competenti per l'unità della Chiesa e per l'elezione di un nuovo Papa; per una riforma morale della Chiesa e per la difesa dell'ortodossia contro la diffusione di movimenti ereticali. A Costanza vengono condannati come eretici l'inglese Giovanni Wycliff e Jan Hus; quest'ultimo viene messo a morte e diviene eroe nazionale boemo. I Portoghesi si impossessano di Ceuta, preludio alle spedizioni esplorative delle coste africane che si succederanno fino al 1487.

1415

Vittoria di Enrico V sull'esercito francese ad Azincourt: Parigi e la Normandia sono occupate dal vincitore. A Firenze si assiste alla rottura con l'estetica gotica: le opere di Brunelleschi, Donatello, Masaccio, Ghiberti danno vita a quella rivoluzione artistica che pone le fondamenta del Rinascimento. Nel Nord Federico I Hohenzollern riceve il Principato elettorale del Brandeburgo.

1417-1418

Fine dello scisma d'Occidente con l'elezione a Papa di Martino V. Gli Armagnacchi sono cacciati da Parigi e il Delfino Carlo si rifugia a Bourges.

1419-1436

In Boemia divampa una sollevazione ussita contro la pretesa avanzata dall'imperatore Sigismondo di avere la corona di Boemia.

1420

Trattato di Troyes e matrimonio tra Enrico V e Caterina di Valois, per cui la corona di Francia è promessa ai loro figli.

1421

Giovanni de' Medici è nominato a Firenze Gonfaloniere di Giustizia.

1422

Nella battaglia di Arbedo gli Svizzeri subiscono una pesante sconfitta a opera delle truppe viscontee guidate dal Carmagnola, che blocca in questo modo il processo espansivo degli Elvetici verso i territori a Sud delle Alpi.

1423

È eletto Doge di Venezia Francesco Foscari, che impegna Venezia in continue guerre contro Milano, Bologna, i Malatesta, Signori di Rimini, e il Papa.

1427

Battaglia di Maclodio, vinta dal Carmagnola sull'esercito visconteo a favore di Venezia, che vanifica così i propositi di Filippo Maria Visconti di riunire al Ducato quelle città che se ne erano staccate.

1429

Giovanna d'Arco si rende a Chinon e vi incontra Carlo VII, toglie l'assedio inglese a Orléans e libera Reims, dove Carlo è infine incoronato Re di Francia. Giovanna viene catturata dai Borgognoni e consegnata agli Inglesi che la processano quale eretica.

1431

Muore Martino V e gli succede Eugenio IV. Si apre il Concilio di Basilea, che afferma la supremazia del Concilio sul Pontefice. Enrico VI è incoronato a Notre-Dame come Re di Francia e d'Inghilterra. Giovanna d'Arco è condannata al rogo a Rouen.

1432

Condanna a morte del Carmagnola a Venezia, accusato di alto tradimento a favore dei Visconti, con i quali il condottiero aveva militato negli anni precedenti.

1433

Filippo Maria Visconti cede a Venezia Bergamo e Brescia (pace di Ferrara).

1434

Cosimo de' Medici diviene Signore di Firenze.

1435

Trattato d'Arras: fine della guerra civile in Francia, Carlo VII inizia la riconquista del Regno francese. Filippo Maria Visconti stringe alleanza con il Re di Francia nella guerra per la successione al trono di Napoli e vince Alfonso V d'Aragona a Ponza con l'aiuto dei Genovesi, tornati sotto Milano.

1438

In Francia, a Bourges, viene emanata la «prammatica sanzione», che pone le basi per la costituzione di una Chiesa nazionale di Francia (Chiesa gallicana). Con l'estinzione della casata di Lussemburgo, la corona imperiale passa saldamente nelle mani degli Asburgo.

1438-1439

Invenzione a Magonza della stampa a caratteri mobili a opera di Gutenberg. Diffusasi nella valle del Reno, la stampa si diffonde nelle grandi città del Nord e dell'Ovest, in seguito progressivamente nell'Europa centrale, quindi in quella meridionale.

1439

Al Concilio di Firenze, per ottenere l'aiuto del Papato contro i Turchi ormai dilagati nella penisola balcanica, Giovanni VIII Paleologo accetta l'unione della Chiesa greca con quella romana, ma incontra una forte opposizione tra le fila della Chiesa bizantina.

1442

Inizio della dominazione aragonese nell'Italia del Sud: Alfonso V il Magnanimo, Re d'Aragona e di Sicilia, conquista il Regno di Napoli e fonda il Regno delle Due Sicilie.

1444

A Varna i Turchi di Murad II sconfiggono la Crociata organizzata dagli occidentali per aiutare Costantinopoli e composta dalle forze polacche di Ladislao III Jagellone e da quelle ungheresi di Giovanni Hunyadi.

1447

Morte di Filippo Maria Visconti; a Milano viene costituita l'Aurea Repubblica Ambrosiana, che per fronteggiare la minaccia veneziana si affida a Francesco Sforza, sposo di Bianca Maria Visconti. Cinge la tiara Niccolò V.

1450

In seguito alla vittoria di Caravaggio sui Veneziani condotti da Bartolomeo Colleoni, Francesco Sforza diviene Signore di Milano e trova l'appoggio di Cosimo de' Medici contro Venezia, Napoli e la Savoia.

1451

Nasce Cristoforo Colombo.

1452

Nasce Girolamo Savonarola.

1453

29 maggio – Caduta di Costantinopoli, per opera di Maometto II: è la fine dell'Impero Romano d'Oriente.

La vittoria francese a Castillon segna la fine della Guerra dei Cent'anni: la Francia riprende la Guienna e la Guascogna, l'Inghilterra conserva Calais, che tiene fino al 1558.

1454

Pace di Lodi tra i Visconti e Venezia: Francesco Sforza è riconosciuto Signore di Milano e per la Penisola si apre un quarantennio di equilibrio politico che trova la sua base nella Lega italica, in cui le potenze contraenti (Milano, Venezia, Firenze, Roma, Napoli) rispettano i confini esistenti e rinunciano a tentativi egemonici.

1455

Inizia in Inghilterra la Guerra delle Due Rose, che oppone i rami della famiglia reale, i Lancaster e gli York, per il possesso della corona.

1458

È eletto papa Pio II.

1464

Muore Cosimo de' Medici cui succede il figlio Piero de' Medici il Gottoso.

1467

Inizia un decennio di lotte tra Carlo il Temerario, Duca di Borgogna, e il Re Luigi XI.

1469

Unione dei due regni di Castiglia e Aragona in seguito al matrimonio tra Isabella e Ferdinando.

1476

Galeazzo Maria Sforza, inviso ai Milanesi per il governo tirannico instaurato, viene assassinato da tre patrizi, Gerolamo Olgiati, Andrea Lampugnani e Carlo Visconti. Bona di Savoia assume la reggenza del Ducato in nome del figlio Gian Galeazzo, che tuttavia è imprigionato a Pavia dallo zio Ludovico il Moro. A Grandson prima e a Morat poi Carlo il Temerario subisce due sconfitte da parte della fanteria svizzera, che pongono fine ai suoi sogni di creare un potente Regno borgognone.

1477

Morte del Duca di Borgogna Carlo il Temerario all'assedio di Nancy. Matrimonio tra sua figlia, Maria, e Massimiliano, Arciduca d'Austria.

1478

Congiura dei Pazzi: assassinio di Giuliano de' Medici a opera delle famiglie Pazzi e Albizzi, in cui è implicato anche Sisto IV. Lorenzo il Magnifico, scampato all'attentato, stringe alleanza con Milano e Napoli in funzione antipontificia.

1478-1492

Lorenzo il Magnifico è Signore di Firenze.

1482

In forza del trattato di Arras i paesi borgognoni sono divisi tra il Re di Francia, cui spettano la Borgogna, la Piccardia e Boulogne, e l'arciduca Massimiliano, cui vanno i Paesi Bassi e le Fiandre. In Spagna riprende l'Inquisizione, che opera contro Ebrei e *moriscos*, e inquisitore generale è Tomás de Torquemada.

1484

Venezia con la pace di Bagnolo si aggiudica il Polesine, strappato a Ferrara.

1485

Congiura dei Baroni a Napoli contro re Ferdinando in cui è coinvolto Innocenzo VIII, che prende L'Aquila. L'alleanza con Milano e Firenze permette a Ferdinando di rintuzzare la minaccia pontificia. In Inghilterra Riccardo III York è ucciso nella battaglia di Bosworth e sostituito da Enrico VII Tudor, che con il matrimonio con Elisabetta di York restaura l'unione dinastica nel Paese.

1487

Bartolomeo Diaz passa il Capo di Buona Speranza: la rotta per le Indie è così aperta, mentre tutta la costa occidentale africana è stata esplorata dai Portoghesi.

1490

I Portoghesi si stabiliscono in Mozambico, mentre Pietro da Covilhã raggiunge le Indie partendo dal Mar Rosso.

1492

12 ottobre – Scoperta dell'America: il genovese Cristoforo Colombo, al servizio dei Re cattolici, partito da Palos di Moguer il 3 agosto, dopo due mesi di navigazione giunge in vista delle Bahamas e quindi scopre le Grandi Antille, Cuba e Haiti, quest'ultima chiamata Hispaniola. In Spagna, la conquista di Grenada ai Musulmani pone fine alla Reconquista. A Roma inizia il pontificato di Alessandro VI Borgia. La morte di Lorenzo il Magnifico segna la fine all'equilibrio politico in Italia.

Bibliografia

Una serie di contributi, divisi per area tematica, per chi volesse approfondire alcuni aspetti raccontati in questa Storia d'Italia. *Si è scelto di privilegiare testi in lingua italiana e di facile reperibilità.*

Per Medio Evo e Rinascimento:

E. Garin, *Medioevo e Rinascimento. Studi e ricerche*, Laterza, Roma-Bari 2005

J. Huizinga, *L'autunno del Medioevo*, Rizzoli-BUR, Milano 2006

V. Reinhardt, *Il Rinascimento in Italia*, Il Mulino, Bologna 2008

Per l'attività mercantile e finanziaria:

F.C. Lane, *I mercanti di Venezia*, Einaudi, Torino 1996

G. Nigro, *Francesco di Marco Datini. L'uomo e il mercante*, University Press, Firenze 2010

I. Origo, *Il mercante di Prato. La vita di Francesco Datini. Alle origini del capitalismo italiano*, Corbaccio, Milano 2005

R. De Roover, *Il Banco Medici dalle origini al declino (1397-1494)*, La Nuova Italia, Firenze 1998

Per l'Italia del Trecento e del Quattrocento:

A. Caracciolo, *Lo stato pontificio da Martino V a Pio IX*, Utet, Torino 1978
G. Chittolini, *La formazione dello Stato regionale e le istituzioni del contado. Secoli XIV e XV*, Unicopli, Milano 2005
–, *Città, comunità e feudi negli stati dell'Italia centro-settentrionale (secoli XV-XVI)*, Unicopli, Milano 1996
G. Cozzi e M. Knapton, *Storia della repubblica di Venezia dalla guerra di Chioggia alla riconquista della Terraferma*, Utet, Torino 1986
R. Fubini, *Italia quattrocentesca. Politica e diplomazia nell'età di Lorenzo il Magnifico*, Franco Angeli, Milano 1994
C. Klapisch-Zuber, *Ritorno alla politica. I magnati fiorentini 1340-1440*, Viella, Roma 2004
F.C. Lane, *Storia di Venezia*, Einaudi, Torino 2005
G. Lopez, *I Signori di Milano. Dai Visconti agli Sforza. Storie e segreti*, Newton Compton, Roma 2009
P. Margaroli, *Diplomazia e stati rinascimentali*, La Nuova Italia, Firenze 1992
E.I. Mineo, *Alle origini dell'Italia di antico regime*, in *Storia medievale*, Donzelli, Roma 1998, pp. 617-652
E. Pontieri, *Alfonso il Magnanimo, re di Napoli (1435-1458)*, Esi, Napoli 1975
A. Ventura, *Nobiltà e popolo nella società veneziana del '400 e '500*, Unicopli, Milano 1997

Per il Papato e la cattività avignonese:

G. Bernard, *I papi di Avignone 1309-1376*, Edizioni San Paolo, Cinisello Balsamo 2003
S. Carocci, *Il nepotismo nel Medioevo. Papi, cardinali e famiglie nobili*, Viella, Roma 2001

C. Frugoni, *Due papi per un giubileo. Celestino V, Bonifacio VIII e il primo Anno Santo*, Rizzoli, Milano 2000
A. Paravicini Bagliani, *Bonifacio VIII*, Einaudi, Torino 2006
W. Ullmann, *Il papato nel Medioevo*, Laterza, Roma-Bari 1987

Per la formazione degli stati nazionali:

J.P. Cuvillier, *Storia della Germania medievale*, a cura di F. Cardini, Sansoni, Firenze 1985-1988
B. Guenée, *L'Occidente nei secoli XIV e XV. Gli stati*, Mursia, Milano 1992
E. Le Roy Ladurie, *Lo Stato del re. La Francia dal 1460 al 1610*, Il Mulino, Bologna 1999
P. Schiera, *Lo stato moderno. Origini e degenerazione*, Clueb, Bologna 2004
C. Tilly (a cura di), *La formazione degli stati nazionali nell'Europa occidentale*, Il Mulino, Bologna 1984

Per la Guerra dei Cent'anni e il mestiere delle armi:

P. Contamine, *La guerra dei Cent'anni*, Il Mulino, Bologna 2007
M. Mallet, *Signori e mercenari. La guerra nel Rinascimento*, Il Mulino, Bologna 2006
L.J. Taylor, *Giovanna d'Arco e la Guerra dei cent'anni*, Bruno Mondadori, Milano 2010

INDICI

INDICE DEI NOMI

INDICE DELLE CARTINE

RIFERIMENTI ICONOGRAFICI

© Foto Scala, Firenze:
1. Giuseppe Sabatelli, *Farinata degli Uberti alla battaglia di Montaperti*
3. *Filippo IV il Bello brucia la bolla pontificia*
4. *Battaglia della Meloria*
5. *Bonifacio VIII apre il primo Giubileo dalla Loggia delle Benedizioni del Palazzo Laterano*
9. Giorgio Vasari e aiuti, *Ritorno di Gregorio XI da Avignone*
11. Pontormo, *Ritratto di Cosimo il Vecchio*
12. Giorgio Vasari, *Ritratto di Lorenzo il Magnifico*
16. Theodor de Bry, *Re Ferdinando e la regina Isabella di Spagna salutano Cristoforo Colombo che salpa per le Indie*

© Fototeca Gilardi:
2. *Battaglia di Campaldino*
6. *Il palazzo dei Papi ad Avignone*
7. *Cola di Rienzo proclama la Repubblica romana dal Campidoglio*
10. *Martino V eletto Papa*
14. *L'assedio di Costantinopoli ad opera dei turchi ottomani di Maometto II*
15. Melozzo da Forlì, *Inaugurazione della Biblioteca Vaticana*

© The Bridgeman Art Library:
13. Bonifacio Bembo, *Francesco Sforza Duca di Milano*

SOMMARIO

PARTE SECONDA
LA CATTIVITÀ DI BABILONIA

PARTE TERZA
LA CIVILTÀ DEI SECOLI D'ORO

PARTE QUARTA
I NUOVI MONDI

APPENDICE

INDICI

Finito di stampare nel mese di agosto 2010 presso
Grafica Veneta S.p.A.
Via Malcanton, 2 - Trebaseleghe (PD)

Printed in Italy